Michał Wrzeszcz

# Sztuczna inteligencja i systemy agentowe w grach komputerowych

Michał Wrzeszcz

# Sztuczna inteligencja i systemy agentowe w grach komputerowych

## Czyli jak stworzyć inteligentną grę w domu

Wydawnictwo Bezkresy Wiedzy

**Impressum / Imprint**
Bibliografische Information der Deutschen Nationalbibliothek: Die Deutsche Nationalbibliothek verzeichnet diese Publikation in der Deutschen Nationalbibliografie; detaillierte bibliografische Daten sind im Internet über http://dnb.d-nb.de abrufbar.


Informacja bibliograficzna Niemieckiej Biblioteki Narodowej: Niemiecka Biblioteka Narodowa rejestruje tę publikację w Niemieckiej Bibliografii Narodowej; szczegółowe informacje bibliograficzne dostępne są w Internecie na stronie http://dnb.d-nb.de.


Coverbild / Okładka: www.ingimage.com

Verlag / Wydawnictwo:
Wydawnictwo Bezkresy Wiedzy
ist ein Imprint der / jest znakiem handlowym
OmniScriptum GmbH & Co. KG
Bahnhofstraße 28, 66111 Saarbrücken, Deutschland / Niemcy
Email: info@omniscriptum.com

Herstellung: siehe letzte Seite /
Druk: patrz ostatnia strona
**ISBN: 978-3-639-89015-0**

*Składam serdeczne*
*podziękowania*
*dr. inż. Jarosławowi*
*Koźlakowi*
*za cenne wskazówki*
*i życzliwość*
*w trakcie prowadzenia*
*opisanych badań.*

*Ogromne podziękowania dla*
*mojej żony Marty za*
*wyrozumiałość i cierpliwość.*

# 1 Wstęp

## 1.1 Motywacje prac[1]

Historia gier komputerowych rozpoczęła się tuż po II wojnie światowej. Pierwsza gra została zgłoszona do biura patentowego w 1947 roku. Był to prosty symulator toru lotu pocisku balistycznego stworzony przez Thomasa T. Goldsmitha Jr. i Estle Raya Manna. Celem gry było trafienie w konkretny obiekt. W kolejnych latach gry tworzone były głównie przez indywidualnych użytkowników w chwilach wolnych. Przyczyną tego był limitowany dostęp do sprzętu komputerowego. Przełomem okazały się lata siedemdziesiąte, kiedy za sprawą automatów trafiły one do większej ilości odbiorców. W tym samym czasie powstały pierwsze konsole gier wideo. Wraz z upływem czasu, dzięki rozwojowi technologii i miniaturyzacji sprzętu, gry stawały się coraz bardziej rozbudowane i skomplikowane. Tendencja ta utrzymuje się do dziś.

Początkowo gry komputerowe dostarczały jedynie rozrywki. Obecnie ulega to zmianie. Coraz częściej powstają tytuły, których głównym celem jest edukacja, badania naukowe lub rehabilitacja chorych. Gry takie określane są angielski terminem „Serious games".

Aby sprostać wymaganiom użytkowników, gry komputerowe wykorzystują wiele nowoczesnych technologii, takich jak sztuczna inteligencja. Ma ona za zadanie sterować ruchami komputera, dając złudzenie gry z rzeczywistym przeciwnikiem. Jednak w obecnych na rynku grach komputerowych możemy znaleźć wiele niedoskonałości. Nawet w najnowszych i najlepszych tytułach, postacie kierowane przez komputer nie zawsze zachowują się racjonalnie. Fakt ten dowodzi, że w tej dziedzinie jest jeszcze wiele do zrobienia.

---

[1] Rozważania, opisane w tym rozdziale, miały miejsce w 2010 roku. Z tego powodu niektóre przedstawione dane liczbowe mogą się z biegiem czasu zdezaktualizować, jednak opisane trendy powinny pozostać aktualne przez długi czas.

Roczna wartość sprzedaży gier komputerowych to kilkadziesiąt miliardów dolarów. Według PwC[1] globalny rynek gier w 2013 roku osiągnie wartość 73,5 mld dolarów, przy średnim rocznym wzroście na poziomie 7,4 procenta[2]. Budżety największych tytułów sięgają dziesiątek milionów dolarów[3]. Nie są to jeszcze tak duże pieniądze jak w przemyśle filmowym, jednak widać, że różnica powoli się zaciera. Obecnie najdroższe filmy kosztują kilkaset milionów dolarów[4]. Na początku lat 90-tych budżety największych gier rzadko przekraczały 100 tys. dolarów [5]. W tym samym czasie wyprodukowano kosztującego 100 milionów dolarów „Terminatora 2: Dzień sądu"[6]. Pokazuje to w jak szybkim tempie niwelowana jest różnica w nakładach, która niecałe dwadzieścia lat temu sięgała trzech rzędów wielkości. Jeśli dodać do tego dane na temat gier MMORPG mówiące o milionach graczy opłacających miesięczny abonament[7], zobaczymy, że rynek gier jest bardzo ważną częścią przemysłu rozrywkowego.

---

[1] PwC – PricewaterhouseCoopers – globalna firma świadcząca usługi audytorskie i doradcze. Należy do tzw. „Wielkiej Czwórki" firm konsultingowych.

[2] Prognoza ta pochodzi z dokumentu „Global Entertainment and Media Outlook: 2009-2013".

[3] Dane zaczerpnięte z artykułu „Top 10 most expensive video games budgets ever" napisanego przez Marka Briggs'a na portalu DigitalBattle. Portal ten zajmuje się tematyką gier. Artykuł został opublikowany 20.02.2010.

[4] W artykule, napisanym przez Michaela Ceply „A Movie's Budget Pops From the Screen" opublikowanym 8.11.2009 w „The New York Times", koszt produkcji filmu Avatar jest szacowany na ponad 230 milionów dolarów. Po dodaniu wkładu reżysera oraz kosztów promocji suma ta może wzrosnąć do 500 milionów dolarów.

[5] Dane zaczerpnięte z artykułu „Top 10 most expensive video games budgets ever" (patrz przypis 3)

[6] Portal filmowy FDB podaje, że budżet filmu „Terminator 2: Dzień sądu" wynosił 102 miliony dolarów.

[7] W ostatnim kwartale 2009 roku liczba użytkowników gry „World of Warcraft" (oficjalna strona produkcji to http://www.worldofwarcraft.com/) wynosiła 11.5 miliona. Informacja ta została podana na zebraniu inwestorów podsumowującym ten okres. Opublikowały ją m.in. portale: http://www.world-of-warcraft.pl/ oraz http://gry.interia.pl.

Polska powoli dołącza do światowej czołówki w produkcji gier. Liczba sprzedanych egzemplarzy „Wiedźmina" wyniosła 1.5 miliona[1], natomiast „Call of Juarez: Więzy Krwi" osiągnęło wynik 900 tysięcy sprzedanych kopii [2]. Budżet kontynuacji pierwszej z wymienionych gier: „Wiedźmin 2: Zabójcy Królów" to 27 milionów złotych[3].

Podane powyżej fakty pokazują, że gry komputerowe to temat wart uwagi ze względu na miliony osób, do których docierają oraz wielkie pieniądze, jakie towarzyszą ich produkcji. Ponadto zajmują się one wieloma sferami życia, dostarczając nam nie tylko rozrywki, ale i narzędzi wspierających nas w wielu dziedzinach.

## 1.2 Temat i cel pracy

Książka ta powstała na podstawie pracy dyplomowej. **Jej temat to „Sztuczna inteligencja i systemy agentowe w grach komputerowych".** Cele realizowane przez pracę dyplomową są opisane poniżej, natomiast celem publikacji pracy w formie książki jest pokazanie, jak dysponując jedynie domowym komputerem stworzyć skuteczną sztuczną inteligencję dla gry komputerowej.

Na początku realizacji pracy dyplomowej postawiono następujące cele: **stworzenie platformy pozwalającej testować różne techniki sztucznej inteligencji w środowisku agentowym opracowanym dla potrzeb gier komputerowych.** Powinna ona oferować otoczenie zbliżone do naturalnego, w którym mogłyby mierzyć się ze sobą postacie sterowane komputerowo. Dodawanie kolejnych typów agentów powinno być nieskomplikowane tak, aby możliwe było przetestowanie i porównanie wielu technik sztucznej inteligencji. **Testy skupione będą wokół sztucznej inteligencji sterującej**

[1] Dane opublikowane w marcu 2010 roku przez portal http://www.bankier.pl/.

[2] Dane opublikowane 9.11.2009 przez portal http://www.playpc.pl.

[3] Dane opublikowane w marcu 2010 roku przez portal http://www.bankier.pl/. (patrz przypis 3)

**postaciami w grach fabularnych**[1]**. Pod uwagę wzięte będą jednostki biorące aktywny udział w walce.**

Ponadto, za pomocą stworzonej platformy, zostaną przetestowane najpopularniejsze techniki sztucznej inteligencji w celu określenia ich przydatności w fabularnych grach komputerowych. **Zebrane w ten sposób wyniki będą podstawą do stworzenia agenta, którego inteligencja wyróżniałaby się wśród gier dostępnych na rynku.**

Praca ta powinna cechować się innowacyjnym podejściem do budowy środowiska, łącząc wierne odwzorowanie otaczającego nas świata z łatwością testowania technik sztucznej inteligencji. **Termin „środowisko zbliżone do naturalnego" oznacza świat zapewniający zbliżone do rzeczywistości rozchodzenie się zapachów i dźwięków. Postacie w tak wykreowanym otoczeniu czerpią informacje poprzez wzrok, słuch, węch oraz dotyk. Ponadto posiadają one zdolność komunikacji.**

Agenci, stworzeni dzięki testom wykonanym przy użyciu powstałej platformy, powinni wybijać się na tle sztucznej inteligencji dostępnej w grach obecnych na rynku. Ich silną stroną powinna być umiejętna współpraca. Jednocześnie powinni oni cały czas zachowywać maksymalną niezależność, nie będąc na stałe przypisanymi do żadnej grupy. Dodatkowo **zaproponowana architektura agenta powinna być uniwersalna i pozwalać na łatwe przystosowanie agenta do kolejnych wyzwań.**

**Weryfikacja stawianych celów nastąpi poprzez wykonanie szeregu symulacji odtwarzających sytuacje występujące w znanych tytułach na rynku.** Zachowanie stworzonych agentów zostanie porównane z zachowaniem postaci w testowanych grach.

---

[1] Gry te najczęściej określane są skrótem RPG pochodzącym od angielskiej nazwy gatunku: role-playing games.

## 1.3 Plan pracy

Na początku pracy, w rozdziale drugim, zostanie przeprowadzony krótki przegląd dziedziny w zakresie gier komputerowych oraz sztucznej inteligencji i systemów agentowych. Szczególny nacisk będzie położony na techniki sztucznej inteligencji w grach oraz na wymagania, jakie stoją przed sztuczną inteligencją w kontekście jej zastosowania w grach komputerowych. Zidentyfikowane będą również wyzwania dla sztucznej inteligencji w grach komputerowych w przyszłości.

W rozdziale trzecim omówiona jest koncepcja systemu oraz używane techniki i algorytmy. Przedstawiony zostanie świat gry oraz to, jak będą modelowane jego poszczególne elementy. Końcowa część rozdziału będzie obejmowała opis agentów. Porusza ona takie tematy, jak cele agentów, ich cechy, zdolności i rodzaje.

W dalszej części pracy (rozdział czwarty) zostanie przedstawiona realizacja systemu. Omówiona będzie architektura oraz podział na moduły.

Kolejnym punktem pracy (rozdział piąty) są eksperymenty. Wykonane testy mają na celu dobranie współczynników używanych przez różne techniki. Ponadto sprawdzone są konkretne algorytmy pod kątem ich przydatności dla sztucznej inteligencji sterującej postaciami. Następnie agent stworzony na podstawie uzyskanych wyników zostanie porównany z postaciami występującymi w grach dostępnych na rynku. Porównanie będzie polegało na analizie sytuacji, z którymi autor spotkał się w czasie gry lub które można było zaobserwować w czasie prezentacji przebiegu rozgrywki przez twórców najnowszych gier.

Na koniec, w rozdziale szóstym, rozważone będą możliwości dalszego rozwoju platformy. Ponadto rozdział siódmy zawiera zebrane i podsumowane wnioski z całości pracy.

# 2 Przegląd dziedziny

W rozdziale tym zostaną przedstawione wszystkie kluczowe pojęcia niezbędne do zrozumienia pracy. Opis będzie obejmował gry komputerowe wraz z technikami ich tworzenia, systemy agentowe oraz sztuczną inteligencję. W przypadku sztucznej inteligencji, poza ogólnym wprowadzeniem do tematyki, zostaną przedstawione wymagania stawiane jej przez gry komputerowe oraz techniki stosowane, aby te wymagania spełnić.

## 2.1 Gry komputerowe

Rozdział ten jest wprowadzeniem do tematyki gier komputerowych. Zostanie w nim przedstawiona zarówno ich historia jak i najpopularniejsze tytuły w chwili pisania tych słów. Nastąpi krótkie omówienie najważniejszych gatunków gier, koncepcji ich tworzenia oraz stosowanych architektur programistycznych. Należy przy tym zaznaczyć, że liczba gier i gatunków jest olbrzymia. Niemożliwe jest opisanie ich wszystkich. Wybrane zostały tytuły i rodzaje, które, według autora, są najistotniejsze. Przy wspomnianym wyborze uwzględniono m.in. wyniki sprzedaży oraz opinie graczy publikowane przez portale zajmujące się tematyką gier komputerowych.

### 2.1.1 Krótka historia gier komputerowych

We wstępie wspomniano, że historia gier komputerowych rozpoczęła się tuż po II wojnie światowej. W kolejnych latach gry tworzone były głównie przez indywidualnych użytkowników w chwilach wolnych. Wiele z tych gier powstało na uczelniach oraz w ośrodkach naukowych. W 1952 roku na uniwersytecie Cambridge powstała gra „Noughts and Crosses” [1]. W 1961 roku w Massachusetts Institute of Technology narodził się „Spacewar!”[2] – jedna z najsłynniejszych gier tamtego okresu. W międzyczasie

[1] Jest to komputerowe wcielenie dobrze znanej gry „Kółko i krzyżyk”.

[2] „Spacewar!” to walka dwóch statków kosmicznych próbujących wzajemnie się zestrzelić.

w Brookhaven National Labolatory, w celu uatrakcyjnienia pokazów przeprowadzanych dla zwiedzających, powstał „Tennis for Two"[1].

Prawdziwym przełomem okazały się jednak automaty do gier. Prekursorami w tej dziedzinie byli Nolan Bushnell i Ted Dabney, którzy wprowadzili na rynek pierwszy automat do gier. Ich pierwsza gra „Computer Space"[2] nie odniosła sukcesu, jednak drugi produkt – Pong[3] – stał się prawdziwym hitem. W tym okresie debiutowali istniejący do dziś giganci przemysłu rozrywkowego m. in. Namco, Nintendo, Konami, Capcom oraz założone przez Bushnell'a i Dabney'a Atari.

W tym samym czasie zaczęła rozwijać się inna gałąź przemysłu elektronicznej rozrywki – konsole do gier. Pierwszym tego typu urządzeniem był Magnavox Odyssey, który zadebiutował na rynku w 1972 r. Inną wyróżniającą się konstrukcją tamtego okresu było Atari 2600. Jak później się okazało, był to właściwy kierunek. Z czasem powstawały coraz doskonalsze konstrukcje, takie jak Nintendo Entertainment System oraz PlayStation. Obecnie na rynku dostępne są konsole siódmej generacji: PlayStation 3, XBOX 360 oraz Nintendo Wii.

Lata osiemdziesiąte spowodowały duży wzrost przemysłu elektronicznej rozrywki. Głównymi komputerami do gier w tamtym czasie były Commodore 64 i ZX Spectrum. Posiadały one bardzo dobre parametry i zyskały grono wiernych fanów. Dysponowały kilkudziesięcioma kilobajtami pamięci RAM oraz były w stanie wyświetlić 16 kolorów[4].

---

[1] Użytkownicy przy użyciu specjalnych sterowników z dwoma przyciskami sterowali paletkami na ekranie w celu przebicia piłki na drugą stronę kortu.

[2] Gracz kontroluje statek kosmiczny starając się zniszczyć latające spodki, jednocześnie unikając ognia nieprzyjaciela.

[3] Gra symulowała potyczkę w tenisa. Na czarnym ekranie rysowane były poruszające się w pionie kreski imitujące rakiety. Między nimi poruszał się biały piksel imitujący piłkę.

[4] Na Commodore 64 istniały techniki pozwalające stworzyć wrażenie 128-kolorowej palety barw.

Domowe komputery stworzyły zupełnie nowe możliwości w zakresie interakcji człowieka z maszyną. W przeciwieństwie do konsol dysponowały one klawiaturą. Pojawiły się wtedy m. in. gry fabularne. Gracz wciela się w nich w bohatera rozwijającego swoje umiejętności poprzez wykonywanie powierzonych mu zadań. Jednym z wczesnych przykładów gier tego gatunku jest dziewięcioczęściowa seria Ultima, której pierwsza część ukazała się w 1981 roku.

Wraz z rozwojem sprzętu powstawały kolejne gatunki. Przykładem może być pojawienie się na początku lat dziewięćdziesiątych gier FPS takich jak „Catacomb 3-D" oraz „Wolfensteina 3D". W obydwu przypadkach, tak jak i w pozostałych tytułach tego rodzaju, gracz przemierza świat używając broni dystansowej do walki z przeciwnikami. Charakterystyczną cechą tych gier jest sterowanie postacią „patrząc jej oczami".

W tamtym okresie powstało wiele serii, które kontynuowane są do dziś. Wśród nich warto wymienić tytuły wyprodukowane przez Blizzard Entertainment: „Warcraft", „StarCraft" i „Diablo" oraz serię „Heroes of Might and Magic" stworzoną przez 3DO. Więcej informacji na temat rynku gier komputerowych znajduje się w rozdziale 2.1.3.

### 2.1.2 Gatunki gier komputerowych

Lista gatunków gier komputerowych jest długa – opisanie ich wszystkich byłoby bardzo trudnym zadaniem, wykraczającym poza zakres tej pracy. W tym rozdziale postaram się przybliżyć najważniejsze z nich. Rozważając ten podział należy pamiętać, że obecnie wiele gier jest trudnych do sklasyfikowania, ponieważ łączący w sobie cechy kilku gatunków.

#### 2.1.2.1 Gry strategiczne

Gry strategiczne wymagają dalekowzrocznego planowania. Zwykle gracz oraz jego przeciwnicy dysponują określonymi zasobami, którymi należy mądrze zarządzać w celu optymalnego ich wykorzystania. Ponadto, w przypadku zbrojnego konfliktu, wymagają one umiejętnego wykorzystania dostępnych sił w celu uzyskania strategicznej przewagi nad nieprzyjacielem. W wielu tytułach można posłużyć się ukształtowaniem terenu, aby wygrać walkę.

Większość gier strategicznych łączy w sobie dwa aspekty: militarny i ekonomiczny. Nieliczne tytuły skupiają się tylko na jednym z nich, pozwalając skoncentrować się wyłącznie na rozwijaniu potęgi gospodarczej lub na prowadzeniu armii w czasie kolejnych potyczek. Gry odwzorowujące tylko aspekt ekonomiczny można również zakwalifikować do gatunku symulatorów omówionego w dalszej części pracy.

Strategie można podzielić na gry turowe oraz strategie czasu rzeczywistego. W pierwszym z wymienionych gatunków rozgrywka jest podzielona na okna czasowe. W danej chwili aktywny jest tylko jeden gracz, a zakres jego ruchów jest ograniczony[1]. W strategiach czasu rzeczywistego wszyscy gracze działają jednocześnie. Nie ma też obostrzeń jeśli chodzi o zakres ruchów, a głównym czynnikiem ograniczającym gracza jest skończona szybkość jednostek[2].

### 2.1.2.2 Gry, w których gracz kieruje pojedynczą postacią lub niewielką grupą postaci

Gatunkiem, w którym gracz kieruje pojedynczą postacią, są niewątpliwie gry fabularne. Większość z nich umieszcza gracza w fantastycznym świecie, powalając mu wcielić się w rolę bohatera poszukującego przygód. W czasie swoich podróży przez świat gracz spotyka wielu przeciwników, których musi pokonać. Często

---

[1] W strategiach turowych ogranicza się dystans jaki dana jednostka może pokonać w danym oknie czasowym oraz ilość akcji jakie może wtedy wykonać.

[2] W strategiach czasu rzeczywistego gracz może wskazać dowolnej jednostce dowolnie odległe miejsc. Nie ma też ograniczenia liczby rozkazów jakie może wydać. Zamiast tego wprowadzono czas wykonania akcji oraz zdefiniowano szybkość ruchu jednostek.

dochodzi do walki z wieloma jednostkami naraz, dlatego ważny jest ciągły rozwój postaci, aby mogła ona podołać takim wyzwaniom. Udoskonalenia są wprowadzane poprzez naukę nowych umiejętności oraz zdobywanie coraz potężniejszych artefaktów[1]. W niektórych tytułach zamiast pojedynczego bohatera gracz prowadzi grupę postaci. W takim przypadku główne założenia się nie zmieniają, a celem jest doskonalenie całego zespołu. Pisząc o grach fabularnych warto też wspomnieć, że niektóre z nich są nastawione przede wszystkim na pojedynki między graczami przez Internet. Takie tytuły często są klasyfikowane jako nowy gatunek zwany MMORPG[2].

Innym gatunkiem wprowadzającym starcia z grupami przeciwników są gry FPS[3]. W tym przypadku gracz do walki używa broni palnej. Rzadko dochodzi więc do bezpośrednich starć. Czynnikiem decydującym o sile postaci jest jej uzbrojenie. W niektórych tytułach dodatkowo wprowadzono system rozwoju postaci oparty na umiejętnościach. Został on zapożyczony z gier fabularnych.

Gatunkiem zawierającym bardzo wiele elementów z dwóch powyżej wymienionych są gry grozy. W ich przypadku nacisk kładziony jest na stworzenie odpowiedniej atmosfery. Gracz powinien w każdej chwili czuć napięcie. Popularnymi elementami dającymi ten efekt są zakłócenia atmosferyczne, nieumarli przeciwnicy i siły nadprzyrodzone.

Do gatunków, w których gracz kieruje pojedynczą postacią, należą też gry kładące nacisk na pojedynki między dwoma graczami lub graczem i komputerem[4]. Walka zwykle odbywa się bez broni. Są

---

[1] Artefakty to przedmioty poprawiające umiejętności gracza. Przykładem może być broń zwiększająca liczbę zadawanych obrażeń. Niektóre mają również dodatkowe unikalne właściwości np. zbroje spowalniające atakujących przeciwników.

[2] Jest to skrót od Massive Multiplayer Online Role Playing Game.

[3] Jest to skrót od First-person shooter – czyli gry, w której gracz posługuje się bronią palną patrząc oczyma sterowanej postaci.

[4] Nie ma jednoznacznej nazwy tego gatunku. Najczęściej określa się je jako „bijatyki".

jednak tytuły, które dopuszczają użycie oręża np. broni białej. Poza tym często występuje w nich energia wewnętrzna, której wyzwolenie może zadać przeciwnikowi rany.

Ostatnim gatunkiem, o którym warto wspomnieć w tym kontekście, są gry przygodowe. Podobnie jak w grach fabularnych, gracz przemierza świat wykonując różne zadania. Jednak zamiast skupiać się na rozwoju postaci, kładą one nacisk na rozwiązywanie zagadek logicznych.

#### 2.1.2.3 Symulatory, gry sportowe oraz wyścigi

Symulatory to gry, których celem jest odwzorowanie pewnego fragmentu rzeczywistości. Może to być dowolna jej część np. życie rodzinne. Wyjątkowo popularne stały się symulatory różnych dyscyplin sportowych. Dotyczy to zarówno sportów indywidualnych, takich jak tenis, jaki i drużynowych np. piłki nożnej. Gracz wciela się w nich w zawodnika mogącego rozgrywać pojedyncze mecze oraz całe turnieje. W przypadku gier zespołowych komputer musi nie tylko kierować przeciwnikiem, ale również jednostkami współpracującymi z graczem. Dobrym przykładem jest wspomniana wcześniej piłka nożna. Człowiek steruje tylko zawodnikiem znajdującym się najbliżej piłki, natomiast sztuczna inteligencja zarządza pozostałymi piłkarzami wchodzącymi w skład drużyny. Ten rodzaj symulatorów często klasyfikowany jest jako oddzielny gatunek – gry sportowe. Szczególną jego odmianą są tytuły, w których gracz wciela się w rolę menadżera drużyny. W takim wypadku nie steruje on sportowcami bezpośrednio, lecz skupia się na zbudowaniu silnego zespołu i ustaleniu dla niego najlepszej taktyki.

Drugim często odwzorowywanym fragmentem rzeczywistości jest prowadzenie pojazdów mechanicznych, takich jak samochody i motory. Takie gry najczęściej polegają na jak najszybszym pokonaniu wyznaczonej trasy. Zwykle tego typu symulacje wymieniane są jako oddzielny gatunek – wyścigi. Wiele tytułów opiera się o istniejące sporty motorowe, takie jak rajdy samochodowe lub „Formuła 1". Dlatego można je również zaliczyć do kategorii gier sportowych.

#### 2.1.2.4 Inne ważne gatunki gier

Kończąc przegląd gatunków gier, warto wspomnieć o grach platformowych. Polegają one przede wszystkim na bieganiu i skakaniu po planszy. Często jest to połączone z elementami walki. Obecnie nie są one popularne, jednak w przeszłości powstało bardzo wiele tytułów reprezentujących ten gatunek, mających fanów do dnia dzisiejszego.

Należy również pamiętać o grach logicznych i tradycyjnych, takich jak szachy oraz warcaby. Mimo swojej prostoty, cieszą się one dużą popularnością zarówno w wersji dla jednego jak i wielu graczy[1].

Warto też wspomnieć o wymienionych we wstępie grach poważnych[2], coraz częściej wykorzystywanych w nauce, medycynie i innych dziedzinach życia. Obecnie ich potencjał jest coraz częściej dostrzegany i wydaje się, że w przyszłości będą one szeroko stosowane.

### 2.1.3 Obecny rynek gier komputerowych

W rozdziale tym zostaną przedstawione najważniejsze tytuły na rynku, w roku 2010, ze szczególnym naciskiem na gry, w których gracz kieruje pojedynczą postacią.

#### 2.1.3.1 Światowy rynek gier komputerowych

Przegląd rynku gier komputerowych należy rozpocząć od fenomenu ostatnich lat – „World of Warcraft". Jest to gra z gatunku MMORPG. Została ona wydana w 2004 roku, jednak do dziś posiada wielu fanów opłacających regularnie abonament. Od tamtego czasu powstały 2 oficjalne dodatki oraz planowane jest wydanie trzeciego.

---

[1] Najczęściej gry te oferują możliwość mierzenia się z innymi graczami przez Internet.

[2] Gry te określane są angielskim terminem „Serious games".

Gracz jest umieszczany w świecie, w którym toczy się walka między siłami Przymierza i Hordy. Po raz pierwszy świat ten został przedstawiony w grze „Warcraft” w 1994 roku. „World of Warcraft” rozpoczyna się od wyboru rasy oraz strony konfliktu (pośrednio poprzez przynależność do rasy). Celem jest uzyskanie maksymalnego poziomu postaci. Aby przejść na kolejny poziom należy zdobyć określoną liczbę punktów doświadczenia. Można to uczynić poprzez pokonywanie potworów, wykonywanie zadań, odkrywanie nowych terytoriów oraz walkę na „battlegroundach”. Twórcą gry jest firma Blizzard Entertainment.

Pisząc o Blizzard Entertainment warto również zwrócić uwagę na 2 zapowiedziane tytuły: „Diablo III” oraz „Starcraft II”. Obydwa są kontynuacjami hitów sprzed lat. „Diablo” jest grą fabularną opowiadającą historię bohatera przemierzającego mroczny świat, w którym zło wyrwało się na powierzchnię. Celem gracza jest eliminacja kolejnych sług ciemności włącznie z Panem Grozy – Diablo. W tym czasie gracz zyskuje doświadczenie, awansując na kolejne poziomy rozwoju postaci. Zbiera on również pożyteczne artefakty, takie jak broń i zbroje.

Starcraft jest grą RTS zbudowaną wokół konfliktu między trzema galaktycznymi rasami. Celem każdej ze stron jest wyeliminowanie wszystkich przeciwników. Aby tego dokonać, należy stworzyć armię, produkując odpowiednie jednostki w postawionych wcześniej budynkach. Za budynki i jednostki płaci się przy pomocy zasobów zbieranych na planszy. Rasy występujące w grze są bardzo zróżnicowane. Podczas gdy siłą jednych są nowoczesne technologie, drudzy opierają się na przewadze liczebnej i szybkim rozmnażaniu. To zróżnicowanie zapewniło Starcraftowi ogromną liczbę fanów i uczyniło go jedną z najlepiej sprzedających się gier w historii.

Pisząc o najlepiej sprzedających się grach należy wspomnieć serię „The Sims”. Jej trzecia odsłona została wydana w połowie 2009 roku. Jest to symulator życia codziennego. Nie stawia on jasno wyznaczonych celów, gracz sam decyduje, jak chce postępować. Musi on jednak pamiętać, aby zaspokajać podstawowe potrzeby jego Simów (postaci przez niego kierowanych) np. karmić je i dbać o ich higienę. W grze tej warto zwrócić uwagę na zaawansowaną sztuczną inteligencję pozwalającą Simom realizować podstawowe czynności bez udziału gracza.

W czołówce sprzedaży gier znajdują się również gry z gatunku FPS – „Call of Duty: Modern Warfare 2" (najlepiej sprzedająca się gra w 2009 roku) oraz „Battlefield: Bad Company 2". W obu tych grach wcielamy się w żołnierza walczącego na różnych frontach. Oczywiście przedstawiane przez gry historie są różne, ale ich założenia są podobne i kierowane są one do tej samej grupy docelowej.

Opisując obecny rynek gier warto też wspomnieć o konsolach. Tytuły wychodzące na Xbox 360 oraz PS3 sprzedają się w milionach egzemplarzy. Wśród nich należy wymienić „God of War III", „Resident Evil 5", „Final Fantasy XIII", „Assassin's Creed 2" oraz „FIFA 2010".

### 2.1.3.2 Polski rynek gier komputerowych

Na polskim rynku wszyscy oczekują wydania gry „Wiedźmin II: Zabójcy Królów"[1]. Jest to kontynuacja „Wiedźmina" – tytułu, który został bardzo dobrze przyjęty nie tylko w naszym kraju, lecz również za granicą. Jest on oparty na świecie stworzonym przez Andrzeja Sapkowskiego. Gracz wciela się w Geralta z Rivii: przemierzając świat, walczy z potworami i tajemniczą organizacją – Salamandrą. W tym czasie jest zmuszony podejmować wiele niełatwych wyborów mających wpływ na dalsze wydarzenia. Nieliniowa fabuła i efektowne animacje pozwoliły Wiedźminowi zyskać wielu fanów. Niestety, zachowanie przeciwników w grze nie stoi na najwyższym poziomie. Być może zmieni się to w kolejnej odsłonie. Jeśli tak się

[1] Oficjalna strona gry: http://www.thewitcher.com.

stanie, to dołączając do tego zalety gry ujawnione w pierwszej części, możemy spodziewać się światowego hitu.

### 2.1.4 Tworzenie gier komputerowych

Tworzenie gry komputerowej jest procesem bardzo skomplikowanym. W przypadku rozbudowanych tytułów trwa on często wiele lat i pochłania miliony dolarów. W rozdziale tym postaram się krótko przedstawić na czym on polega i wskazać, czym się różni od tradycyjnego procesu tworzenia oprogramowania.

#### 2.1.4.1 Podstawowe zagadnienia

Jak w każdym projekcie informatycznym, jednym z kluczowych zagadnień jest wybór metodologii projektowej. To w tym momencie decyduje się czy należy stworzyć prototyp, czy też podążać za klasycznymi metodologiami, w których w pierwszej kolejności tworzony jest dokładny opis na papierze. Wybór jest szeroki, rozpoczynając od modelu kaskadowego, poprzez schematy iteracyjne, kończąc na zwinnych metodologiach. Należy przy tym wziąć pod uwagę, że tworzenie gry komputerowej znacznie różni się od klasycznego projektu informatycznego. Przede wszystkim przeważnie nie istnieje zewnętrzny zleceniodawca ustalający wymagania. Nie oznacza to jednak, że nic twórców nie ogranicza. Muszą oni znaleźć odpowiedź na pytanie, do kogo gra jest kierowana.

Wybór gatunku i grupy docelowej jest ważny ze względu na liczne ograniczenia, które powinno się spełnić, jeśli gra ma być kierowana również do młodzieży. Z drugiej strony zbytnia cenzura może nie spodobać się graczom bardziej dojrzałym. Dlatego tak ważna jest identyfikacja potencjalnych odbiorców. Z wyborem gatunku i grupy docelowej związany powinien być też pierwszy opis świata gry. Jeśli wybierzemy pełnoletnich graczy, możemy sobie pozwolić na stworzenie mrocznego, pełnego przemocy świata. Jeśli natomiast zdecydujemy się rozszerzyć grupę docelową o nastolatki, to z pewnością niektóre brutalne elementy będą musiałby zostać usunięte. Z definicją świata powinien wiązać się też wybór aspektu gry, na którym się skupiamy. Powinno się zadecydować, czy najważniejszym elementem ma być strategia walki, ekonomia, czy też główną zaletą gry powinny być piękne animacje.

Dalsza praca nad grą jest prowadzona zgodnie z wybraną metodologią. Kolejność wykonywania czynności zależy między innymi od tego, czy wybrano postępowanie zgodnie z techniką top-down czy bottom-up. Oba schematy zostały opisane w dalszych rozdziałach.

Mimo tego, że proces tworzenia gier wyróżnia się na tle produkcji innego oprogramowania, to tak jak w przypadku standardowych systemów należy pamiętać o odpowiednim testowaniu oraz zarządzaniu ryzykiem i jakością. Jest to szczególnie ważne, ponieważ zysk producentów zależy od ilości sprzedanych egzemplarzy i nawet realizacja projektu w 100% nie daje gwarancji zwrotu poniesionych kosztów. Z tego powodu tak popularne są tzw. beta-testy. Polegają one na udostępnieniu wstępnej wersji graczom w celu uzyskania informacji zwrotnej o błędach. Czasami jest ona ogólnie dostępna, jednak częściej dostęp do wersji beta dostają tylko wybrani gracze. Informacje zebrane w czasie beta-testów pozwalają dokonać ostatnich poprawek przed wypuszczeniem wersji stabilnej. Powinna być ona ostateczna jednak obecnie rzadko się to zdarza. Najczęściej już po wydaniu gry wychodzą do niej poprawki. Zwykle można je pobrać z Internetu w postaci łatwych do zainstalowania „paczek".

### 2.1.4.2 Technika top-down

Technika ta odzwierciedla tradycyjne podejście do projektowania gier. Na początku nakreślana jest idea gry oraz tworzona jest „mapa drogowa". Kiedy podstawy są już jasne, przystępuje się do projektowania jądra oraz zasad i mechaniki gry. Na tym etapie pisana jest fabuła oraz podejmowane są decyzje takie jak wprowadzenie nieliniowej rozgrywki [1]. Następnie tworzony jest szczegółowy projekt całego produktu. Gdy przedsięwzięcie jest już w zaawansowanej fazie, gra musi zostać zbalansowana. Należy zadbać o to, aby rozgrywka nie była zbyt prosta. Nie może być również za trudna. Jeśli przewidywana jest rozgrywka wieloosobowa trzeba porównać projekty postaci tak, aby wszyscy gracze mieli równe szanse. W uzyskaniu odpowiedniego balansu bardzo przydatne mogą być informacje otrzymywane od graczy biorących udział w beta-testach, o których wspomniano w poprzednim rozdziale.

### 2.1.4.3 Technika bottom-up

Bottom-up to przeciwieństwo techniki top-down opisywanej w poprzednim rozdziale. Tutaj na początku wybierany jest pewien mechanizm, na którym potem próbuje się osadzić grę. Dobrym przykładem takiego postępowania są symulatory. Na starcie wybiera się jaki element realnego świata chcemy odwzorować. Może to być prowadzenie jakiejś maszyny np. pilotowanie samolotu. Jednak równie dobrze może to być symulacja życia rodzinnego. Po wyborze tego mechanizmu, staramy się go tak przedstawić, aby był on atrakcyjny dla potencjalnego odbiorcy. Przykładem może być odwzorowanie różnych ciekawych miejsc na świecie w symulatorze pilotażu. Jednocześnie określamy też do kogo gra ma trafić i jaki ma być jej główny cel. Problemem w tego typu podejściu jest to, że nie istnieje od początku wizja końcowego produktu. Mając nawet najlepszy symulator możemy nie odnieść sukcesu jeśli nie zostanie on odpowiednio „opakowany".

Trudno powiedzieć czy bottom-up jest lepsze, czy też gorsze, od prezentowanego wcześniej top-down. Pewne jest natomiast to, że

---

[1] Gra oparta na nieliniowej rozgrywce stawia przed graczem wyzwania, które mogą być rozwiązane na wiele sposobów. Dalsza rozgrywka zależy od tego jakie decyzje zostaną przez gracza podjęte. W grze opartej o liniową fabułę istnieje przeważnie tylko jedna droga do zwycięstwa, natomiast gry z nieliniową fabułą mogą być ukończone na kilka sposobów.

przy użyciu każdej z tych technik powstało wiele wspaniałych tytułów cenionych przez graczy do dziś.

### 2.1.5 Architektura gry komputerowej

W rozdziale tym zostanie krótko przybliżona architektura gry komputerowej ze szczególnym uwzględnieniem miejsca jakie zajmuje w niej sztuczna inteligencja.

#### 2.1.5.1 Ogólna architektura gry

Wbrew pozorom architektura większości tytułów jest bardzo podobna. Składają się one z tych samych części. Zgodnie ze schematem, zaproponowanym przez Rollingsa i Morrisa [15], gra składa się z następujących podsystemów[1]:

- interfejs użytkownika (user interface),
- procedura obsługi zdarzeń (event handler),
- silnik danych (data engine),
- system dynamiki (dynamics system) – fizyka w grze,
- silnik logiki (logic engine),
- silnik grafiki (graphics engine),
- silnik dźwięku (sound engine),
- warstwy abstrakcji sprzętu (hardware abstraction layers).

Ponadto mogą w niej występować następujące podsystemy:

- system konfiguracji gry (game configuration system),
- menu (menuing system),
- system instrukcji i pomocy online (online instructions and help system),

[1] W nawiasie zostały podane angielskie nazwy użyte przez autorów książki.

- system muzyki (music system).

Prezentowane listy z pewnością nie wyczerpują wszystkich możliwości. Na poniższym rysunku zaprezentowane zostały zależności między podsystemami.

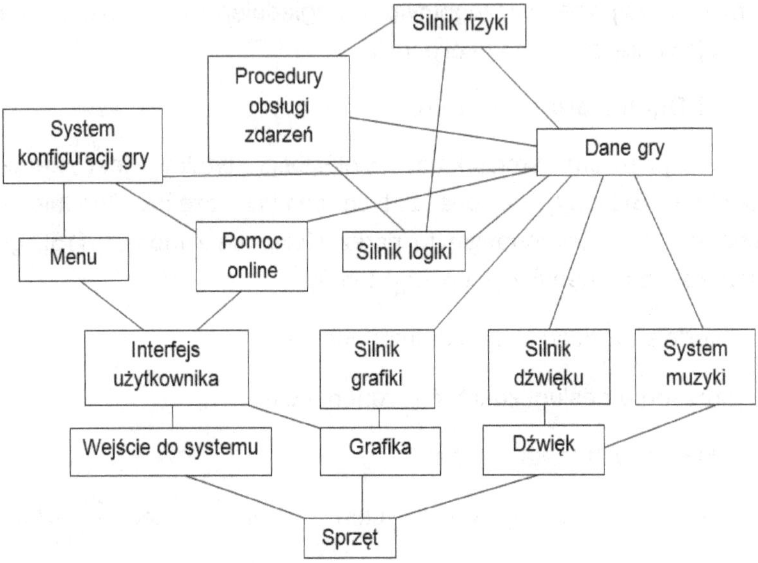


Rysunek 1. Zależność podsystemów gry według Rollingsa i Morrisa [15]

Tak zdefiniowane podsystemy mogą być traktowane jako komponenty do wielokrotnego użycia. Przykładowo, popularną praktyką jest używanie jednego silnika graficznego w wielu tytułach. Oczywiście ponowne użycie dużych fragmentów systemu nie jest proste i większość gier wymaga stworzenia wielu z nich od podstaw.

### 2.1.5.2 Miejsce sztucznej inteligencji w architekturze. Interakcja z innymi podsystemami.

Sztuczna inteligencja w grze jest umiejscowiona w silniku logicznym. Komponent ten jest związany z trzema innymi podsystemami: silnikiem dynamiki, silnikiem danych oraz procedurą obsługi zdarzeń.

Interakcja z silnikiem dynamiki jest oczywista – postacie potrzebują informacji na temat kolizji, poruszających się wokół nich obiektów, czy też oddziaływania na nie środowiska. Te fakty mogą być używane przez sztuczną inteligencję do podejmowania decyzji na temat ruchów do wykonania. Interakcje takie zachodzą w większości gier, w których steruje się postacią. Są również powszechne w wielu symulatorach np. wyścigach. Przykładem może być uderzenie przez przeciwnika w tył jadącego samochodu. Zmieniają się wtedy siły na niego działające, co jest przeliczane przez silnik dynamiki. Sztuczna inteligencja musi to uwzględnić, jeśli nie chce, aby pojazd się rozbił.

Silnik danych może być używany przez sztuczną inteligencję do składowania i pozyskiwania reguł postępowania w konkretnych sytuacjach. Jeśli reguł sterującym zachowaniem maszyny jest niewiele, mogą być one zawarte bezpośrednio w kodzie gry. Jednak jeśli reguły te muszą być modyfikowane dynamicznie w zależności od zachowania przeciwnika, potrzebne jest miejsce, w którym będą one nie tylko przechowywane, ale również, które będzie pozwalać na ich modyfikacje. Niezależnie od rodzaju gry, silnik danych doskonale nadaje się do tego, aby wspomagać sztuczną inteligencję w takich przypadkach.

Procedura obsługi zdarzeń powiadamia postać o przychodzących komunikatach. Dobra sztuczna inteligencja musi wykorzystywać takie informacje, aby dokonywać optymalnych wyborów. Przykładowo, agent powinien przemyśleć ponownie swoje plany, jeśli procedura ta poinformuje go o nadejściu komunikatu od sojusznika. Wiadomość taka może zawierać cenne informacje i nie powinna zostać zignorowana.

## 2.2 Sztuczna inteligencja

Sztuczna inteligencja jest zagadnieniem bardzo szerokim i skomplikowanym. Z tego powodu nie istnieje jedna zwięzła definicja tego zagadnienia, którą można by uznać za najlepszą. Dlatego w tym rozdziale postaram się ogólnie przedstawić, co to jest sztuczna inteligencja, określając ją na kilka różnych sposobów. Ponadto przytoczone zostaną przykłady jej zastosowania w innych dziedzinach niż gry komputerowe.

### 2.2.1 Ogólna definicja

Norvig i Russel w swojej książce [18] podzielili definicje sztucznej inteligencji na 4 kategorie:

a) Systemy myślące jak człowiek.

b) Systemy zachowujące jak człowiek.

c) Systemy myślące racjonalnie.

d) Systemy zachowujące się racjonalnie.

Poniżej znajdują się przykładowe definicje związane z każdą z nich.

a) „Jest to automatyzacja czynności związanych z ludzkim myśleniem, takich jak podejmowanie decyzji, rozwiązywanie problemów, uczenie się..." [19]

b) „Jest to nauka o tym, jak sprawić, aby komputery wykonywały czynności, które aktualnie człowiek wykonuje lepiej." [20]

c) „Jest to nauka o obliczeniach, które czynią możliwym postrzeganie, rozumowanie i działanie." [21]

d) „Dział informatyki skupiony na automatyzacji inteligentnego zachowania." [22]

Trudno powiedzieć, która z tych definicji jest najlepsza. Wydaje się, że sztuczną inteligencją można nazwać każdy przejaw racjonalnego myślenia lub działania, każdą próbę naśladowania człowieka w pewnych dziedzinach. Ten dział nauki zajmuje się w szczególności funkcjami ludzkiego umysłu niepoddającymi się prostej algorytmizacji. Przykłady takich problemów to analiza języka naturalnego lub dowodzenie twierdzeń. Są one często nazywane AI-trudnymi[1].

Czy zatem system umiejący rozpoznać i analizować środowisko, w którym żyje, można już nazwać sztuczną inteligencją? Nawet jeśli na podstawie swoich obserwacji podejmuje on decyzje prowadzące do sukcesu, to trudno jest jednoznacznie określić, czy jest on myślący. W takich rozważaniach warto wziąć pod uwagę test Turinga przedstawiony w następnym rozdziale.

### 2.2.2 Test Turinga

Test ten został nazwany przez Turinga grą w naśladownictwo[2]. Biorą w niej udział 3 osoby. Mężczyzna i kobieta udzielają odpowiedzi na zadawane im pytania, które są formułowane przez trzeciego uczestnika zabawy (dowolnej płci). Pytający jest oddzielony od pozostałych. Jego zadaniem jest rozstrzygnięcie, który z graczy jest kobietą, a który mężczyzną. Aby brzmienie głosu nie stanowiło podpowiedzi, kobieta i mężczyzna spisują swoje odpowiedzi na maszynie.

Turing w swoich rozważaniach zastanawiał się, co stanie się, jeśli maszyna zastąpi jednego z graczy (mężczyznę lub kobietę, pytający jest zawsze człowiekiem). Wydaje się, że dobrym kryterium oceny, czy dany system jest sztuczną inteligencją, jest przeprowadzenie testu Turinga z jego użyciem. Jeśli na podstawie odpowiedzi z danej dziedziny, nie będziemy w stanie odróżnić go od człowieka, to należy uznać, że mamy do czynienia z maszyną myślącą.

### 2.2.3 Zastosowanie sztucznej inteligencji

Sztuczna inteligencja jest bardzo szerokim zagadnieniem, stosuje się ją w wielu dziedzinach życia. Wśród głównych kierunków badań można wymienić:

---

[1] AI jest skrótem od angielskich słów *artificial intelligence*. Dosłowne tłumaczenie tych słów to właśnie sztuczna inteligencja.

[2] Turing dał mu nazwę „Imitation game".

- rozpoznawanie wzorców,
- gry,
- uczenie się (ang. machine learning),
- dowodzenie twierdzeń z zakresu logiki i matematyki,
- przetwarzanie języka naturalnego,
- systemy ekspertowe (pomoc w podejmowaniu decyzji),
- modelowanie i rozpoznawanie emocji, odwzorowanie zachowań społecznych,
- badania naukowe,
- finanse np. analiza giełdy papierów wartościowych.

To, jak głęboko sztuczna inteligencja wkracza w nasze życie, pokazał Raymond Kurzweil tworząc cybernetycznego artystę[1]. Tym samym maszyny zdobyły teren do tej pory zarezerwowany dla ludzi – sztukę.

Po zasygnalizowaniu głównych kierunków rozwoju sztucznej inteligencji należy przytoczyć też kilka przykładów jej zastosowania. Jednym z najsłynniejszych tryumfów maszyny jest wygrana ulepszonej wersji DeepBlue (nieoficjalnie nazwanej „Deeper Blue") z Garri Kasparovem. Stało tak się w maju 1997 roku. Było to ponad rok po ich pierwszym pojedynku, kiedy to zwyciężył szachowy arcymistrz. Przed tym pojedynkiem baza danych stanowiąca podstawę systemu została dopracowana przez arcymistrza Joela Benjamina. Inni arcymistrzowie dostarczyli bibliotekę otwarć. Po przegranym meczu Kasparov powiedział, że czasami zauważał głęboką inteligencję i kreatywność w ruchach maszyny. Zasugerował on jednak, że komputerowi mogli pomagać ludzie i zażądał rewanżu. Do rewanżu nie doszło, ponieważ IBM odmówił.

---

[1] Więcej na informacji na ten temat znajduje się na stronie http://www.kurzweilcyberart.com/.

Zarzuty okazały się częściowo prawdziwe, ponieważ program Deep Blue był modyfikowany między partiami, aby lepiej rozumieć styl gry Kasparova.

Innym ciekawym przykładem sztucznej inteligencji jest stworzony na Carnegie Mellon University Alvinn. W tym przypadku system komputerowej wizji został umieszczony w komputerowo sterowanym mikrobusie. Sztuczna inteligencja sterowała pojazdem przez ponad 98% trasy z Waszyngtonu do San Diego (trasa liczyła ok. 4500 km). Przez pozostałe 2%, którymi były głównie zjazdy i wjazdy na autostrady, kierował człowiek. Można uznać to za duży sukces.

Warto też wspomnieć o coraz bardziej zaawansowanych robotach humanoidalnych oraz licznych projektach NASA. Rozważając roboty humanoidalne należy zwrócić uwagę na postęp w poruszaniu się. Jest to proces bardzo trudny, wymagający analizowania informacji z wielu czujników w czasie rzeczywistym. Jeśli chodzi o projekty NASA, wystarczy wspomnieć agentów kontrolujących odległe od ziemi pojazdy kosmiczne. Komunikacja na wielkie odległości wprowadza spore opóźnienia, dlatego sztuczna inteligencja musi potrafić samodzielnie poprowadzić pojazd.

Jest jednak wiele problemów, których mimo wysiłku nie udało się rozwiązać. Nawet jeśli uznamy, że komputer samodzielnie pokonał człowieka w szachy, to pozostaje jeszcze wiele gier, dla których nie istnieją programy skuteczne wygrywające. Przykładem może być brydż sportowy. Nie ma również programów skutecznie generujących zyski na giełdzie. Ponadto obecna sztuczna inteligencja źle radzi sobie z językiem naturalnym. Nie potrafi ona skutecznie tłumaczyć mowy potocznej. Również nie radzi sobie z konwersacją. Mimo że istnieją programy zajmujące się tymi zagadnieniami, to nie są one w stanie dorównać człowiekowi. Przykładem może być wciąż rozwijany projekt ALICE.

## 2.3 Systemy agentowe

W rozdziale tym zostaną opisane systemy agentowe – koncepcja będąca jedną z podstaw tej pracy. Najpierw zostanie ona przedstawiona ogólnie, następnie omówione będą jej dwie bardzo ważne cechy – decentralizacja i autonomia. Ponadto poruszony zostanie temat porozumiewania się i negocjacji między agentami.

### 2.3.1 Definicja agenta

Aby zrozumieć ideę systemów agentowych, należy sobie uzmysłowić, czym jest agent. Tak jak w przypadku sztucznej inteligencji, nie istnieje tutaj jedna najlepsza definicja. Z tego powodu zostaną podane trzy różniące się definicje, z których każda jest prawidłowa.

- „Agent to samodzielny, współbieżnie wykonywany proces softwarowy, który zawiera w sobie pewien stan i jest w stanie komunikować się z innymi agentami przez przekazywanie komunikatów." [26]
- „Autonomiczny agent jest systemem zlokalizowanym w środowisku i będącym jego częścią, który postrzega środowisko i oddziałuje na nie, wykonuje akcje według swojego planu tak, że rezultaty ich działań mogą być postrzegane podczas obserwacji środowiska w przyszłości." [26]
- Trzecia definicja przedstawia agenta jako element rzeczywisty lub wirtualny, który ewoluuje w środowisku, potrafi je obserwować i oddziaływać na nie. Ponadto może on komunikować się z innymi agentami oraz charakteryzuje się autonomicznym zachowaniem. [27]

Warto też przyjrzeć się podstawowym cechom przypisywanym agentom, takim jak [28]:

- Komunikacja – możliwość komunikowania się z innymi agentami.
- Percepcja – możliwość obserwacji środowiska.

- Wiedza – agent posiada informacje na temat jego właściwości i reprezentację modelu świata, w którym przebywa. Model ten często jest niepełny i nieaktualny.

- Zdolność rozumowania – tak, aby podejmować akcje prowadzące do postawionego celu.

- Cele – opisuje pożądaną konfigurację stanu agenta lub środowiska. Dobór działań agenta powinien prowadzić do tego aby taki cel zrealizować.

- Umiejętności – zbiór akcji, poprzez które agent oddziałuje na środowisko i innych agentów.

### 2.3.2 Definicja systemu agentowego

Po takim wprowadzeniu można przejść do definicji systemu agentowego. Jak podaje Wooldridge [29] jest to system składający się z wielu oddziaływujących na siebie elementów obliczeniowych znanych jako agenci. Można więc przyjąć, że o jego właściwościach decydują agenci wchodzący w jego skład. Ponadto większość systemów posiada następujące cechy [30]:

- Rozproszenie – system może być podzielony między wiele lokalizacji.

- Autonomia – każdy agent samodzielnie podejmuje decyzje.

- Decentralizacja – nie istnieje jedno centrum zarządzania odpowiedzialne za wszystko.

- Wymiana wiedzy.

- Interakcje.

- Organizacja – agenci mogą być dzieleni na grupy, z których każda pełni inną rolę.

- Lokalizacja w środowisku – jest ono współdzielone przez agentów.

- Otwartość – systemy podlegają nieprzewidzianym rezultatom swoich operacji. Agent może przyłączyć się lub zrezygnować z uczestniczenia w rozwiązywaniu problemu w dowolnym momencie.
- Emergencja – zachowanie globalne nie jest programowane i powstaje w wyniku interakcji prowadzących do procesów ciągłej reorganizacji.
- Adaptacja – system potrafi zmieniać swoje właściwości w czasie działania, aby dynamicznie dostosować je do zmiennego środowiska.
- Delegacja – użytkownik przekazuje swoją kontrolę nad systemem agentom.
- Personalizacja – system pomaga użytkownikowi uzyskać interesujące go informacje.
- Zrozumiałość – poprzez szereg abstrakcji systemy agentowe są łatwo zrozumiałe.

Oczywiście nie każdy system agentowy posiada wszystkie te cechy. Jednak każdy z nich posiada przynajmniej kilka spośród tych wymienionych powyżej.

### 2.3.3 Decentralizacja w systemach agentowych

Decentralizacja jest jednym z podstawowych założeń systemów agentowych. Polega ona na dążeniu do podziału ról między agentów tak, aby nie powstał żaden punkt centralny. W idealnym przypadku wszyscy agenci będą równie ważni i awaria któregokolwiek z nich nie spowoduje spadku funkcjonalności systemu.

Przyczyn takiego postępowania może być wiele. Jedną z nich jest konieczność rozproszenia aplikacji np. z powodów jej rozmiarów. Jeśli jest ona zbyt duża, należy ją rozmieści na wielu maszynach. Maszyny te powinny być równomiernie zaangażowane, nie powinno się zbytnio obciążać jednej z nich. Ponadto istnienie takiego punktu centralnego może spowodować duże kłopoty w czasie jego awarii, włącznie z unieruchomieniem całego systemu.

Inne przyczyny takiego postępowania to ograniczenia fizyczne. Przykładem może być robotyka. Kiedy wykorzystujemy grupę robotów bardziej naturalne jest rozpatrywanie każdego z nich osobno.

Kolejnych przyczyn decentralizacji można wymienić wiele. Jednak to nie one są ważne a sama idea. Ponadto należy zrozumieć różnicę między decentralizacją a rozproszeniem. Fizyczne rozproszenie systemu nie daje nam gwarancji decentralizacji, ponieważ może dopuszczać istnienie jednego centralnego punktu sterowania. Nie jest też ono konieczne. Na jednej maszynie może istnieć wielu agentów działających niezależnie. Nie zmienia to jednak faktu, że decentralizacja i rozproszenie bardzo często występują równocześnie.

### 2.3.4 Autonomia w systemach agentowych

Autonomia to inne z podstawowych założeń systemów agentowych. Mimo że część definicji uznaje, że autonomia jest opcjonalna, niewątpliwie jest ona ważną cechą większości istniejących systemów. Mówi ona, że agent powinien mieć możliwość samodzielnego podejmowania decyzji. Określa on swoje cele, które realizuje w zależności od percepcji, wiedzy i posiadanej reprezentacji świata.

Autonomia powinna być jednak w pewien sposób ograniczona. Aby uzmysłowić sobie konieczność wprowadzania ograniczeń, wystarczy zadać sobie pytanie: czy agent może odmówić realizacji celów użytkownika aplikacji. Źródła ograniczeń mogą być różne. Przykładowo, do realizacji celu agent może potrzebować współpracy z innymi. Ma on również ograniczoną percepcję, więc nie może zagwarantować globalnej trafności swoich decyzji. Ponadto środowisko jest dynamiczne. Agent nie może więc być pewien, że jego działania nie zdezaktualizowały się.

Kluczem do stworzenia dobrego systemu jest więc właściwe ustawienie ograniczeń. Nie mogą być zbyt luźnie, ponieważ wtedy nie uda się osiągnąć globalnego celu. Nie mogą być też zbyt restrykcyjne, ponieważ wtedy agenci utracą autonomię, która jest niekiedy niezbędna do sukcesu. Jako przykład możemy rozważyć wspominanych w rozdziale 2.2.3 agentów sterujących pojazdami kosmicznymi w dużej odległości od Ziemi. Nie mogą oni być za bardzo ograniczeni, ponieważ muszą samodzielnie sterować pojazdem, kiedy połączenie z Ziemią nie jest dostępne. Muszą jednak dążyć do realizacji celów zadawanych im przez centrum dowodzenia. W takim przypadku ustalenie poziomu autonomii jest bardzo trudne, ponieważ z powodu dużych opóźnień i częstej utraty łączności przychodzące z Ziemi polecenia mogą w najgorszym przypadku być szkodliwe z powodu zmiany w środowisku (agent się przemieścił, więc jego otoczenie jest inne), które zaszły w międzyczasie.

### 2.3.5 Percepcja i oddziaływanie ze środowiskiem

Agenci są umieszczeni w pewnym środowisku, na które mogą oddziaływać. Ogólny schemat tej zależności przedstawia rysunek 2.

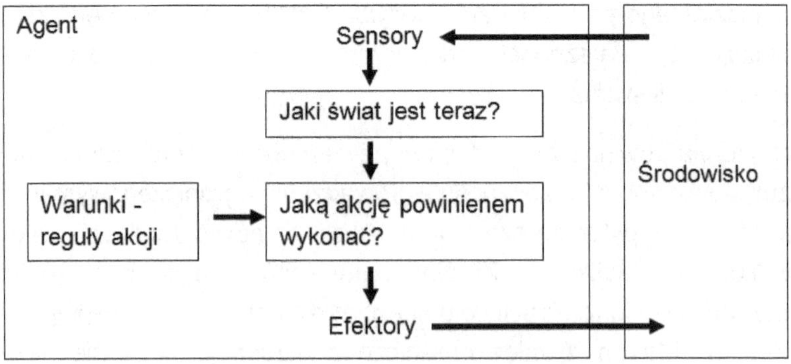


Rysunek 2. Oddziaływanie agenta ze środowiskiem [18]

Jak widać, agent otrzymuje informacje ze świata przy pomocy sensorów. Mogą to być dowolne czujniki np. wykrywające ruch, dźwięk lub ciepło. Oddziaływanie na środowisko następuje przy użyciu efektorów, takich jak narządy mowy lub ramię u robota.

### 2.3.6 Komunikacja

Komunikacja jest bardzo skomplikowanym zagadnieniem. Zwykle następuje ona w wyniku aktu mowy. Tak wysłana wiadomość musi być sformułowana w języku, który jest zrozumiały dla odbiorców. Ponadto treść musi być jednoznaczna, należy unikać sformułowań, które mogą być odczytywane na wiele sposobów.

#### 2.3.6.1 Wzajemne zrozumienie

Aby agenci mogli sprawnie komunikować się, wymagane jest uzgodnienie terminologii, jaką się posługują. W przeciwnym razie będzie dochodziło do nieporozumień. Przykładowo, agent kupujący linę nie dostanie tego, co oczekuje od agenta, który ją sprzedaje, jeśli jeden będzie podawał długość sznura w metrach, a drugi w calach.

W celu ujednolicenia nazewnictwa stosuje się ontologie. Są to specyfikacje zbiorów wyrażeń, wprowadzone w celu jednolitego rozumienia pojęć z pewnej domeny [29]. Poza definicjami terminów pozwalają one na ich grupowanie i wskazywanie zależności między nimi.

W celu lepszego oddania złożoności problemów możliwe jest wprowadzenie hierarchii ontologii.

- Ontologie aplikacji (application ontology) zawierają pojęcia ściśle związane z danym produktem.
- Ontologie domenowe (domain ontology) zawierają terminy dotyczące pewnego fragmentu rzeczywistości (domeny).
- Ontologie wyższe (upper ontology) to bardzo szerokie i ogólne definicje, które mogą być używane w wielu domenach. Służą do

integracji ontologii niższego poziomu (jedno pojęcie może mieć różne znaczenia w dwóch różnych ontologiach).

Najbardziej ogólne ontologie (wyższe) nadają się dobrze do ponownego użycia, natomiast ontologie aplikacji zwykle wykorzystywane są tylko raz. Ukazane jest to na rysunku 3.

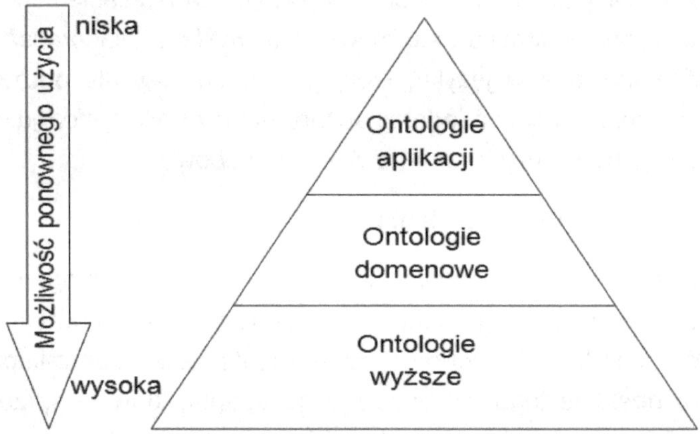


Rysunek 3. Hierarchia ontologii od najbardziej ogólnych [29]

Do opisu ontologii stosowane są specjalne języki. Najpopularniejszym z nich jest OWL[1].

### 2.3.6.2 Akt mowy

Akt mowy należy traktować jak każdą inną akcję. Analogicznie do akcji fizycznych zmienia on stan środowiska. Zgodnie ze schematem ukazanym na rysunku 2 agent zmienia świat, w którym się znajduje za pomocą efektorów. Należy więc zauważyć, że komunikujący się agent musi posiadać narząd mowy. Mogą to być usta, głośniki lub dowolne, inne składowe służące do wysyłania komunikatów.

---

[1] OWL czyli Web Ontology Language jest językiem, którego składnia jest oparta o XML (Extensible Markup Language). Jak nazwa wskazuje jest on głównie używany do opisu danych w sieci WWW (World Wide Web).

### 2.3.6.3 Języki komunikacji między agentami

Ostatnim ważnym elementem niezbędnym do zaistnienia komunikacji jest istnienie języka. Istnieje kilka języków, które zostały stworzone do komunikacji między agentami. Jednym z najbardziej znanych przykładów jest KQML (the knowledge query and manipulation language)[1]. Bazuje on na wiadomościach, które mogą być traktowane jako obiekty (w sensie programowania obiektowo orientowanego). Każda wiadomość posiada typ oraz zbiór parametrów. Innym znanym językiem jest FIPA ACL [2] (Agent Communications Language opracowany przez Foundation for Intelligent Physical Agents).

Oczywiście komunikacja między agentami nie musi opierać się o żaden ze znanych języków. Na potrzeby konkretnego systemu może zostać opracowany nowy, unikalny dialekt najlepiej spełniający stawiane wymagania. Produkt taki traci na uniwersalności, jednak w zamian można zwiększyć efektywność eliminując wszystkie zbędne elementy.

## 2.3.7 Negocjacje i współpraca

Aby w pełni wykorzystać potencjał omawianych systemów, należy wprowadzić możliwość współpracy między agentami. Żeby była ona wykonalna, niezbędna jest wcześniej opisana możliwość komunikacji. W rozdziale tym zostaną przedstawione rodzaje kooperacji oraz sposoby negocjacji w sytuacji, gdy nie wszystkie cele współpracujących jednostek są identyczne. Rozdział ten został opracowany głównie w oparciu o pozycje [29], [31] oraz [33].

---

[1] Więcej informacji na temat tego języka znajduje się na stronie http://www.cs.umbc.edu/research/kqml/

[2] Specyfikacja języka znajduje się na stronie http://www.fipa.org/repository/aclspecs.html

#### 2.3.7.1 Współpraca

W systemach agentowych kooperacja może zachodzić na wiele sposobów. Najprostsza sytuacja następuje, gdy wszyscy współpracujący mają wspólny cel, do którego dążą. W takim wypadku każdy z nich powinien być chętny do podjęcia współdziałania. Jedynym problemem jest wtedy koordynacja. Najczęściej rozwiązuje się go poprzez wprowadzenie koordynatora, który ustala role każdego z agentów.

Bardziej skomplikowanym zagadnieniem jest sytuacja, gdy każdy agent dąży do realizacji własnego celu. Mogłoby się wydawać, że w takich okolicznościach wszyscy powinni działać indywidualnie. Jednak jak zostanie przedstawione w następnym rozdziale, również w tej sytuacji kooperacja może być korzystna dla wszystkich.

Kolejnym miejscem, gdzie współpraca może zostać wprowadzona, jest handel zasobami. Jeśli jeden agent posiada ich zbyt dużo, natomiast drugiemu ich brakuje, korzystne jest porozumienie w celu sprzedaży nadmiaru bogactw.

#### 2.3.7.2 Sens podejmowania negocjacji

W celu ukazania sensu podejmowania negocjacji warto odnieść się do teorii gier [31]. Wprowadźmy najpierw definicję użyteczności. Jest to funkcja, która przypisuje stanowi świata liczbę, która określa, jak bardzo pożądane jest osiągnięcie danego stanu. Każdy agent określa własną funkcję użyteczności. Jest więc oczywiste, że wszyscy będą dążyć do tego, aby zmaksymalizować jej wartość. Przykładem może być wypas krów na wspólnym pastwisku [31]. Każda krowa na pastwisku przynosi swojemu właścicielowi zysk (ilość zjedzonej trawy). Wydajność pastwiska spada jednak wraz ze wzrostem ilości krów. Rozważmy pięcioosobową grę, w której każdy gracz dysponuje dwiema krowami. Można wtedy określić korzyść, którą przynosi gospodarzowi jedna krowa wzorem:

Korzyść = 12 – ($q_1$ + $q_2$ + $q_3$ + $q_4$ + $q_5$) gdzie $q_n$ to ilość krów na pastwisku należących do gospodarza nr n.

Tą samą informację można przedstawić za pomocą tabeli, prezentującej zysk:

| **Ilość krów własnych / ilość krów cudzych** | **0** | **1** | **2** | **3** | **4** | **5** | **6** | **7** | **8** |
|---|---|---|---|---|---|---|---|---|---|
| **0** | 0 | 0 | 0 | 0 | 0 | 0 | 0 | 0 | 0 |
| **1** | 11 | 10 | 9 | 8 | 7 | 6 | 5 | 4 | 3 |
| **2** | 20 | 18 | 16 | 14 | 12 | 10 | 8 | 6 | 4 |

Tabela 1. Zysk gospodarza w zależności od ilości krów na pastwisku

Kiedy agenci działają samodzielnie, naturalne jest, że najlepszą strategią dla każdego z nich będzie wysłanie na pastwisko wszystkich krów (zysk każdego z nich będzie wtedy wynosił 4). Okazuje się jednak, że dla wszystkich korzystniejsza byłaby sytuacja, gdyby każdy wysłał tylko połowę swojego stada (wypłata wyniosłaby 7). Żaden z agentów tego jednak nie zrobi, ponieważ najprawdopodobniej byłby stratny (inni i tak wysłaliby wszystkie). Przykład ten pokazuje, że nie zawsze współzawodnictwo prowadzi do najlepszych rezultatów. Czasami lepiej jest współpracować. W takim przypadku bardzo pomocne mogą okazać się negocjacje prowadzące do ustalenia wspólnej strategii.

### 2.3.7.3 Kryteria oceny

W wypadku wspólnego działania należy określić kryterium oceny, jakim będziemy się posługiwać w czasie wyboru strategii. Jest kilka możliwości. Jedna z nich to dobro społeczne. W takim przypadku dążymy do tego, aby suma funkcji użyteczności wszystkich agentów była jak najwyższa. Wątpliwości może jednak budzić to czy wszyscy agenci zechcą postawić dobro ogółu nad własnym, ponieważ w takim przypadku pojedyncze jednostki mogą być stratne.

Przeciwieństwem tej strategii jest racjonalność jednostki – agent przystąpi do współpracy tylko w wypadku, kiedy uzyskane korzyści w czasie negocjacji są większe, niż gdyby działał samodzielnie.

Rozważając kryteria oceny warto się zastanowić czy istnieje strategia optymalna. Efektywność (optymalność) w sensie Pareto możemy zdefiniować następująco: rozwiązanie x jest optymalne w sensie Pareto, jeżeli nie istnieje rozwiązanie x' takie, że wypłata uzyskiwana przez jednego z agentów w rozwiązaniu x' jest większa od tej, jaką uzyskuje on w rozwiązaniu x, a wypłaty pozostałych agentów w x' nie są gorsze od pozyskiwanych w x.

Wprowadzając kryteria oceny powinno się pamiętać o stabilności. Stosowany mechanizm powinien skłaniać agenta do zachowania się w pożądany sposób. Będzie tak przy istnieniu strategii dominującej. Jest to strategia najlepsza dla danego agenta, niezależnie od strategii wybranych przez innych agentów. Niestety, nie jest to częsta sytuacja. Inną sytuacją skłaniającą agentów do wyboru konkretnej strategii jest istnienie równowagi Nasha. Jest to sytuacja, gdy dla każdego agenta wybrana strategia jest najlepszą odpowiedzią na strategie zaprezentowane przez pozostałych.

#### 2.3.7.4 Protokoły rynkowe

Omawiając współpracę i negocjacje warto przyjrzeć się bliżej protokołom rynkowym. Są one stosowane w dwóch celach: ustalenia strategii dla współpracującej grupy oraz przy sprzedaży zasobów. W drugim z wymienionych przypadków należy ustalić nie tylko cenę towaru, ale również trzeba wybrać, komu dobro zostanie sprzedane. Szerszy opis przedstawianych protokołów znajduje się w pozycji [29].

Najpopularniejsze protokoły to Contract Net, głosowania, aukcje oraz targi. Mechanizmy są bardzo zbliżone do rzeczywistości i zostaną omówione w kolejnych rozdziałach. Można udowodnić, że przy odpowiednim zastosowaniu mechanizmów rynkowych istnieje równowaga w systemie. Nie jest to jednak tematem tej pracy, w związku z tym dowód nie będzie tutaj prezentowany.

### 2.3.7.5 Contract Net

Contract Net [36] służy do zlecania zadań agentom, którzy są w stanie zrealizować je najlepiej. Po wysłaniu propozycji zadań do wykonawców określają oni możliwość ich realizacji oraz jakość. Parametry jakości mogą być różne np. czas lub koszt. Wybierana jest oczywiście najlepsza propozycja. Protokół ten został schematycznie zaprezentowany na rysunku 4.

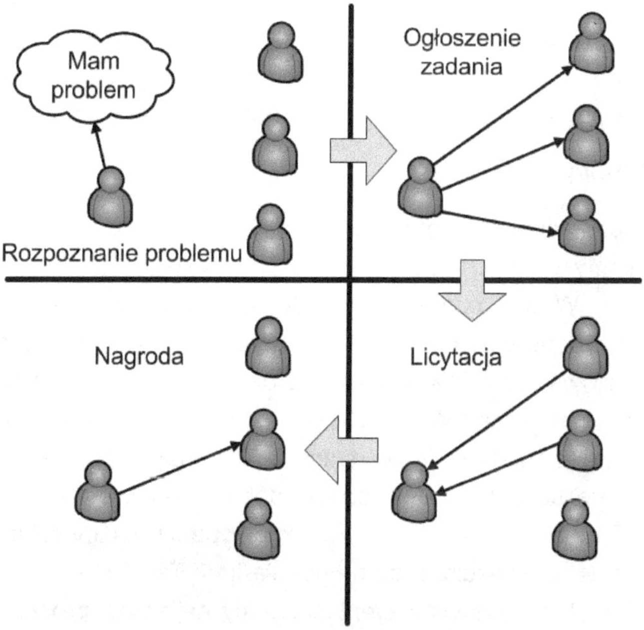


Rysunek 4. Schemat protokołu Contract Net [29]

### 2.3.7.6 Głosowania

Bardzo popularnym protokołem rynkowym jest głosowanie. Przeważnie służy ono do określania wyborów społecznych np. elekcji przywódcy. Podczas głosowania agenci wyrażają swoje preferencje. Uzyskany wynik jest narzucany wszystkim agentom. Sposobów głosowania może być kilka. Jednym z nich jest jednoczesne porównanie. Wszystkie alternatywy są rozważane i wygrywa ta, która otrzyma maksymalną ilość głosów. Cały wybór jest wykonywany w jednym kroku. Inną możliwością jest protokół binarny. Alternatywy są porównywane parami. Następnie zwycięzcy tworzą kolejne pary. Należy zwrócić uwagę, że wynik głosowania zależy od sposoby kojarzenia par. Wadą tego rozwiązania jest to, że przy dużej ilości alternatyw głosowanie może zająć dużo czasu. Ciekawym rozwiązaniem jest również protokół Borda. W tym przypadku agenci punktują każdą alternatywę. Ilość przyznanych punktów zależy od miejsca na liście preferencji. Następnie głosy są sumowane. Tak jak w przypadku jednoczesnego porównania, zwycięża propozycja, która otrzymała największą ilość głosów.

#### 2.3.7.7 Aukcje

Innym popularnym protokołem rynkowym są aukcje [29][33]. Wyróżniamy kilka ich rodzajów. Aukcja angielska jest najbardziej popularna. W tym przypadku każdy uczestnik może w dowolnej chwili złożyć ofertę. Aukcja kończy się, gdy nie ma kolejnych ofert. Dobro nabywa uczestnik, który zaoferował najwięcej, za cenę przez siebie proponowaną. W odwrotnym kierunku są podawane ceny w aukcji holenderskiej. Prowadzący aukcję ciągle obniża cenę, aż znajdzie się uczestnik, który zakupi dobro. Popularna jest również aukcja „First price sealed bid". W tym przypadku każdy składa tylko jedną ofertę, nie wiedząc, co proponują inni. Tak jak w poprzednim przypadku dobro nabywa agent oferujący najlepszą propozycję za zgłoszoną cenę. Pod względem strategicznym odpowiada ona aukcji holenderskiej. Bardzo podobna jest aukcja Vickrey'a („second-price sealed bid"). Jedyna różnicą jest cena, za jaką nabywane jest dobro. Jest to druga pod względem wysokości propozycja. Ostatnim rodzajem aukcji, o którym chciałbym wspomnieć, jest aukcja „wszyscy płacą". Przebiega ona jak aukcja angielska, jednak wszyscy uczestnicy muszą zapłacić tyle, ile wynosiła ich ostatnia oferta.

Przy licytacji uczestnicy kierują się wartością dobra. Rozróżniamy wartość prywatną, wspólną i skorelowaną. Wartość prywatna zależy tylko i wyłącznie od preferencji agenta. Przykładem może być posiłek, który chcemy skonsumować. Wartość wspólna jest uzależniona od wartości, jaką nadają dobru inni agenci. Przykładem mogą być obligacje. O wartości skorelowanej mówimy, gdy wartość dobra zależy częściowo od własnych preferencji, częściowo od otoczenia. Przykładem mogą być usługi, które możemy sami wykonać lub sprzedać prawa do ich wykonania na kolejnej aukcji.

### 2.3.7.8 Targi

Ostatnim poruszonym protokołem rynkowym będą targi [33]. W tym przypadku mamy towar, który stanowi pewną wartość zarówno dla sprzedającego jak i potencjalnego kupca. Kiedy przedmiot stanowi większą wartość dla sprzedającego lub gdy te wartości są równe, rozwiązanie jest oczywiste. W pierwszym wypadku do transakcji nie dochodzi, w drugim jest on sprzedawany za cenę równą wartości towaru wedle oceny każdego z nich (obaj wyceniają go na tyle samo). Jeśli jednak maksymalna akceptowalna wartość dla kupującego jest wyższa niż minimalna akceptowalna cena dla sprzedającego to otrzymujemy zbiór rozwiązań korzystnych dla obu stron. W takim wypadku istnieje nadwyżka, którą trzeba podzielić między kupującego i sprzedającego. Właśnie to jest przedmiotem targu. Istnieje wtedy wiele możliwych rozwiązań. Nie będą one jednak tutaj omawiane, ponieważ z punktu widzenia przedstawianego systemu znacznie istotniejsze są protokoły uwzględniające większą ilość agentów (targi nie są stosowane w stworzonym systemie).

## 2.4 Wymagania stawiane sztucznej inteligencji przez gry komputerowe

Na początku rozdziału zostanie przedstawione do czego używa się sztucznej inteligencji w grach komputerowych. Zostaną też nakreślone ogólne wymagania, jakie jej stawiamy niezależnie od gatunku gry. Na koniec rozważone zostaną specyficzne postulaty, jakie powinna ona spełniać dla gier fabularnych, FPS oraz strategicznych. Rozdział ten powstał w oparciu o doświadczenia autora zebrane w czasie gry w wiele popularnych tytułów oraz opinie innych graczy zawarte na tematycznych formach internetowych. Przykładem takich for tematycznych są te znajdujące się na oficjalnych stronach znanych tytułów.

### 2.4.1 Zastosowanie sztucznej inteligencji w grach komputerowych

Sztuczna inteligencja w grach komputerowych jest używana głównie do kierowania postaciami sterowanymi przez komputer. Odpowiada ona za działanie sojuszników, przeciwników i postaci neutralnych. Nawet w masowych grach on-line, poza graczami znajdują się postacie, których ruchami musi pokierować sztuczna inteligencja. Decyduje ona zarówno o ich przemieszczaniu się po planszy jak i o podejmowanych wyborach. Określa też czy ich nastawienie do gracza jest przyjazne, wrogie czy neutralne. Może ona również zdecydować o zmianie takiego nastawienia w odpowiedzi na podejmowane przez uczestników gry akcje.

Ponadto sztuczna inteligencja często odpowiada za wspomaganie graczy. Gdy mają oni do dyspozycji wiele jednostek, zwykle wydają im ogóle polecenia np. „udaj się do zaznaczonego punktu” lub „utrzymaj pozycję”. Po takim rozkazie sztuczna inteligencja odpowiada za jego realizację. Może to sprowadzać się do wytyczenia odpowiedniej trasy lub atakowania każdego przeciwnika, który podjedzie dostatecznie blisko.

Ponadto sztuczna inteligencja może odpowiadać za inne, mniej ważne aspekty gry. Przykładem może być dynamiczne dobieranie poziomu trudności do umiejętności prezentowanych przez gracza. Takie działania nie są jednak istotne z punktu widzenia prezentowanego systemu.

### 2.4.2 Ogólne wymagania

Od sztucznej inteligencji w grach komputerowych oczekuje się przede wszystkim, aby dawała złudzenie gry z realnym, myślącym przeciwnikiem. Decyzje, jakie podejmuje, powinny być racjonalne i mieć logiczne uzasadnienie. Musi też brać pod uwagę, czyje zachowanie symuluje. Innej reakcji oczekuje się od ludzi, a innej od stada wilków.

Od zwierząt wymaga się, aby podejmowały decyzje, które pozwolą im przeżyć. W sytuacjach zagrożenia powinny uciekać, głodne dążyć do tego, żeby się pożywić. Ponadto muszą wykazywać zachowania stadne, współpracując w czasie polowania lub obrony.

W przypadku fantastycznych stworów z gier jest podobnie. Dodatkowo mogą one stać na wyższym poziomie rozwoju, co przejawia się umiejętnością zastosowania bardziej zaawansowanych strategii działania. Zwykle potrafią też posługiwać się bardziej skomplikowanym językiem, pozwalającym na wymianę informacji i koordynację działania. Dzięki niemu mogą być w stanie zawierać tymczasowe koalicje służące realizacji ich celów.

Kiedy sztuczna inteligencja symuluje ludzkie zachowanie, oczekujemy od niej, że będzie potrafiła nie tylko racjonalnie wnioskować, ale również w pewnym stopniu oddać ludzki charakter. Człowiek inaczej reaguje, gdy się czegoś boi, inaczej, gdy jest spokojny. Sztuczna inteligencja powinna również takie czynniki brać pod uwagę. Postać będąca pod wpływem silnych uczuć powinna reagować inaczej niż postać kalkulująca wszystko na spokojnie. Kiedy człowiek jest zdesperowany, jego zachowania przestają być racjonalne i przewidywalne. Potrafi on rzucić się samotnie na tłum napastników. Sztuczna inteligencja powinna w takich przypadkach działać podobnie i dopuszczać odstępstwa od normy, nawet jeśli przy chłodnej analizie nie mają one sensu.

W wielu grach mamy do wyboru, czy zawodnikiem, z którym rywalizujemy, kieruje człowiek czy komputer. Jeśli wybór pada na maszynę to wymagamy od niej racjonalnego zachowania. Pamiętając o teście Turinga opisanym w poprzednich rozdziałach, można stwierdzić, że oczekiwania graczy będą spełnione, jeśli nie będziemy w stanie stwierdzić, czy przeciwnikiem steruje istota ludzka czy sztuczna inteligencja. Przykładowo ludzie umieją wyciągać wnioski na podstawie sygnałów, które udaje im się zaobserwować. Dobrzy gracze potrafią przewidzieć nadchodzący atak na podstawie zachowania przeciwnika, mimo że zapewnia on o swoich pokojowych zamiarach. Jeśli chcemy, aby test Turinga został zdany, to sztuczna inteligencja również to powinna potrafić.

### 2.4.3 Sztuczna inteligencja w grach RPG

Sztuczna inteligencja w większości gier RPG odpowiada za sterowanie fantastycznymi stworami, z którymi gracz musi walczyć. Zwykle taka walka odbywa się na krótki dystans. Dlatego wymaga to specyficznego działania.

Gracze, przemierzając świat, rozbudowują swoje postacie sprawiając, że są one coraz potężniejsze. Dlatego pojedynczemu stworzeniu bardzo ciężko jest nawiązać z nimi walkę. Z tego powodu bardzo ważne jest, aby sztuczna inteligencja umiała pokierować jednostkami tak, żeby współpracowały one walcząc z mocnym przeciwnikiem. Potyczka taka często odbywa się bez użycia broni dystansowej, dlatego istotną umiejętnością jest umiejętność otaczania przeciwnika. Dzięki temu możliwe jest atakowanie gracza przez wiele postaci jednocześnie.

Inną istotną kwestią jest ucieczka słabszego przeciwnika. Współpracujące postacie powinny przewidzieć i zabezpieczyć możliwe drogi ucieczki. Ważne jest więc, aby sztuczna inteligencja zapewniała algorytmy pozwalające stworzyć plany wspólnego polowania. Nie powinna zdarzać się sytuacja, gdy wszyscy rzucają się na słabego wroga. Część jednostek powinna pomyśleć o zabezpieczeniu dróg ucieczki.

Dwie rozważane powyżej sytuacje pokazały nam, że postacie powinny różnie zachowywać się w zależności od siły przeciwnika. Ukazuje to kolejne ważne wymaganie wobec sztucznej inteligencji. Powinna ona szacować siły swoje oraz wroga i w zależności od tej oceny podejmować działania. Może to być samodzielna akcja lub poproszenie innych o pomoc, gdy przeciwnik jest silniejszy. W skrajnych przypadkach niezbędne może okazać się wycofanie i poszukanie wsparcia.

Sztuczna inteligencja w grach RPG steruje również bohaterami neutralnymi. Zwykle są oni odpowiedzialni za zlecanie graczowi zadań do wykonania. Przeważnie jednak nie biorą oni udziału w walkach, oczekując na bohatera w określonych lokalizacjach. Z tego powodu algorytmy sterujące nimi nie są skomplikowane i nie będą omawiane.

### 2.4.4 Sztuczna inteligencja w grach FPS

Tak jak w przypadku RPG, w grach FPS gracz staje do walki z grupami przeciwników sterowanych przez sztuczną inteligencję. Podstawową różnicą jest sposób walki. W grach FPS najczęściej odbywa się ona na dystans przy użyciu broni palnej. Możliwe są bezpośrednie starcia, jednak rzadko do nich dochodzi. W przeważającej większości tytułów zarówno gracz jak i jego przeciwnicy używają broni palnej. W niewielkiej liczbie przypadków gracz używa broni dystansowej, natomiast przeciwnicy walczący tylko i wyłącznie wręcz, starają się dotrzeć w jego pobliże, aby go zabić. Taka sytuacja wymaga użycia zupełnie innych algorytmów i stawia przed sztuczną inteligencją inne wyzwania.

Z powodu możliwości szybkiego uśmiercenia ofiary na dystans, priorytetem staje się wybranie odpowiedniego sposobu poruszania.

Sztuczna inteligencja powinna tak planować drogę, aby przebiegała ona w miejscach nieodsłoniętych, niedających szans na trafienie. Ponadto powinna ona wybierać punkty docelowe tak, aby dawały dobrą widoczność na pole walki, jednocześnie osłaniając postać przez nią sterowaną.

Tak jak w grach RPG postacie powinny współpracować w celu osaczenia i zabicia wroga. Różnica jest jednak taka, że w tym przypadku postacie nie będą dążyć do fizycznego otoczenia wroga, lecz do takiego ustawienia na polu walki, aby mogły zabić wroga z bezpiecznej odległości. Powinny one szukać takich miejsc, aby ich siła ognia w kierunku pozycji gracza była jak największa. Jednocześnie miejsca te powinny być na tyle odległe, aby nie można było jednocześnie uśmiercić dużej liczby współpracujących jednostek strzałem z jednej potężnej broni.

W rzadkim przypadku, jakim jest walka z postaciami nieużywającymi broni palnej, wymagania wobec sztucznej inteligencji są inne. Tak jak wcześniej napisano, wymagany jest taki sposób poruszania, aby nie narażać się na trafienie. Cel tego poruszania jest jednak inny. Powinien on prowadzić do jak największego zbliżenia się do przeciwnika. Dodatkowo współpraca między agentami powinna zakładać, że będzie istnieć konieczność przebycia ostatniego odcinka dzielącego postać od gracza po otwartym terenie. Dlatego postacie muszą tak wszystko zorganizować, aby nadbiegać równocześnie z różnych stron. Uniemożliwi to szybką likwidację wszystkich agentów biorących udział w akcji, dając szansę na powodzenie misji.

### 2.4.5 Sztuczna inteligencja w grach strategicznych

Zgodnie z tym, co zostało napisane w rozdziale poświęconym gatunkom gier komputerowych, strategie dzielą się na dwie grupy – turowe i czasu rzeczywistego. Posiadają one zarówno punkty wspólne jak i unikalne cechy. Z tego powodu istnieje grupa wymagań ogólnych oraz zbiory postulatów dotyczące każdego z tych gatunków osobno. Zostaną one wszystkie omówione w tym rozdziale.

#### 2.4.5.1 Cechy wspólne w strategiach czasu rzeczywistego i strategiach turowych

W każdej strategii bardzo ważnym zadaniem stojącym przed sztuczną inteligencją jest zarządzanie zasobami. Są to zwykle surowce naturalne, takie jak drewno, kamień, kryształ lub złoto, przy pomocy których można kupować jednostki lub budynki. Dodatkowo wiele gier oferuje ulepszenia jednostek oraz używanych technologii, za które również płaci się zasobami.

Zwykle każda ze stron konfliktu dysponuje ograniczonymi zasobami, dlatego tak ważne jest, aby sztuczna inteligencja potrafiła mądrze je wykorzystać. Musi ona wziąć pod uwagę zarówno konieczność inwestycji w gospodarkę, jak i rozbudowę armii. Oba te zadania wymagają pewnych nakładów. Rozbudowa gospodarki sprawi, że kolejne zasoby będą generowane szybciej. Wydaje się więc, że w początkowym okresie powinno się na to przeznaczyć większość środków. Jednak niedoinwestowanie armii może doprowadzić do porażki w przypadku ataku ze strony gracza inwestującego wszystkie swoje skromne początkowe środki w wojsko. Sytuacja ta pokazuje, jak ważne jest, aby sztuczna inteligencja potrafiła właściwie inwestować swoje zasoby. Zadanie to jest tak wymagające, ponieważ nie istnieje jeden najlepszy algorytm zarządzania. Nie da się z góry przewidzieć, gdzie najlepiej zainwestować. Zależy to w dużej mierze od strategii innych graczy. Dlatego też sztuczna inteligencja powinna potrafić dynamicznie reagować na zmieniające się warunki, przeznaczając zasoby tam, gdzie są najbardziej potrzebne.

### 2.4.5.2 Sztuczna inteligencja w strategiach czasu rzeczywistego (RTS[1])

W strategiach czasu rzeczywistego bardzo ważne są kolejne dwa rodzaje działania sztucznej inteligencji. Pierwszy z nich odpowiada za dowodzenie całą armią przeciwnika gracza. W tym przypadku komputer pełni rolę generała decydującego o strategii, jaką podejmie jego armia.

Przy dowodzeniu armią podstawowym zadaniem sztucznej inteligencji jest właściwe wykorzystanie różnych typów jednostek. Powinna ona ustawiać je w czasie walki tak, aby mogły one wykorzystywać swój pełny potencjał. Przykładem może być ustawienie oddziałów walczących na dystans za jednostkami walczącymi wręcz. Dzięki temu strzelcy dają wsparcie pozostałym, sami jednocześnie będąc chronieni. Kolejnym aspektem dowodzenia jest przemieszczanie jednostek w celu dynamicznego dostosowania do warunków panujących na polu walki. Przykładem może być wysunięcie pikinierów na przód formacji, w odpowiedzi na szarżę ciężkiej jazdy, w grze rozgrywającej się w średniowiecznej Europie.

Jeszcze większym wyzwaniem wobec sztucznej inteligencji jest wykorzystanie ukształtowania terenu. Oczywiste jest, że strzelcy ustawieni na wzgórzu będą mieli większy zasięg niż ci ustawieni w dolinie. Dlatego też powinno się starać w czasie bitwy przemieścić tak swoje jednostki, aby ukształtowanie terenu im sprzyjało. Sztuczna inteligencja powinna starać się ustawić swoje jednostki w korzystnych punktach przed bitwą. W idealnym rozwiązaniu, wykorzystując ukształtowanie terenu, potrafiłaby ona wciągać przeciwnika w pułapkę, doprowadzając do bitwy w najbardziej korzystnym dla niej miejscu.

Inny rodzaj sztucznej inteligencji, który powinien znaleźć się w grze RTS, to sterowanie pojedynczymi jednostkami na planszy. W tego

[1] RTS to skrót od angielskich nazwy gatunku: Real Time Strategy

rodzaju grach, w starciach bardzo często biorą udział duże oddziały. Gracz oraz komputer wydają polecenia większym grupom jednostek. Sztuczna inteligencja powinna w taki sposób prowadzić każdą jednostkę w grupie, aby ich ruch był skoordynowany i płynny. Jednostki te powinny potrafić niezależnie od siebie omijać przeszkody, starając się jednak utrzymać szyk bojowy, gdy tylko jest to możliwe. Ponadto jednostki nie mogą na siebie wchodzić w czasie poruszania się. Sztuczna inteligencja powinna zapewnić nam realizację rozkazu przez całą grupę jednostek, dając jednocześnie wrażenie, że każda z nich jest w pełni niezależna.

Dodatkową komplikacją jest fakt, że wszystko odbywa się w czasie rzeczywistym, dlatego użyte algorytmy nie mogą być bardzo skomplikowane. Firmy dążą do tego, aby gry komputerowe były sprzedawane w jak największym nakładzie. W związku z tym powstaje dodatkowe ograniczenie. Sztuczna inteligencja w grach RTS musi być na tyle „lekka" aby przeciętny komputer był sobie z nią w stanie poradzić. Nie można dopuścić do sytuacji, gdy gra jest zwalniana, ponieważ komputer potrzebuje więcej czasu na przeanalizowanie sytuacji.

### 2.4.5.3 Sztuczna inteligencja w strategiach turowych

W strategiach turowych rozluźnieniu ulegają wymagania czasowe. Jest oczywiste, że gracz nie może zbyt długo czekać na ruch komputera, jednak dopuszczalne jest pojawienie się niewielkiego opóźnienie w razie potrzeby przeanalizowania bardziej skomplikowanej sytuacji.

Dodatkowo ograniczona jest ilość jednostek, które mogą w danej chwili wykonać ruch. Przekłada się to na zmniejszenie liczby potencjalnych akcji do przeanalizowania. Takie założenia ułatwiają komputerowi analizę, jednak również czynią ją prostszą dla człowieka. Ponadto gracz ma znacznie więcej czasu na myślenie, co sprawia, że jego plany są zwykle bardzo dopracowane.

Wszystko to sprawia, że mimo iż z pozoru gry te są łatwiejsze dla sztucznej inteligencji, to wymagają bardzo dopracowanych algorytmów, będących w stanie opracować skuteczne strategie działania.

### 2.4.6 Podsumowanie wyzwań

Wyzwania stojące przed sztuczną inteligencją w grach komputerowych są bardzo różne. W jednych gatunkach algorytmy są już bardzo dopracowane, w innych komputer nie potrafi wygrać z przeciętnym graczem. Jednak w każdym z nich gwarancją sukcesu jest naśladowanie analitycznego sposobu myślenia człowieka. Oczywiście nikomu jeszcze nie udało się tego w pełni odwzorować, jednak nawet naśladowanie niewielkiej liczby ludzkich zachowań powinno dać dobre rezultaty.

Ważnym wyzwaniem jest rozwój algorytmów podejmujących decyzję na podstawie możliwych przyszłych ruchów przeciwnika. W przypadku gier turowych, moc obecnych komputerów pozwala na analizę wszystkich potencjalnych ruchów wiele tur do przodu. Jednak najważniejszą kwestią jest wybór ruchu będącego najkorzystniejszym dla gracza komputerowego na podstawie tak zebranych danych. Człowiek może obrać zupełnie inną strategię niż komputer przewiduje. Maszyna zwykle zakłada, że powinno się wykonywać ruchy przynoszące korzyści. Ruch przynoszący straty często dezorientuje maszynę. Jest to kolejny przykład pokazujący, że kluczem do stworzenia dobrej sztucznej inteligencji jest implementacja algorytmów pozwalających zrozumieć ludzkie zachowanie. Dlatego warto, aby sztuczna inteligencja naśladowała ludzki analityczny sposób myślenia. Wiadomo przecież, że nikt nie zrozumie człowieka tak dobrze jak drugi człowiek.

## 2.5 Techniki sztucznej inteligencji w grach komputerowych

W tym rozdziale przedstawiono krótko techniki sztucznej inteligencji używane w grach komputerowych. Zostaną one pogrupowane według ich zastosowania. Prezentowany fragment powstał głównie w oparciu o pozycje [34] i [35].

### 2.5.1 Techniki i koncepcje wpływające na budowę całego systemu

Pierwszą z technik i koncepcji, które wpływają na budowę całego produktu, są systemy agentowe. Narzucają nam one konieczność traktowania każdej postaci indywidualne. Jednostki mają sporą autonomię działając na podstawie bodźców, jakie otrzymają ze świata zewnętrznego. Taki model jest bardzo zbliżony do rzeczywistości. Dokładniejszy opis systemów agentowych został przedstawiony w rozdziale 2.3.

Kolejne ogólne koncepcje to sterowanie zdarzeniami i odpytywanie obiektów. Są one sobie przeciwne. Odpytywanie obiektów to technika polegająca na przyglądaniu się otoczeniu i sprawdzaniu, czy stało się coś interesującego. Natomiast sterowanie zdarzeniami przejawia się tak, że agenci realizują swoje plany oczekując na wiadomości. Aby lepiej zobrazować te dwie koncepcje wyobraźmy sobie wybuch bomby w pobliżu wielu jednostek. W przypadku odpytywania, każda jednostka w każdej turze szuka eksplozji w swoim otoczeniu. W przypadku sterowania zdarzeniami, wszystkie jednostki czekają na odpowiedni komunikat. Kiedy dochodzi do wybuchu, bomba informuje każdą z nich o tym, że została trafiona. Jak łatwo się domyślić, sterowanie zdarzeniami jest bardziej efektywną techniką i powinno być używane, kiedy tylko jest taka możliwość.

### 2.5.2 Techniki związane z poruszaniem się postaci

Poruszanie się postaci jest zagadnieniem bardzo złożonym. Można je podzielić na 3 mniejsze problemy, które wiążą się ze sobą. Pierwszym z nich jest odnajdywanie drogi, drugim reprezentacja przeszkód. Współzależność między nimi jest oczywista – trasa musi zostać wyznaczona tak, aby omijać przeszkody. Trzecią kwestią jest przemieszczanie się grup agentów. Podróżując do wspólnego celu, powinni oni sprawiać wrażenie zbioru indywidualności, nie zaś jednego organizmu. Prezentowane w tym fragmencie techniki są odpowiedzią na wymagania stawiane przed sztuczną inteligencją, dotyczące poruszania się jednostek – zarówno pojedynczych jak i grup (zobacz rozdziały 2.4.3, 2.4.4 oraz 2.4.5).

### 2.5.2.1 Odnajdywanie drogi

Podstawowym algorytmem służącym do planowania drogi jest A*. Służy on do odnalezienia drogi między dwoma punktami na mapie. Jest interesujący, ponieważ jeśli tylko droga istnieje, to zostanie przez ten algorytm odnaleziona. Ponadto daje on gwarancję, że jest ona optymalna. Oznacza to, że koszt jej przebycia jest najniższy, co zwykle jest równoznaczne z tym, że jest ona najkrótsza lub najszybsza. Istnieją również modyfikacje A* pozwalające na znajdowanie drogi, która jest najbardziej odpowiednia z taktycznego punktu widzenia. Wymagają one oznaczenia obszarów, po których poruszanie jest bardziej opłacalne z taktycznego punktu widzenia. Przykładowo, lepiej jest unikać miejsc, gdzie postać może zostać zauważona przez wroga i ostrzelana. Najkrótszą i optymalną z taktycznego punku widzenia drogę dla pewnego zagadnienia przedstawiono na rysunku 5.

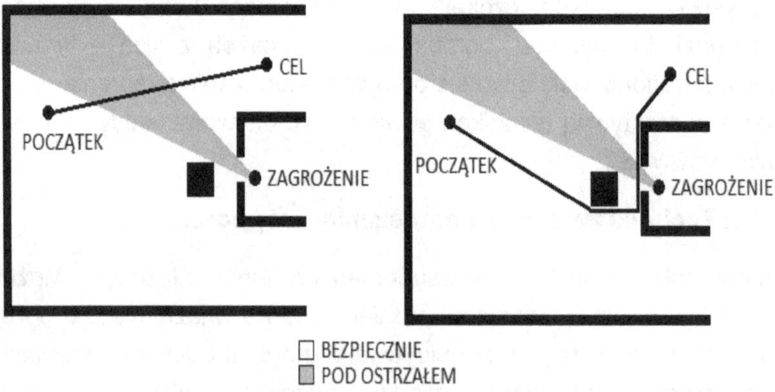


Rysunek 5. Najkrótsza i najbezpieczniejsza droga [34]

Wyznaczając optymalną trasę należy pamiętać, że zagrożenia nie są statyczne i mogą się przemieszczać w czasie pokonywania wyznaczonej przez algorytm trasy. Przykład jak bardzo może się zmienić trasa, jeśli założymy, że zagrożenie jest dynamiczne, ukazuje rysunek 6 (przypadek B zakłada możliwość przesunięcia strzelca o 2 pola). Uwzględniając kontekst zagrożenia można uzyskiwać bardzo dobre ścieżki z punktu widzenia taktycznego. Kontekst, o którym wspomniano to informacja na temat zagrożeń. Przykładowo, lepiej wystawić się kilkakrotnie na krótkotrwałą możliwość ostrzału niż raz na długą. Nawet jeśli suma czasów tych krótkich okien, w których postać jest widoczna jest większa niż jednego długiego. Jest tak dlatego, że aby wystrzelić, należy najpierw wychylić się z kryjówki i wycelować.

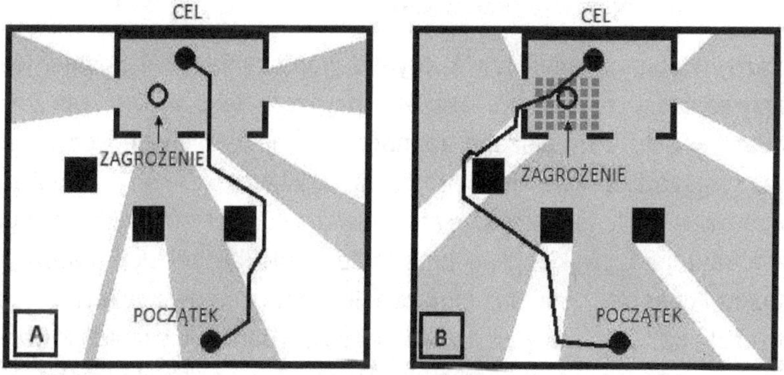


Rysunek 6. Najlepsza ścieżka przy zagrożeniu statycznym (A) i dynamicznym (B) [34]

Droga wygenerowana przez A* jest czasami bardzo poszarpana. Istnieje wiele znanych algorytmów wygładzania jej np. test widoczności. Efektem ich działania jest przede wszystkim poprawa efektów wizualnych poruszania. Można ją zaobserwować na rysunku 7.

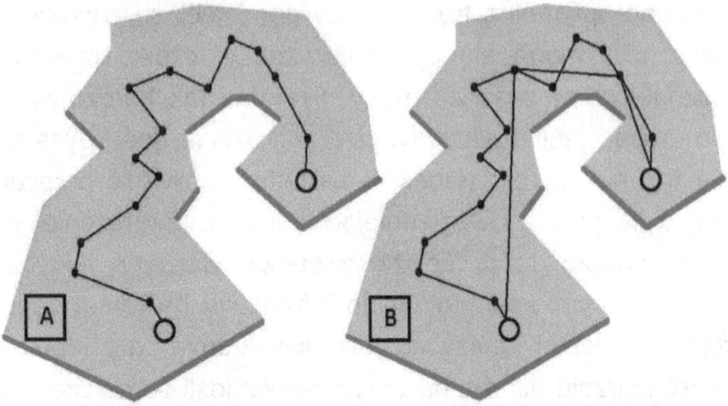


Rysunek 7. Droga wygenerowana przez A* przed (a) i po (b) wygładzaniu za pomocą testu widoczności [34]

### 2.5.2.2 Reprezentacja przeszkód

Ważnym zagadnieniem związanym z poruszaniem się postaci jest reprezentacja przeszkód. Istnieje bardzo wiele metod podziału świata w celu późniejszego zaznaczenia niedostępnych obszarów. Najprostszą z nich są siatki prostokątne. W tym przypadku dzieli się przestrzeń na regularną siatkę kwadratów. Położenie takiego kwadratu jest zwykle określane przez jego środek lub narożnik. Każdy kwadrat posiada oznaczenie, czy znajduje się na nim przeszkoda, czy też jest to wolne pole. Bardziej skomplikowaną metodą są drzewa czwórkowe. Również one dzielą mapę na kwadraty. Jednak mogą być one różnych rozmiarów. Podział następuje rekurencyjnie – każdy kwadrat jest dzielony na cztery mniejsze tak długo, aż nie dopasuje się do terenu. Metoda ta ma kilka istotnych zalet. Duże kwadraty przyspieszają szukanie drogi, natomiast mniejsze lepiej oddają kształty przeszkód tam, gdzie jest to potrzebne.

Popularną techniką jest też podział mapy na wielokąty wypukłe. Jedną z jej odmian są siatki nawigacyjne. Siatka taka pokrywa cały obszar, gdzie postać może przebywać. Obszary poza siatką oznaczają przeszkody. Ponadto jeśli na siatkę będą nanoszeni dynamicznie inni agenci, unikniemy kolizji. Siatki nawigacyjne pozwalają również na efektywne znajdowanie drogi między przeszkodami. Wykorzystuje się do tego portale, czyli łączenia poszczególnych wielokątów siatki. Wskazanie postaci, przez jakie portale powinna się udać, pozwala na bardzo łatwe manewrowanie między przeszkodami na drodze do punktu docelowego.

Inna popularna metoda to użycie punktów widoczności. Koncentruje się ona na omijaniu przeszkód. Wyróżniane są położenia znajdujące się w niewielkiej odległości od każdego wypukłego wierzchołka każdej przeszkody. Odległość ta zapobiega zderzeniom z obiektem. Najkrótsza droga wokół przeszkody wiedzie właśnie w okolicy tych zaznaczonych punktów.

Wszystkie wymienione w tym rozdziale techniki zostały przedstawione na rysunku 8.

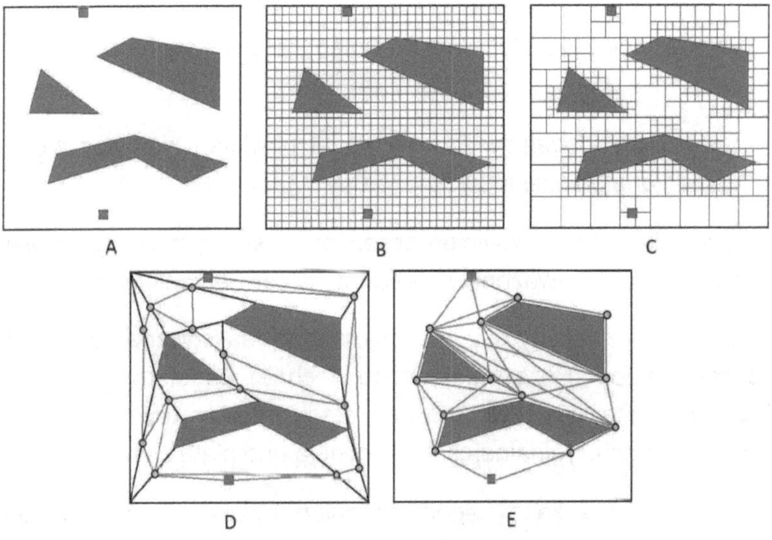


Rysunek 8. Różne techniki dzielenia przestrzeni: siatka prostokątna (b), drzewa czwórkowe (c), wielokąty wypukłe(d), punkty widoczności (e) [34]

#### 2.5.2.3 Grupowe przemieszczanie się

Ostatnim omówionym zagadnieniem związanym z poruszaniem się, będzie przemieszczanie się grup agentów. W takim przypadku sztuczna inteligencja powinna sterować postaciami tak, aby cała grupa poruszająca się w jednym kierunku wyglądała naturalnie. Jeśli wszyscy w grupie będą zachowywać się identycznie, trzymając zawsze idealny odstęp między sobą, nie będzie to sprawiało dobrego wrażenia. Naprzeciw tym oczekiwaniom wychodzi algorytm stada. Daje on nie tylko możliwość realistycznego poruszania się grup jednostek, ale, odpowiednio zastosowany, pozwala dynamicznie łączyć się w grupy. Wyróżnia on podstawowe zasady sterowania zachowaniem, których agenci powinni się trzymać:

- Rozdzielność – zapobiega ona lokalnym zbiorowiskom. Każdy agent widząc, że jest zbyt blisko innych, powinien zmodyfikować swój kierunek w celu zachowania odstępu.
- Wyrównanie – każdy agent powinien kierować się na uśredniony cel swojej grupy.
- Spójność – dodatkowo każdy agent powinien kierować się na uśrednione położenie lokalnej grupy.
- Unikanie – agent powinien obserwować swoją trasę, zmieniając kierunek po zauważeniu przeszkody w celu jej ominięcia.

Zachowując te zasady otrzymujemy bardzo realistyczne poruszanie się całej grupy. Rozszerzeniem tej techniki są stada z zębami. Pozwalają one na odwzorowanie stad drapieżników i ich ofiar. W stosunku do oryginalnej techniki dodają one piątą zasadę:

- Przetrwanie - każdy agent powinien być sterowany tak, aby zaspokajać swój głód. Ponadto nie może on dopuścić do tego, aby zostać zjedzonym przez drapieżnika znajdującego się powyżej niego w łańcuchu pokarmowym.

Algorytmy te są niezwykle przydatne w strategiach czasu rzeczywistego. Mogą być również używane w grach fabularnych i FPS. Tym samym wychodzą one naprzeciw oczekiwaniom graczy opisanych w rozdziałach 2.4.3, 2.4.4 oraz 2.4.5.

### 2.5.3 Metody sterowanie postacią

Ostatnią, ważną z punktu widzenia tej pracy, grupą technik sztucznej inteligencji są metody sterowania postaciami. Jest ich bardzo wiele, dlatego zostaną opisane tylko te najbardziej popularne. Zgodnie z tym, co napisano w rozdziale 2.4, gracz oczekuje, aby agenci w grze zachowywali się inteligentnie. Techniki przedstawione w tym rozdziale zostały stworzone właśnie po to, aby postacie potrafiły dokonywać właściwych wyborów, będąc godnymi przeciwnikami dla ludzi.

#### 2.5.3.1 Automaty stanów

Stosunkowo prostą koncepcją, dającą ogromne możliwości, są automaty stanów. Idea ta polega na tym, że każda postać posiada stan dla każdego głównego zachowania. Agent znajduje się zawsze w dokładnie jednym stanie opisującym jego aktualne działania. Przejścia między stanami mogą być automatyczne np. piłkarz po zakończeniu działania w stanie „wykonanie rzutu karnego" zawsze przechodzi do stanu „śledzenie lotu piłki", aby zorientować się czy zdobył bramkę. Przejścia mogą być też wymuszone przez nadejście komunikatu. Takie postępowanie jest zgodne z wcześniej przedstawioną koncepcją sterowania zdarzeniami.

Automaty stanów dobrze odwzorowują wewnętrzne cele i działania agentów. Ich wadą jest brak reprezentacji świata zewnętrznego w pamięci postaci.

#### 2.5.3.2 Mapy wpływów

Techniką pozwalającą na odwzorowanie świata w pamięci agenta są mapy wpływów. Są to siatki pokrywające cały obszar gry, przyporządkowujące każdemu obszarowi pewną wartość. Im wyższa jest ta wartość, tym korzystniejsze jest dane miejsce dla agenta. Oczywiste jest więc, że postacie będą się kierować do miejsc oznaczonych wysokimi wartościami. Wartości są nanoszone na mapę przez agenta na podstawie obserwacji. Przykładowo pola, na których znajdują się potencjalne ofiary, są oznaczane wysokimi wartościami. Następnym krokiem jest rozprzestrzenianie się wpływów od oznaczonych już pól na sąsiednie komórki. Po rozejściu się wpływu od każdego oznaczonego pola uzyskujemy obraz świata wskazujący, które jego regiony są najbardziej przyjazne. Przykładową mapę wpływów przedstawia rysunek 9. Kołami oznaczono ofiary, kwadratami zagrożenia.

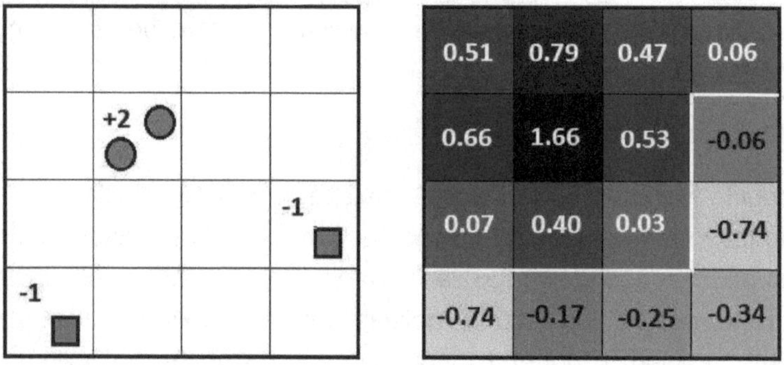


Rysunek 9. Przykładowe rozmieszczenie jednostek i wynikowa mapa wpływu

### 2.5.3.3 Algorytmy oparte o drzewa

Inną grupą technik pomagających w podejmowaniu decyzji przez postacie są algorytmy oparte o drzewa. Jednym z nich są drzewa gier. Są to struktury drzewiaste, których węzły stanowią stany gry. Węzły potomne to położenia osiągane po wykonaniu jednego ruchu. Sztuczna inteligencja analizuje takie drzewa określając, które zmiany stanu gry są dla niej najkorzystniejsze. Najlepiej nadaje się to do gier, w których korzyść jednego gracza zawsze przynosi stratę drugiemu. Dobrym tego przykładem jest kółko-krzyżyk, dla której fragment drzewa został zaprezentowany na rysunku 10. W przypadku, gdy istnieją ruchy przynoszące korzyści obu stronom, analiza staje się znacznie bardziej skomplikowana.

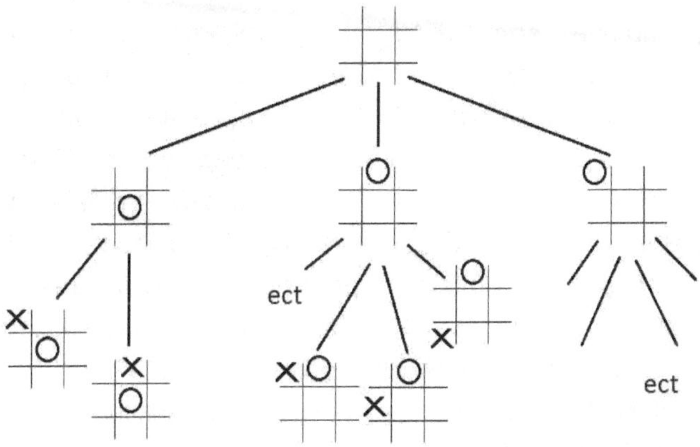


Rysunek 10. Fragment drzewa gry dla początku rozgrywki kółko i krzyżyk [34]

Drzewa mogą być również stosowane do podejmowania decyzji dotyczących ekonomii. Przykładem tego są drzewa przydziału zasobów. Dzielą one na różnych poziomach wszystko, co gracz posiada. Pierwszym z nich jest korzeń. Następne zależą od charakteru gry. Przykładowo na drugim poziomie mogą znajdować się węzły: armia, gospodarka i wywiad. Kolejny poziom to podział każdego z tych węzłów np. armię możemy podzielić na jednostki dystansowe, walczące w zwarciu oraz artylerię. Im wyższy poziom drzewa tym bardziej szczegółowy podział. Następnym krokiem jest przypisanie każdemu węzłowi drzewa pożądanego przydziału. Oczywiście korzeń otrzymuje 100%. Następnie na każdym poziomie dzielimy zasoby dostępne dla danego węzła. Przykładowo, możemy przydzielić armii 50% zasobów, natomiast gospodarce i wywiadowi po 25%. Te 50%, którymi dysponuje armia, dzielimy na kolejnym poziomie między jednostki dystansowe, walczące w zwarciu i artylerię w proporcjach 30%, 45%, 25% itd. Po takim przygotowaniu sztuczna inteligencja może w każdej chwili przeliczyć, ile zasobów powinna przeznaczyć na konkretny cel.

#### 2.5.3.4 Logika rozmyta

Kolejną metoda pomagającą w podejmowaniu decyzji jest sterowanie oparte na logice rozmytej. W porównaniu do logiki klasycznej jest ona bliższa tej, którą posługuje się człowiek. W tym przypadku nowością jest wprowadzenie niepewności. Tradycyjnie należało zawsze wskazać, czy coś jest prawdziwe czy fałszywe. Nie było stanów pośrednich. Można było określić, że będzie padać lub świecić słońce. Logika rozmyta pozwala dodatkowo zdefiniować, w jakim stopniu prawdziwe jest dane stwierdzenie. Można więc powiedzieć „jest bardzo prawdopodobne, że będzie padać". Jest to więc znacznie bardzie zbliżone do ludzkiego rozumowania. Takie postępowanie, oczywiście, prowadzi do nieścisłości. Wnioskując na podstawie niepewnych przesłanek, nie możemy być pewni wyniku. Jest to jednak zgodne z rzeczywistością. Daje to również sztucznej inteligencji dodatkowe możliwości. Wiedząc, jak bardzo pewni jesteśmy swojej decyzji, możemy lepiej realizować swoje cele. Przykładem może być nieangażowanie wszystkich sił w operację, której powodzenie pewne jest tylko w siedemdziesięciu procentach.

#### 2.5.3.5 Sieci neuronowe

Sieci neuronowe (zobacz pozycję [37]) są próbą naśladowania działania ludzkiego układu nerwowego. Ich działanie polega na przetwarzaniu bodźców otrzymywanych na wejściu w impulsy pojawiające się na wyjściu. Pojawienie się impulsu na konkretnym wyjściu może oznaczać konieczność podjęcia określonej akcji. Dobrze zaprojektowana sieć neuronowa posiada zdolność uczenia się oraz uogólniania, co w grach komputerowych jest bardzo przydatne. Zdolność uogólniania to umiejętność rozpoznania pierwszy raz napotykanej sytuacji na podstawie jej podobieństwa do sytuacji znanych z okresu uczenia się.

Szczególnie ważne, z punktu widzenia tej pracy, są sieci Counter-Propagation. Składają się one z dwóch warstw Kohonena i Grossberga. Pierwsza z nich dokonuje klasyfikacji wektora wejściowego, druga zwraca wektor skojarzony z daną klasą wejść. Takie działanie wydaje się szczególnie przydatne z punktu widzenia gier komputerowych. Łatwo można sobie wyobrazić sieć, której wejścia opisują sytuację w grze, natomiast wyjścia odpowiadają akcjom do zrealizowania. Jeśli będzie to sieć Counter-Propagation, to w pierwszym kroku sklasyfikuje ona sytuację do jednej z wyuczonych grup (np. sytuacja niebezpieczna), a następnie (na podstawie tej klasyfikacji) wskaże, co należy zrobić.

Używając sieci Counter-Propagation należy pamiętać, że wymaga ona odpowiedniego uczenia. Żeby jej wybory były słuszne, trzeba jej najpierw przedstawić pewien zbiór sytuacji wraz z opisem, jak należy wtedy postępować.

#### 2.5.3.6 Nauka na podstawie ruchów gracza

Wspomniana możliwość uczenia się sieci neuronowych pokazuje, że sztuczna inteligencja jest w stanie wyciągać wnioski na podstawie działania gracza i dostosowywać do niego swoje zachowanie. Techniką sztucznej inteligencji ściśle związaną z tym zagadnieniem jest uczenie maszynowe. Jest to bardzo szeroki zbiór algorytmów, pozwalających stworzyć schematy zachowań postaci na podstawie zachowań pokazywanych im w czasie uczenia. Nie jest on jednak ściśle związany z tematem tej pracy, więc poszczególne techniki nie będą tutaj omawiane. Warto jednak zdać sobie sprawę, że istnieje możliwość optymalizacji działań agentów na podstawie zachowań postaci sterowanych przez człowieka. Jest to bardzo trudne, ponieważ taka nauka zwykle wymaga ludzkiej pomocy, natomiast w grze powinno się to dziać niezauważenie. Jest to jednak ciekawa koncepcja, która prawdopodobnie będzie dopracowywana i być może kiedyś na stałe zagości w wielu tytułach na rynku.

## 2.6 Przyszłe wyzwania dla sztucznej inteligencji w grach komputerowych

W poprzednich rozdziałach zostały przedstawione oczekiwania wobec sztucznej inteligencji oraz technologie obecnie używane do ich spełnienia. W tym miejscu zostaną opisane wyzwania, jakie będą stały przed sztuczną inteligencją w grach komputerowych w przyszłości.

Jednym ze wspomnianych wyzwań jest opracowanie algorytmów skutecznie wygrywających dla gier, które obecnie ich nie posiadają. Ponadto należy kontynuować ulepszanie algorytmów już istniejących. Często sztuczna inteligencja, aby rywalizować z graczem i go zwyciężać, potrzebuje dodatkowej informacji, której człowiek nie posiada. Przykładem może być podgląd całej mapy w grach strategicznych (podczas gdy gracz ma ograniczone pole widzenia) lub dostarczenie maszynie większej ilości zasobów (np. złota lub surowców naturalnych). Powinno się dążyć do tego, aby maszyna była w stanie rywalizować z człowiekiem, posiadając dostęp do jednakowej ilości zasobów i informacji.

Kolejnym wyzwaniem jest implementacja sztucznej inteligencji, która będzie w stanie skutecznie przewidywać ruchy człowieka. Obecne algorytmy dobrze sobie z tym radzą, gdy gracz działa racjonalnie. Kiedy zaczyna wykonywać ruchy, które nie są rozsądne z punktu widzenia komputera, maszyna nie wie co robić. Zwykle nie jest w stanie zobaczyć, że jest wciągana w zasadzkę. Ponadto sztuczna inteligencja ma kłopoty z rozpoznawaniem ukrytych zamiarów. Przykładowo, często nie widzi przygotowań do wojny, które dla człowieka są oczywiste.

Podnosząc jakość działań maszyny, należy również pamiętać, że istnieje wiele czynności, które komputer może wykonać lepiej niż człowiek. Przykładowo strzelec sterowany przez sztuczną inteligencję może mieć stuprocentową skuteczność i likwidować każdy cel w zasięgu strzału. Jest bardzo mało prawdopodobne, żeby człowiek osiągnął podobny wynik. Dlatego pracując nad nowymi algorytmami należy pamiętać o ich zrównoważeniu. Powinny one starać się dorównać ludziom tam, gdzie trzeba wyciągać wnioski i podejmować decyzje. Nie mogą one jednak wykorzystywać przewagi wynikającej ze swojej dokładności.

Podsumowując te rozważania można postawić hipotezę, że największym wyzwaniem na przyszłość jest spełnienie testu Turinga w jak największej ilości dziedzin. Da to gwarancje, że sztuczna inteligencja będzie godnym przeciwnikiem dla gracza, nie stając się równocześnie tworem niemożliwym do pokonania.

## 3 Koncepcja systemu

W rozdziale tym zostanie opisany system stworzony na potrzeby tej pracy. Wymienione będą użyte algorytmy wraz ze wskazaniem miejsc ich użycia. Ponadto w tej części pracy znajdzie się charakterystyka środowiska oraz agentów w nim występujący.

### 3.1 Cel budowy systemu

System powstał w celu przetestowania różnych technik sztucznej inteligencji w środowisku zbliżonym do naturalnego (w rozdziale 1.2 zostało zdefiniowane, co oznacza termin „środowisko zbliżone do naturalnego"). Wykreowany świat ma zapewniać zbliżone do rzeczywistości rozchodzenie się zapachów i dźwięków. Występujące w nim postacie powinny odbierać informacje pochodzące ze świata w ten sam sposób, jak robią to ludzie oraz zwierzęta.

Poza testem aktualnych technik sztucznej inteligencji celem istnienia systemu jest stworzenie agenta, którego inteligencja wyróżniałaby go wśród postaci występujących w grach dostępnych na rynku. Powinno to zostać osiągnięte nie tylko poprzez wybór najlepszych metod sterowania postacią, ale również poprzez dostarczenie innych zaawansowanych technik wspomagających, pomocnych m. in. przy wyborze optymalnej trasy lub poruszaniu się całych grup postaci. Należy przy tym pamiętać o uniwersalności architektury agenta postulowanej w rozdziale 1.2.

### 3.2 Ogólny schemat systemu

Na rysunku 11 został przedstawiony logiczny schemat systemu. Nie jest on w żaden sposób związany z implementacją, ma jedynie ułatwiać zrozumienia dalszej treści tego rozdziału. Diagram ukazujący rzeczywiste moduły systemu jest zamieszczony w rozdziale czwartym.

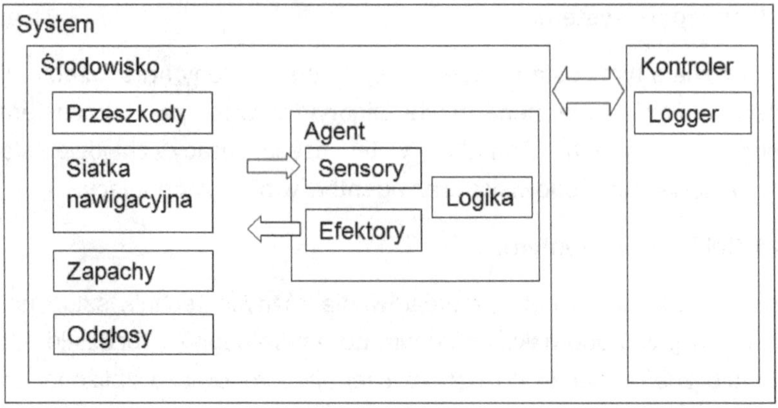


Rysunek 11. Logiczny schemat systemu

Zgodnie ze schematem przedstawionym w rozdziale drugim interakcje między agentem a środowiskiem odbywają się poprzez sensory i efektory. W skład środowiska wchodzą przeszkody oraz siatka nawigacyjna, umożliwiająca efektywne wyznaczanie drogi. Użycie siatki nawigacyjnej jest opcjonalne i nie musi być ona dostarczana do systemu. Jest ono jednak zalecane, ponieważ bez niej agenci mogą nie poradzić sobie ze znajdowaniem drogi pośród wielu przeszkód. W skład środowiska wchodzą również zapachy i odgłosy. Cały system jest sterowany przy pomocy kontrolera, który wczytuje ustawienia i na ich podstawie tworzy świat, w którym żyją postacie. Jest on też odpowiedzialny za logowanie przebiegu gry oraz zakończenie jej w odpowiednim momencie.

### 3.3 Cechy systemu

Jak wspomniano w poprzednim punkcie, kluczową cechą systemu jest podobieństwo stworzonego środowiska do otaczającego nas świata. Agenci odbierają informacje poprzez wzrok, słuch, dotyk oraz węch. Do przekazywania informacji używają mowy. Rozchodzenie się dźwięku oraz zapachów jest również zbliżone do rzeczywistości. Dźwięki są osłabiane przez przeszkody, natomiast zapachy nie przechodzą przez nie. Dodatkowo zapachy od kilku podobnie pachnących agentów wzmacniają się.

Podczas projektowania systemu położono nacisk na łatwość rozszerzania go o kolejne techniki sztucznej inteligencji. Dodanie klasy agentów posługujących się nową techniką, jest proste nawet dla osoby nie zaznajomionej z systemem. Ponadto platforma oferuje wysoko-poziomowe funkcje zarządzania agentami, dzięki czemu użytkownik nie musi rozumieć mechanizmów rozprzestrzeniania się zapachów czy planowania trasy między przeszkodami.

Ostatnim ważnym aspektem jest zaprojektowanie platformy jako systemu agentowego. W związku z tym, poszczególne cechy postaci przekładają się bezpośrednio na właściwości całości. Zostaną one omówione w dalszych rozdziałach. W tym miejscy chciałbym jednak zaznaczyć jedną niezwykle ważną koncepcję. Jest nią niezależność postaci. Każdy agent podejmuje decyzje samodzielnie, nie istnieje żaden centralny ośrodek sterowania. Agenci mogą się łączyć w grupy. Jednak nawet gdy są oni jej członkami, nadal zachowują pełną swobodę. Instrukcje udzielane przez szefa grupy traktują jako sugestie. Nie są zobowiązani do ich wykonania. Przede wszystkim liczy się dla nich ich własne dobro, w dalszej kolejności dobro ogółu.

Gra w stworzonym systemie odbywa się w czasie rzeczywistym. Rozgrywka jest podzielona na tury, które są na tyle krótkie, że użytkownik ma złudzenie ciągłej akcji. W każdej turze wszyscy agenci wykonują jeden ruch. W zależności od wyboru gracza, postacie wykonują swoje ruchy w kolejności losowej lub od najszybszego do najwolniejszego. W wypadku losowania większe szanse na ruch w pierwszej kolejności mają szybsi agenci.

### 3.4 Użyte techniki i algorytmy

W rozdziale tym opisano sposób wykorzystania technik i algorytmów z zakresu sztucznej inteligencji. Wszystkie techniki zostały krótko przedstawione w rozdziale drugim, dlatego w tym miejscu scharakteryzowane będzie tylko ich zastosowanie.

### 3.4.1 Techniki i koncepcje wpływające na budowę całego systemu

Świat gry tworzy system agentowy, w którym wszystkie postacie modelowane są jako agenci. Posiadają one właściwości takie jak: komunikacja, percepcja, wiedza, zdolność rozumowania, wyznaczone cele oraz umiejętności (cechy te zostały opisane we wcześniejszych rozdziałach).

W systemie zastosowano też koncepcje sterowania komunikatami oraz odpytywania obiektów. W przypadku informacji aktualizowanych przez agenta w każdej turze np. wartości zapachów w miejscu, w którym się znajduje, zastosowano odpytywanie obiektów. Postać co turę odpytuje świat o agentów w swoim polu widzenia, odgłosy czy też zapachy. Jest tak dlatego, że informacje te zmieniają się bardzo szybko i niezbędna jest ich stała aktualizacja. W pozostałych przypadkach zastosowane jest sterowanie komunikatami. Agent nie pyta więc każdego, czy ma dla niego informacje. Wykonuje swoje zadania, jednocześnie oczekując na przyjście komunikatów, które mogą zmienić jego aktualne działania.

### 3.4.2 Techniki użyte do modelowania zmysłów i zasobów

Aby określić, co agent może zobaczyć, użyte zostały linie widoczności. Między postacią a każdym innym agentem znajdującym się w zasięgu jego wzroku (dystans i kąt są odpowiednio małe) [1] przeprowadzane są proste. Następnie sprawdzane jest, czy na odcinku między postaciami prosta przecina się ze ścianami. Jeśli nie, to obiekt jest uznawany za widoczny.

---

[1] Wzrok agenta jest opisywane przez dystans i kąt widzenia. Więcej informacji na ten temat znajduje się w rozdziale dotyczącym cech agenta.

Poniższy rysunek, na podstawie dwóch sytuacji, obrazuje tę technikę.

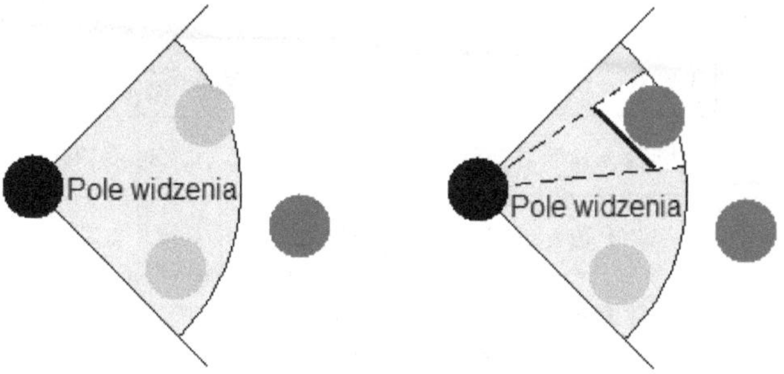


Rysunek 12. Pole widzenia czarnego agenta na otwartej przestrzeni (z lewej) i w pobliżu przeszkody (z prawej). Widoczni agenci są oznaczeni jaśniejszym kolorem

Zapachy są modelowane jako pole potencjału. W każdym punkcie mapy posiada ono pewną wartość. Im dalej od źródła tym wartość jest mniejsza. Zapach każdego typu [1] jest odwzorowywany jako osobne pole. Wartość zapachu wnoszona przez agenta w danym miejscu jest wyrażona wzorem:

$$Wartość\ dodana\ do\ pola = \frac{Wartość\ zapachu\ wydzialanego\ przez\ agenta}{Szybkość\ zanikania\ zapachu^{odległość\ od\ agenta}}$$

Na rysunku 13 przedstawiono pola potencjału generowane przez dwóch agentów w przypadku różnej szybkości zanikania zapachu. W pierwszym przypadku zapach zanika szybko (szybkość zanikania = 2.0), w drugim wolno (szybkość zanikania = 1.1). W obu przypadkach każdy agent wydzielał zapach o wartości 1.

Do zarządzania energią została wykorzystana logika rozmyta. Zamiast konkretnych wartości agent dostaje do dyspozycji informacje o poziomie energii i agresji (przykładowo wysoki poziom

[1] Typy agentów są opisane w rozdziale 3.6.10

agresji). Na ich podstawie może on określić czy chce poruszać się szybko, czy wolno (im agent porusza się szybciej, tym więcej energii zużywa). Dzięki temu tworzenie reguł opisujących sposób

| | | | | | | | |
|---|---|---|---|---|---|---|---|
| 0,052 | 0,069 | 0,082 | 0,089 | 0,09 | 0,089 | 0,082 | 0,069 |
| 0,092 | 0,129 | 0,156 | 0,165 | 0,164 | 0,165 | 0,156 | 0,129 |
| 0,153 | 0,236 | 0,295 | 0,294 | 0,282 | 0,294 | 0,295 | 0,236 |
| 0,227 | 0,404 | 0,557 | 0,487 | 0,425 | 0,487 | 0,557 | 0,404 |
| 0,266 | 0,531 | 1,063 | 0,625 | 0,5 | 0,625 | 1,063 | 0,531 |
| 0,227 | 0,404 | 0,557 | 0,487 | 0,425 | 0,487 | 0,557 | 0,404 |
| 0,153 | 0,236 | 0,295 | 0,294 | 0,282 | 0,294 | 0,295 | 0,236 |
| 0,092 | 0,129 | 0,156 | 0,165 | 0,164 | 0,165 | 0,156 | 0,129 |

| | | | | | | | |
|---|---|---|---|---|---|---|---|
| 1,156 | 1,218 | 1,266 | 1,296 | 1,306 | 1,296 | 1,266 | 1,218 |
| 1,237 | 1,313 | 1,372 | 1,407 | 1,418 | 1,407 | 1,372 | 1,313 |
| 1,311 | 1,407 | 1,479 | 1,517 | 1,527 | 1,517 | 1,479 | 1,407 |
| 1,368 | 1,489 | 1,584 | 1,614 | 1,616 | 1,614 | 1,584 | 1,489 |
| 1,391 | 1,53 | 1,683 | 1,66 | 1,653 | 1,66 | 1,683 | 1,53 |
| 1,368 | 1,489 | 1,584 | 1,614 | 1,616 | 1,614 | 1,584 | 1,489 |
| 1,311 | 1,407 | 1,479 | 1,517 | 1,527 | 1,517 | 1,479 | 1,407 |
| 1,237 | 1,313 | 1,372 | 1,407 | 1,418 | 1,407 | 1,372 | 1,313 |

Rysunek 13. Pole potencjału dla zapachu wydzielanego przez dwóch agentów (stojących na szarych polach)

przemieszczania się jest znacznie prostsze. Określenie, że agent szybko się porusza, gdy poziom agresji jest wysoki a poziom energii średni, jest znacznie łatwiejsze do analizy niż podawanie wzorów. Jednocześnie wyniki takiego kodowanie reguł poruszania można uznać za satysfakcjonujące. Dokładny opis tego, jak poziom energii i agresji przekładają się na szybkość znajduje się w rozdziale poświęconym zasobom (rozdział 3.6.3).

### 3.4.3 Techniki używane przy znajdowaniu drogi i przemieszczaniu się postaci

W rozdziale tym zostanie opisane, w jaki sposób, używając kombinacji różnych technik, zostało zapewnione poruszanie się agentów w sposób naturalny i inteligentny. Naturalne przemieszczanie oznacza, że grupa agentów zachowuje się jak zbiór indywidualności, nie zaś jak centralnie zarządzany twór. Inteligentny ruch przejawia się dobieraniem trasy między przeszkodami w taki sposób, aby była ona korzystna dla postaci. Przykładowo, drogę można uznać za najlepszą, jeśli jest najkrótsza lub najbezpieczniejsza.

#### 3.4.3.1 Określenie, gdzie agent może się znajdować

Do określenia, w jakich punktach na mapie może się znajdować agent, używane są siatki nawigacyjne. Jej elementy oznaczają miejsca, w których postać może przebywać. W obszarach nie wchodzących w skład siatki, nikt nie możne się znajdować. Aby uniemożliwić kolizje z przeszkodami, segmenty siatki są od nich odpowiednio oddalone. Dystans gwarantujący brak zderzeń ze składnikami środowiska to połowa średnicy największego agenta[1].

W tworzonym systemie została użyta siatka trójkątna. Zastosowane algorytmy poszukiwania drogi wymagają, aby każde dwa sąsiednie trójkąty po połączeniu tworzyły wielobok wypukły. Przykład dla prostej mapy został zamieszczony na rysunku 14. Kolorem czarnym

---

[1] Agenci wizualizowani są jako kule więc rzut postaci na mapę daje koło.

zostały zaznaczone przeszkody i granice mapy. Miejsca gdzie agent nie może się znaleźć (są poza siatką) są zaznaczone na szaro. Cienkie szare linie to granice między elementami siatki.

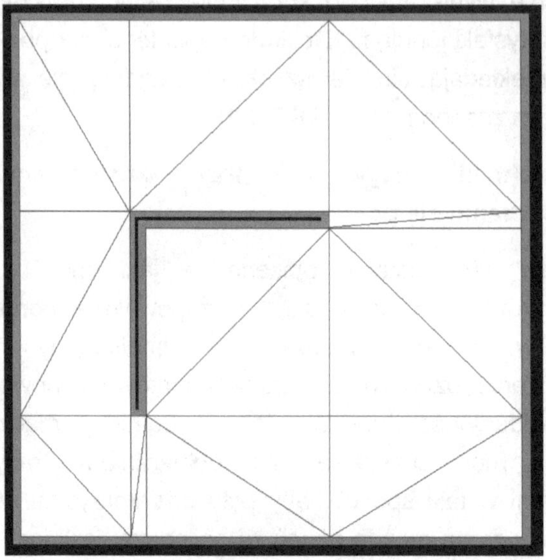

Rysunek 14. Przykładowa siatka nawigacyjna

Dodatkowo, aby uniknąć nachodzenia na siebie postaci przed wykonaniem każdego ruchu sprawdzane jest, czy docelowy punkt jest wolny. Jeśli jest on zajęty, to manewr może zostać wykonany tylko wtedy, gdy agenci są wrogo do siebie nastawieni. Akcja taka skutkuje śmiercią jednej ze stron.

Użycie siatek nawigacyjnych nie jest obowiązkowe i można go nie włączać. W takim przypadku agent określa, gdzie może stanąć, porównując swoją pozycję z pozycjami wszystkich przeszkód. Daje to równie dobre rezultaty, jednak bez siatek nawigacyjnych agent nie będzie w stanie ustalać optymalnej drogi między przeszkodami i może się między nimi zgubić.

#### 3.4.3.2 Wyznaczanie trasy

Do znajdowania drogi używane są siatki nawigacyjne w połączeniu z dwiema innymi technikami: A* oraz testem widoczności. Ponadto jeśli agent dysponuje mapą wpływów[1] może być ona użyta w celu wyznaczenia trasy optymalnej z taktycznego punktu widzenia.

A* jest algorytmem znajdującym ścieżkę między wierzchołkami grafu. W przypadku stworzonego systemu wierzchołkami są elementy siatki nawigacyjnej. Tworzony graf jest skierowany – jeśli dwa segmenty sąsiadują ze sobą, tworzone są między nimi krawędzie w obie strony. Gdy żadne informacje na temat taktycznej wartości danych obszarów nie są dostępne, tworzone połączenia otrzymują wagi równe jeden. W przypadku, gdy obszary posiadają wartość, opisującą jak bardzo korzystne dla agenta jest przebywanie w nim, waga krawędzi jest obliczana przy użyciu poniższego wzoru:

$$Waga\ krawędzi = \frac{1}{Wartość\ obszaru\ docelowego}$$

Przed wyznaczaniem trasy wartości segmentów są tak modyfikowane, aby były zawsze dodatnie (do każdej dodawana jest najmniejsza spośród wag elementów + 0.001). Do znalezienia kosztu krawędzi używana jest wartość terytorium, do którego ona wchodzi. Jest to przyczyną różnic między przeciwnymi połączeniami. Sytuacja taka jest naturalna. Przykładowo, energia zużywana przez człowieka do pokonania drogi między dwoma punktami, pod górę jest znacznie większa niż ta niezbędna do przejścia drogi w dół. Przy użyciu przedstawionego wzoru niższe wagi otrzymują krawędzie, które prowadzą do obszarów bardziej korzystnych z taktycznego punktu widzenia. Rysunek 15 przedstawia graf stworzony na postawie przykładowej siatki nawigacyjnej. Na siatce zaznaczono numer każdego segmentu (pierwsza liczba) oraz jego wartość (druga liczba). Numery

---

[1] Użycie mapy wpływów zostały omówione w rozdziale 3.4.4.2. Zostały one też wprowadzone w rozdziale 2.

obszarów odpowiadają numerom wierzchołków w utworzonym grafie.

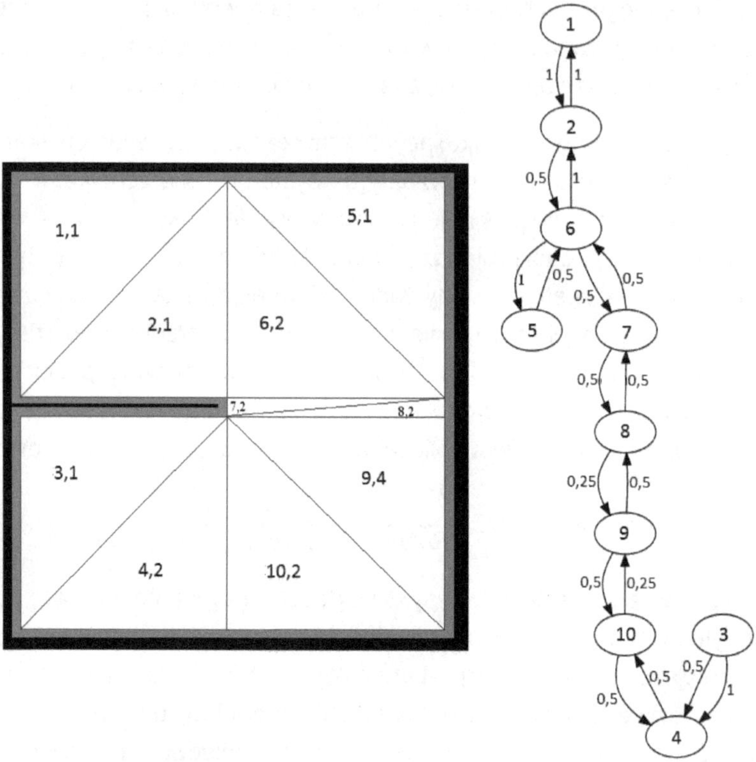


Rysunek 15. Siatka nawigacyjna oraz graf utworzony na jej podstawie

Warto rozważyć użycie odległości między elementami siatki w podanym wzorze. Jednak ze względu na to, że agenci często przechodzą tylko przez niewielki fragment obszaru, uwzględnienie tej informacji nie zawsze byłoby korzystne. Dlatego w przypadku prezentowanego systemu z tego zrezygnowano. Jednak koncepcja ta jest warta zbadania, o czym napisano w rozdziale 6.

Trasa wyznaczona przez A* jest wygładzana przy pomocy zmodyfikowanego przez autora pracy testu widoczności (klasyczny test widoczności opisany jest w pozycji [34]). W przypadku klasycznego algorytmu sprawdzano jest, czy odcinek łączący punkty nie przecinana przeszkody. W wypadku zastosowanej modyfikacji sprawdza się, czy odcinek ten nie przechodzi przez obszar nienależący do siatki. Daje to gwarancję, że agent nie wpadnie na żadną barierę. Bez tej modyfikacji algorytm daje jedynie pewność, że środek agenta nie zahaczy o żadną przeszkodę (agent nie jest punktem – ma określoną wielkość).

Dzięki takiemu połączeniu technik otrzymujemy bardzo elastyczny sposób wyznaczania drogi. Jeśli agent nie dysponuje informacjami o taktycznej wartości obszarów świata, wyznaczana jest trasa przechodząca przez najmniejszą ilość obszarów. Jeśli jest on w stanie dostarczyć wskazówki na ten temat, otrzyma drogę optymalną z taktycznego punktu widzenia.

Zgodnie z tym, co napisano wcześniej, do obliczania wartości elementu może zostać użyta informacja zawarta na mapach wpływu (zobacz rozdział 3.4.4.2). Tak jak zostało to przedstawione w rozdziale 2, mapa wpływu przypisuje obszarom świata wartości. W systemie została użyta mapa dzieląca świat na kwadraty o długości boku równej średnicy agenta. Wartość elementu siatki nawigacyjnej obliczana jest jako średnia arytmetyczna obszarów mapy wpływów, których środek znajduje się wewnątrz danego segmentu. Przykładowe odwzorowanie elementów mapy wpływów i siatki nawigacyjnej znajduje się na rysunku 16. Przyporządkowanie kwadratów do trójkątów zaznaczono używając różnych odcieni szarości (jeden odcień oznacza jeden segment siatki).

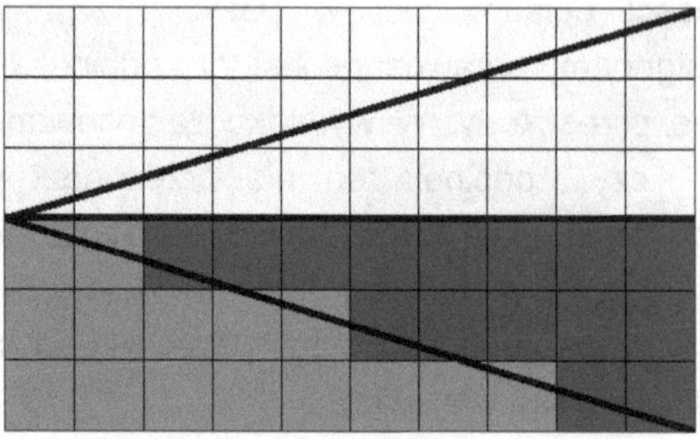

Rysunek 16. Rzut obszarów mapy wpływu (kwadraty) na elementy siatki nawigacyjnej (trójkąty)

#### 3.4.3.3 Przemieszczanie się grup postaci

Aby lepiej zamodelować poruszanie się grup współpracujących agentów, zaimplementowano algorytm stada. Jest to wersja rozszerzona, nazwana „stada z zębami". Pozwala ona na dobre odwzorowanie poruszania się grup w świecie, w którym istnieją łańcuchy pokarmowe, a więc, w którym są napastnicy i ofiary. Agenci, poruszając się, przestrzegają pięciu reguł przytoczonych w rozdziale 2.5.2.3. Aby spełnione zostały założenia o spójności i wyrównaniu, należy wskazać, z jaką grupą postać współpracuje. Postacie są w stanie budować zespoły w celu realizacji konkretnego zadania. To właśnie tymczasowo współpracujący agenci tworzą kolektywy, które są podstawą do działania algorytmu stada. Więcej informacji na temat dynamicznego tworzenia grup znajduje się w rozdziale 3.6.

### 3.4.4 Techniki użyte do sterowania postacią

W rozdziale tym zostaną opisane techniki użyte do sterowania postacią. Mogą być one wykorzystywane oddzielnie lub postać może łączyć je w celu osiągnięcia najlepszych rezultatów. Agenci związani z poszczególnymi technikami oraz ich kombinacjami zostali opisani w rozdziale 3.7.

#### 3.4.4.1 Automaty stanów

Stany zostały użyte, aby odwzorować główne grupy czynności, jakie może wykonywać agent. Stany, w których może znajdować się postać, to:

1. Polowanie
2. Ucieczka
3. Zbieranie informacji
4. Myślenie
5. Patrol

Możliwe przejścia między stanami zostały ukazane na poniższym diagramie.

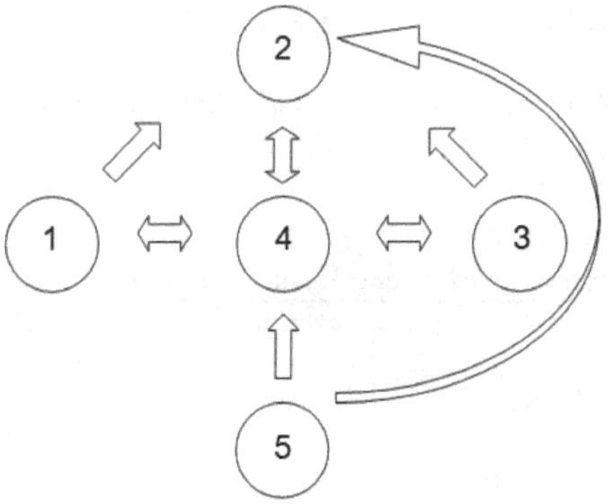


Rysunek 17. Możliwe przejścia między stanami

W każdym z tych stanów agent może wykonywać dowolne akcje, jeśli tylko spełniony jest warunek początkowy dla danej operacji (akcje zostały opisane w rozdziale 3.6.4). Stany te służą odwzorowaniu zamiarów. Przykładowo, przemieszczenie się do przodu w stanie „polowanie" będzie miało na celu złapanie i zabicie ofiary. Ten sam ruch w stanie „zbieranie informacji" będzie prowadził do przemieszczenia się do obszaru, który ma być zbadany.

#### 3.4.4.2 Mapy wpływów

Mapy wpływów zostały użyte, aby określić najkorzystniejsze dla agenta obszary na mapie. W systemie została użyta mapa dzieląca świat na kwadraty o długości boku równej średnicy agenta. Zgodnie z opisem zamieszczonym w rozdziale 2.5.3.2 na takiej mapie zaznaczane są jednostki, których oddziaływanie rozciąga się na kolejne pola, malejąc wraz z odległością. Następujące postacie wnoszą niezerowe wartości:

- sojusznicy
- ofiary,
- napastnicy,
- agenci polujący na napastników,
- agenci polujący na te same ofiary.

Wartość wpływu wnoszona przez agenta na dane pole jest wyrażona wzorem:

$$Wartość\ dodana\ do\ pola = \frac{Współczynniki\ nastawienia\ agenta * aktualna\ wartość\ agenta}{wartość\ typu\ obliczającego\ wpływ * Szybkość\ zanikania\ wpływu^{odległość\ pola\ od\ agenta}}$$

dla ofiar oraz wzorem:

$$Wartość\ dodana\ do\ pola = \frac{Współczynniki\ nastawienia\ agenta * wartość\ typu\ obliczającego\ wpływ}{aktualna\ wartość\ agenta * Szybkość\ zanikania\ wpływu^{odległość\ pola\ od\ agenta}}$$

dla pozostałych agentów.

Agent, o którym mowa we wzorze, to agent, którego wpływ jest obliczany. Aktualna wartość agenta jest inicjowana wartością typu danego agenta w momencie, gdy zostaje on zauważony. Kiedy zniknie z pola widzenia, wartość ta w każdej kolejce dzielona jest przez szybkość zanikania wpływu agenta (zależy ona od typu). Dzięki temu, jeśli dany agent nie jest aktualnie widziany, wpływ wnoszony przez miejsce jego ostatniego pobytu zmniejsza się z czasem, a następnie całkiem zanika. Takie postępowanie jest spowodowane tym, że niewidziana postać może się przemieszczać. Im dłużej jej nie obserwujemy, tym większe prawdopodobieństwo, że nie ma jej już w miejscu, na którym ostatnio zanotowaliśmy jej wpływ.

Wartość współczynnika nastawienia zależy od typu rozważanej postaci. Jest on inny dla sojuszników, inny dla napastników. Jego wartości zostały wyznaczone eksperymentalnie. Przebieg i wyniki tego procesu znajdują się w rozdziale 5.1.4.4.

Dodatkowo na mapę nanoszone są wartości związane z czasem, kiedy pole było ostatni raz widziane, odczuwanymi zapachami oraz słyszanymi faktami:

- Im dłużej pole nie było widziane, tym większa wartość jest do niego dodawana przy obliczaniu końcowego wpływu (jest ona proporcjonalna do pierwiastka czasu przez jaki obszar był niewidziany).

$$\textit{Wartość dodana do pola} = \textit{Współczynnik czasu} * \sqrt{\textit{czas przez jaki pole było niewidzane}}$$

- Do pól, z których kierunku pochodzi zapach dodawane są wartości proporcjonalne do jego natężenia, jeśli jest to zapach sojusznika, ofiary lub agenta polującego na napastników albo te same ofiary, co postać przeliczająca wpływy. Jeśli zapach pochodzi od napastnika to wartości pól są odpowiednio zmniejszane (z racji ujemnej wartości jego współczynnika nastawienia).

$$\textit{Wartość dodana do pola} = \textit{Współczynnik zapachu} * \textit{współczynniki nastawienia typu od którego zapach pochodzi} * \textit{wartość zapachu} * \textit{zmiana zapachu} * \frac{180 - \textit{różnica kątu prostej łączącej agenta z polem a kąta, z którego pochodzi zapach}}{180}$$

- Na mapie zaznaczane są pola, które są źródłami nieznanych dźwięku. Rozchodzi się od nich wpływ tak samo, jakby stał na nich agent. Ma to na celu zwrócenie uwagi agenta na miejsca, gdzie może się coś dziać. Jeśli uzyskają one dostatecznie duże wartości końcowe, to postać uda się tam, aby przy pomocy wzroku ocenić sytuację i odpowiednio na nią zareagować. Wartość wpływu jest proporcjonalna do pierwiastka czasu, jaki upłynął od kiedy ostatni raz widziano dane pole. Jak wspomniano, dodanie dźwięku na mapę wpływów ma zwrócić uwagę agenta na to, że coś się tam dzieje. Jeśli postać widziała dane pole niedawno to prawdopodobnie dokładnie orientuje się w sytuacji, jaka tam zaistniała i nie będzie zainteresowana sprawdzaniem danego obszaru (stąd niska wartość wnoszona na mapę w takiej sytuacji).

$$Wartość\ dodana\ do\ pola = \frac{Współczynnik\ dźwięku * \sqrt{czas\ przez\ jaki\ pole\ było\ niewidzane}}{odległość\ pola\ od\ agenta}$$

Współczynniki czasu, dźwięku i zapachu również zostały wyznaczone eksperymentalnie. Przebieg i wyniki tego procesu znajduje się w rozdziale 5.1.4.5.

Na rysunku 18 przedstawione jest krok po kroku jak obliczana jest końcowa wartość wpływu. W przykładzie budowana jest mapa dla agenta zaznaczonego kołem (na pierwszych dwóch mapach). Ciemniejszy odcień szarości ukazuje pole widzenia agenta, jaśniejszy oznacza pola widziane turę wcześniej. Ciemnym kolorem wyróżniono trzy pola, na które należy zwrócić szczególną uwagę. Na polu A znajduje się aktualnie widziana ofiara. Pole B oznacza położenie ofiary widzianej turę wcześniej. Na biało zaznaczone są pola dawno niewidziane. Pole C również jest dawno niewidziane. Porusza się po nim ofiara, której agent do tej pory nie widział.

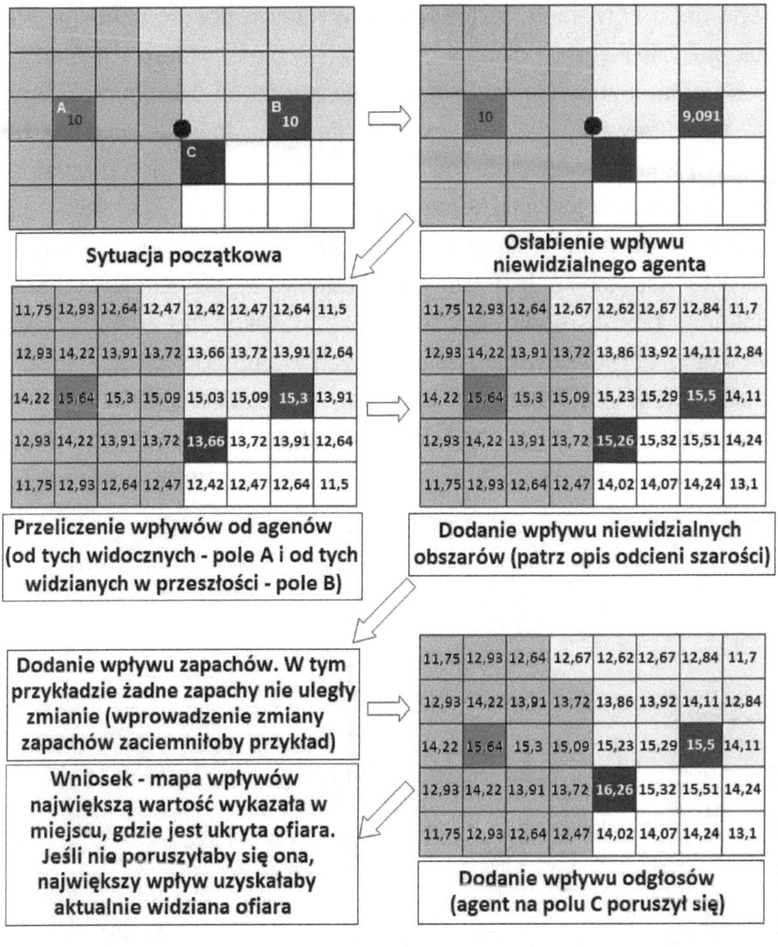


Rysunek 18. Budowanie mapy wpływów dla agenta zaznaczonego kołem

### 3.4.4.3 Drzewa gier

W tworzonym systemie drzewa gier używane są, aby przewidzieć możliwe przyszłe położenia ofiar, w celu odcięcia ich wszystkich potencjalnych dróg ucieczki. Jako stan gry określane jest położenie w konkretnym segmencie siatki nawigacyjnej. Budowane drzewo służy do określenia możliwych ścieżek, po jakich będzie poruszał się agent. Jego korzeniem jest element, w którym postać aktualnie się znajduje. Kolejne poziomy tworzą bloki, które sąsiadują z segmentami znajdującymi się w drzewie o jeden poziom niżej. Aby graf był drzewem, nie jest uwzględniana możliwość powrotu do obszaru, z którego postać wychodzi. Jest to jednak dopuszczalne, ponieważ istotne jest przewidzenie, gdzie potencjalny cel może się znaleźć, nieważne jest, jaką trasą się tam dostanie. Z punktu widzenia napastnika jest wszystko jedno, czy położenie zostanie osiągnięte bezpośrednio, czy też najpierw wykonane zostanie kilka zwrotów w obrębie dwóch sąsiadujących elementów. Jeśli segment możliwy jest do osiągnięcia kilkoma ścieżkami, do drzewa dodawana jest tylko najkrótsza droga. Przykładowa siatka nawigacyjna i odpowiadające jej drzewo znajdują się na rysunku 19.

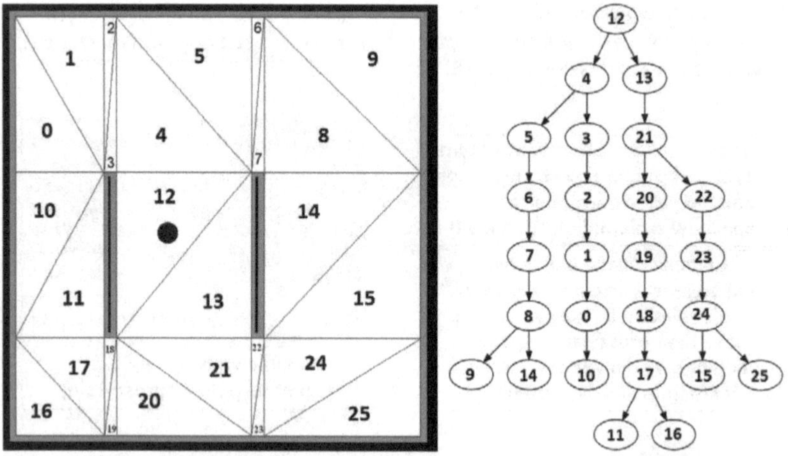


Rysunek 19. Drzewo zbudowane na podstawie siatki nawigacyjnej

Przy użyciu tak zbudowanego drzewa można określić potencjalne trasy poruszania się ofiary. Najpierw odrzucane są drogi wiodące donikąd, czyli kończące się na ścianach. W przypadku przykładu z rysunku 19 będą to elementy 9, 16 i 25. Pozostałe segmenty tworzą ścieżki:

- 12, 4, 5, 6, 7, 8 14

- 12, 4, 3, 2, 1, 0, 10
- 12, 13, 21, 20, 19, 18 ,17, 11
- 12, 13, 21, 22, 23, 24, 15

Trasy te mogą służyć do przewidywania ruchów wroga i ustalania odpowiedniej taktyki. Wykorzystanie tej informacji jest zależne od rodzaju postaci i zostanie opisane w rozdziale przedstawiającym konkretne implementacje (rozdział 3.7).

#### 3.4.4.4 Sieci neuronowe

Sieci neuronowe są używane w celu wskazania obszaru, w którym dzieją się najistotniejsze rzeczy z punktu widzenia agenta. Przykładowo, może to być pojawienie się napastnika lub ofiary. Strefy, o których mowa, są wyznaczane na podstawie położenia i kierunku, w którym agent patrzy. Nie mają one nic wspólnego z podziałem świata na potrzeby siatek nawigacyjnych lub map wpływów. Ułożenie obszarów wokół agenta zostało zaprezentowane na poniższym rysunku, na którym agent patrzy w górę (w kierunku początku strony).

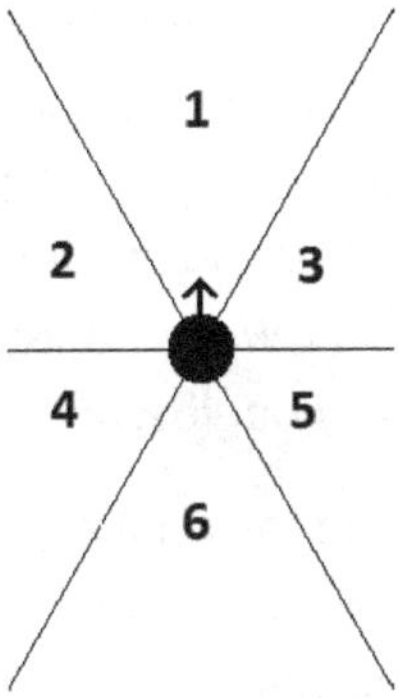


Rysunek 20. Podział świata na strefy zainteresowania agenta

Agent dostarcza sieci neuronowej następujące informacje:

- Ilość napastników widocznych w poszczególnych strefach (pierwsze 6 wejść),
- ilość ofiar widocznych w poszczególnych strefach (wejścia 7-12),
- kierunki, z których pochodzą zapachy wydzielane przez napastników (wejścia 13-18),
- kierunki, z których pochodzą zapachy wydzielane przez ofiary (wejścia 19-24),
- obszary, z których dochodzą dźwięki (wejścia 25-30),
- obszary, które były najdawniej niewidziane (wejścia 25-30).

Wejścia 25-30 służą jednocześnie do wskazania dawno niewidzianych obszarów oraz obszarów, z których pochodzą dźwięki. Jest tak dlatego, że zarówno dźwięk jak i długi czas od ostatniego zobaczenia wskazują, że być może warto zobaczyć, co się tam dzieje (jednak nie wskazują, czy obszar jest korzystny, czy też nie).

Tak jak już wspomniano, na podstawie tych informacji sieć typuje strefę, na którą należy zwrócić uwagę. Jeśli z wielu stref dochodzą interesujące informacje, wytypowana zostanie najbardziej istotna według sieci. Przykładowo, bardziej istotny będzie obszar, w którym jednocześnie widocznych jest wielu napastników i ofiar, niż obszar z którego doszedł pojedynczy odgłos.

Po wytypowaniu obszaru agent analizuje go szczegółowo w celu podjęcia decyzji o wykonaniu konkretnej akcji. Wybór ten następuje już bez użycia sieci neuronowej.

W systemie zastosowano sieci Counter-Propagation [1]. Przed użyciem są one uczone na podstawie zbioru prostych sytuacji. W każdym kroku nauki wskazywana jest strefa, którą agent powinien się zainteresować, w przypadku pojawienia się impulsu na każdym wejściu np. gdy widoczny jest tylko jeden napastnik w strefie pierwszej, sieć powinna wskazać ją jako obszar godny uwagi.

## 3.5 Środowisko

Rozdział ten opisuje środowisko, w którym działają agenci. Poza ogólną koncepcja, zawiera on dokładny opis przeszkód, zapachów i dźwięków.

### 3.5.1 Ogólna koncepcja świata gry

Świat gry to prostokątny obszar, w którym porozstawiane są przeszkody. Jest on ograniczony przez mury, których ani gracz ani agenci komputerowi nie mogą przekroczyć. Ponadto wewnątrz murów może zostać umieszczona flaga, która jest punktem docelowym dla komputerowego gracza.

Po świecie poruszają się postacie sterowane przez sztuczną inteligencję oraz gracz. Prędkość, z jaką mogą się poruszać, zależy od indywidualnych cech każdego z nich. Wszyscy wydzielają zapach, przez co cały świat gry jest wypełniony rozmaitymi woniami. Ponadto w świecie rozchodzą się dźwięki wydawane przez postacie. Są to zarówno komunikaty przez nie wysyłane jak i odgłosy kroków.

### 3.5.2 Przeszkody

Przeszkody w grze to ściany oraz woda otaczająca flagę. Obszar pokryty wodą nie może być zajmowany przez żadną postać. Agenci i gracz nie mogą również znaleźć się w miejscu, w którym stoi

---

[1] Jest to bardzo popularny typ sieci neuronowej. Stosuje się go m. in. do aproksymacji funkcji i rozpoznawania mowy. Zostały one krótko scharakteryzowane w rozdziale 2.5.3.5.

ściana. W związku z tym nie mogą oni przechodzić przez przeszkody, muszą je omijać.

Inną ważną cechą ścian jest to, że nie przepuszczają zapachów. Na drugą stronę ściany woń może przedostać się tylko drogą okrężną poprzez wolną przestrzeń. Dźwięki natomiast są przez ściany osłabiane lub całkowicie pochłaniane. To jak bardzo odgłos zostanie osłabiony, zależy od materiału, z jakiego bariera jest wykonana. Definiowane jest to poprzez odpowiedni współczynnik w pliku konfiguracyjnym.

### 3.5.3 Zapachy

Każdy agent wydziela zapach. Jest on najsilniejszy w miejscu, w którym postać się znajduje. Wraz ze wzrostem odległości od agenta odczuwana siła zapachu spada. Agenci tego samego typu wydają podobny zapach, a więc odczuwalna wartość w pobliżu wielu takich agentów jest wyższa niż w przypadku pojedynczej postaci. Zapachy pochodzące od agentów różnych typów nie oddziaływają na siebie i są rozróżniane przez odbiorców.

Jak już wspomniano w poprzednim rozdziale, zapachy nie są w stanie przeniknąć przez ściany. Zamiast tego rozchodzą się wzdłuż takiej przeszkody, szukając wyrwy, przez którą mogłyby się przedostać. W związku z tym zapach po drugiej stronie przeszkody może być bardzo słaby lub wcale się tam nie przedostać.

Agenci nie wiedzą, jakie są wartości zapachów na całej planszy. Mogą oni jednak sprawdzić, jak mocno pachnie w miejscu, w którym się znajdują. Poruszając się określają, czy siła zapachu rośnie, czy maleje zgodnie z kierunkiem ich ruchu. Przykład rozchodzenia się zapachu na mapie z przeszkodą jest przedstawiony na rysunku 21. Przeszkoda została zaznaczona pogrubioną linią. Agent stojący na polu B odczuje największe wzmocnienie zapachu przemieszczając się jednocześnie do góry i na lewo. Pozwala to na wytropienie ofiary znajdującej się na polu A.

| | | | | | | | |
|---|---|---|---|---|---|---|---|
| 0,653 | 0,675 | 0,683 | 0,675 | 0,653 | 0,457 | 0,415 | 0,378 |
| 0,709 | 0,74 | 0,751 | 0,74 | 0,689 | 0,492 | 0,447 | 0,406 |
| 0,764 | 0,808 | 0,826 | 0,808 | 0,492 | 0,473 | 0,437 | 0,4 |
| 0,808 | 0,874 | 0,909 | 0,874 | 0,447 | 0,437 | 0,413 | 0,383 |
| 0,826 | 0,909 | A 1 | 0,909 | 0,406 | B 0,4 | 0,383 | 0,361 |
| 0,808 | 0,874 | 0,909 | 0,874 | 0,369 | 0,365 | 0,353 | 0,336 |
| 0,764 | 0,808 | 0,826 | 0,808 | 0,336 | 0,333 | 0,324 | 0,31 |
| 0,709 | 0,74 | 0,751 | 0,74 | 0,305 | 0,303 | 0,296 | 0,285 |

Rysunek 21. Rozchodzenie się zapachów od agenta stojącego na polu A

W każdym miejscu mapy wartość zapachu pochodzącego od danego typu jest sumą wartości pochodzących od wszystkich agentów, którzy się do niego zaliczają. Poniższy wzór pokazuje ile wnosi pojedyncza postać.

$$Wartość\ wnoszona\ przez\ postać = \frac{zapach\ wydzielany\ przez\ agenta}{szybkość\ zanikania\ zapachu^{odległość\ od\ agenta}}$$

Należy też zwrócić uwagę, że wymieniona we wzorze odległość to dystans do pokonania przez zapach, nie odległość w linii prostej.

### 3.5.4 Rozchodzenie się dźwięków

Dźwięki pochodzą z dwóch źródeł. Pierwsze z nich to narządy mowy postaci (odpowiednie efektory). Przesyłając komunikat poprzez środowisko, agenci wydają dźwięk. Drugie źródło to odgłosy kroków. Gdy postacie poruszają się, wokół rozchodzi się tupot ich stóp. Im szybciej agent się porusza, tym głośniejsze są odgłosy jego kroków.

Dźwięki rozchodzą się równomiernie wokoło źródła. Im dalej od źródła, tym dźwięk jest słyszany ciszej. To, czy agent go usłyszy, zależy od tego, jak dobry ma słuch. Agenci dysponujący świetnym słuchem usłyszą nawet bardzo ciche odgłosy.

Zgodnie z tym, co wcześniej napisano, dźwięk, który napotka na przeszkodę, jest osłabiany lub całkiem tłumiony. W przypadku, gdy istnieje również wolna droga wokół przeszkody, dźwięk rozchodzi się także przy jej wykorzystaniu. W punkcie za przeszkodą zostanie on usłyszany, jeśli doszedł tam drogą okrężną lub gdy przeszkoda nie stłumiła go całkowicie. Opisywany przypadek został zaprezentowany na rysunku 22. Na czarno zaznaczono źródło dźwięku, na szaro potencjalnego odbiorcę. Usłyszy on komunikat, jeśli ściana tłumi dźwięk tylko w niewielkim stopniu (tłumienie oznaczone przez spadek intensywności koloru) lub gdy okrężna droga, którą dźwięk musi przebyć jest dostatecznie krótka, aby komunikat był słyszalny na jej końcu.

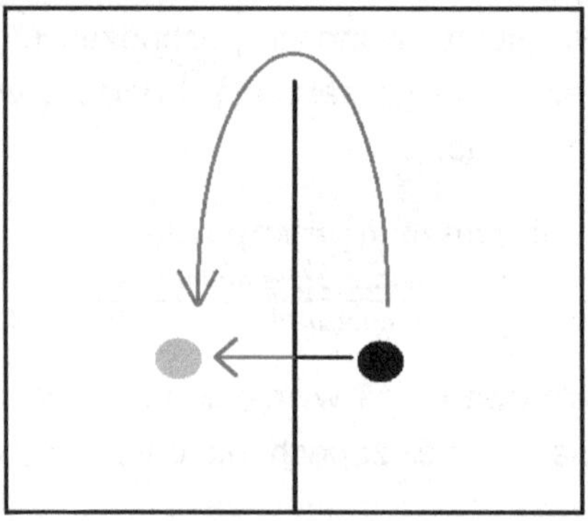

Rysunek 22. Rozchodzenie się dźwięku

Postać będzie w stanie odebrać komunikat, jeśli spełniona zostanie poniższa zależność:

$$Rzeczywista\ odległość \leq głośność\ komunikatu * czułość\ słuchu\ odbiorcy$$

$lub$

$$odległość\ w\ lini\ prostej \leq głośność\ komunikatu * czułość\ słuchu\ odbiorcy * osłabienie\ dźwięku\ przez\ przeszkody$$

Rzeczywista odległość oznacza dystans między nadawcą a odbiorcą pokonywany w ten sposób, że dźwięk nie przechodzi przez przeszkody. Osłabienie dźwięku uwzględnia wszystkie przenikane przeszkody. Przykładowo, jeśli po drodze znajdują się dwie przeszkody, z których jedna pochłania dźwięk w połowie a druga w jednej piątej, dźwięk po ich pokonaniu będzie cichszy o 60% (0.5 + 0.5*0.2).

Komunikaty mogą być przesyłane między agentami na trzy sposoby. Jednym z nich jest wydawanie dźwięków opisanych powyżej. Metoda ta jest wykorzystywana przez zaimplementowanych agentów. Na potrzeby przyszłych testów środowisko udostępnia dwie kolejne metody. Pierwszą z nich jest bezpośrednie przesyłanie wiadomości. Można ją porównać do telepatii lub telefonu komórkowego. Nie ma w tym przypadku znaczenia, jak bardzo agenci są od siebie oddaleni oraz jakie przeszkody znajdują się między nimi – komunikat zawsze dotrze do celu. Dodatkowo gwarantowane jest, że komunikatu nie usłyszy nikt poza jego odbiorcą. Drugą jest przesyłanie komunikatów bezpośrednio do wszystkich sojuszników. Tak jak w poprzednim przypadku, istnieje gwarancja dotarcia komunikatu do odbiorców oraz niewykrycia go przez pozostałych. Można to porównać do wojskowego systemu łączności.

Ostatnim zagadnieniem dotyczącym komunikacji jest zrozumienie wiadomości przez odbiorców. Jest to związane z typami agentów i zostanie opisane w rozdziale dotyczącym interakcji między agentami (rozdział 3.6.9). W tym miejscu chciałbym zaznaczyć tylko, że postacie rozumieją komunikaty wysyłane przez agentów tego samego typu. Nie umieją natomiast rozszyfrować tego, co wysyłają postacie innego typu. Słyszą jednak takie wiadomości i są w stanie na ich podstawie ocenić skąd dźwięk pochodzi.

## 3.6 Podstawowy opis agenta

W grze agentami są wszystkie postacie zarządzane przez komputer. Również gracz jest agentem. Gracz może podejmować takie same akcje jak agenci komputerowi. Tak samo wpływa też na środowisko. Jego celem jest przeżyć i dotrzeć do flagi. Natomiast cele, plany i możliwości realizacji tych planów przez agentów komputerowych zostaną opisane poniżej.

Każdy agent jest opisywany przez typ, do którego przynależy. Określa on dopuszczalne wartości parametrów opisujących możliwości postaci. Ponadto agenci tego samego typu mogą się porozumiewać i współpracować, ponieważ mają wspólne cele. Typ służy więc do wskazania postaci o podobnych właściwościach, które razem będą dążyć do ustalenia pewnego porządku w świecie.

Agenci różnych typów mogą polować na siebie. Kontakt fizyczny między napastnikiem i ofiarą kończy się śmiercią tej drugiej.

### 3.6.1 Logiczny schemat agenta

Logiczny schemat postaci został przedstawiony na rysunku 23. Jest on poprawny niezależnie od rodzaju agenta. Rodzaje różnią się tylko logiką działania i przechowywanymi informacjami o świecie.

Zastosowanie sensorów i efektorów jest oczywiste. W tym przypadku jedyną dyskusyjną kwestią może być zakwalifikowanie narządów służących do poruszania się jako efektory. Taka kategoryzacja jest jednak słuszna, ponieważ agent poruszając się, zmienia stan środowiska. Jego ruch wpływa na zapachy. Ponadto może on doprowadzić do śmierci jednej z postaci wchodzących w skład świata.

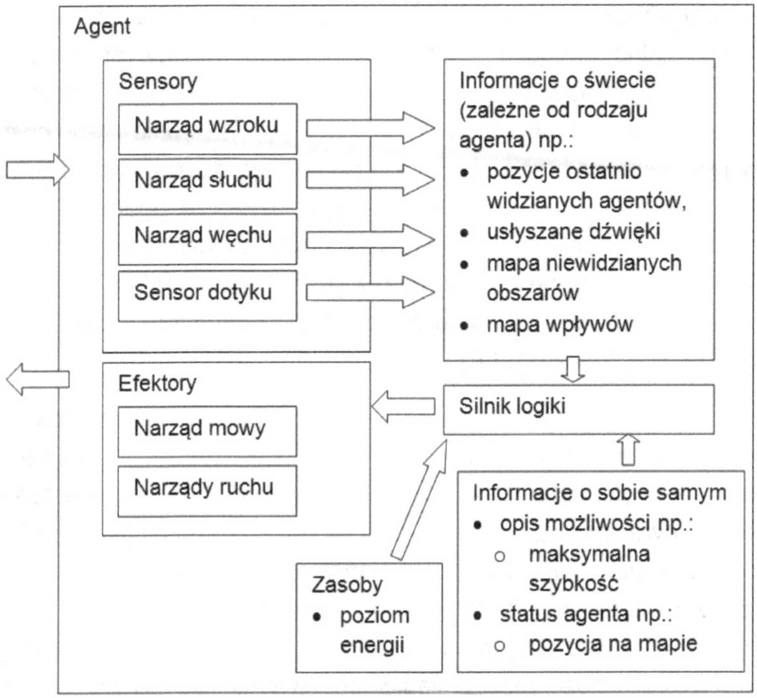


Rysunek 23. Schemat agenta

Agent posiada także zasoby (opisane w rozdziale 3.6.3) oraz informacje o sobie samym. Wiedza o sobie obejmuje identyfikację typu, do którego postać należy oraz znajomość wartości cech go opisujących (cechy zostały przedstawione w rozdziale 3.6.2).

Ponadto w zależności od rodzaju (implementacji) agenci posiadają różne informacje o środowisku. Wspólne elementy opisu świata zostaną wskazane w rozdziale 3.6.8.

Strzałki na rysunku 23 przedstawiają przepływ informacji. Agent uzupełnia informacje o świecie na podstawie danych z sensorów. Służą one następnie modułowi logiki (wraz z informacjami o sobie i swoich zasobach) do podejmowania decyzji o wykonywanych akcjach. Akcje te następnie są wprowadzane w życie poprzez efektory. Działanie modułu logiki zostało pokazane na rysunku 24. W jego skład wchodzą 3 elementy: silnik decyzyjny, preprocesor akcji oraz lista podstawowych akcji do wykonania. Silnik decyzyjny wybiera jakie akcje agent powinien wykonać. Następnie preprocesor akcji tłumaczy wybrane akcje na zbiór akcji podstawowych (zobacz rozdział 3.6.4) np. jeśli silnik decyzyjny uzna, że agent powinien udać się do punktu X, preprocesor akcji znajdzie trasę do tego punktu, a następnie przetłumaczy ją na zbiór kroków w przód i rotacji. Preprocesor ustawia również parametry każdej akcji podstawowej (np. kąt rotacji).

Silnik decyzyjny wybiera akcję do wykonania w trzech krokach. Najpierw analizuje on zaplanowane, podstawowe akcje (jeśli lista akcji do wykonania nie jest pusta) i decyduje czy następna podstawowa akcja powinna zostać wykonana. Operacja ta została wprowadzona, ponieważ zaplanowane akcje mogą być przetłumaczone na bardzo wiele akcji podstawowych, których wykonanie może zająć długi czas. W tym czasie sytuacja (środowisko) może ulec zmianie, co wymaga od agenta stałego sprawdzania czy zaplanowane akcje są poprawne. Jeśli agent uzna zaplanowaną akcję za dobrą, wykona ją i powtórzy krok pierwszy. W przeciwnym razie przejdzie do kroków 2 i 3 lub zmieni akcję do wykonania jeśli wymagana jest szybka reakcja (np. agent niespodziewanie został zaatakowany). W kroku drugim, agent wybiera technikę sztuczną inteligencji, która powinna zostać użyta, a następnie w kroku trzecim uruchamia odpowiedni kod implementujący tą technikę. Krok ten może zakończyć się wskazaniem akcji do wykonania lub powrotem do kroku drugiego (jeśli uruchomiony kod miał za zadanie przygotować dane wejściowe dla innej techniki).

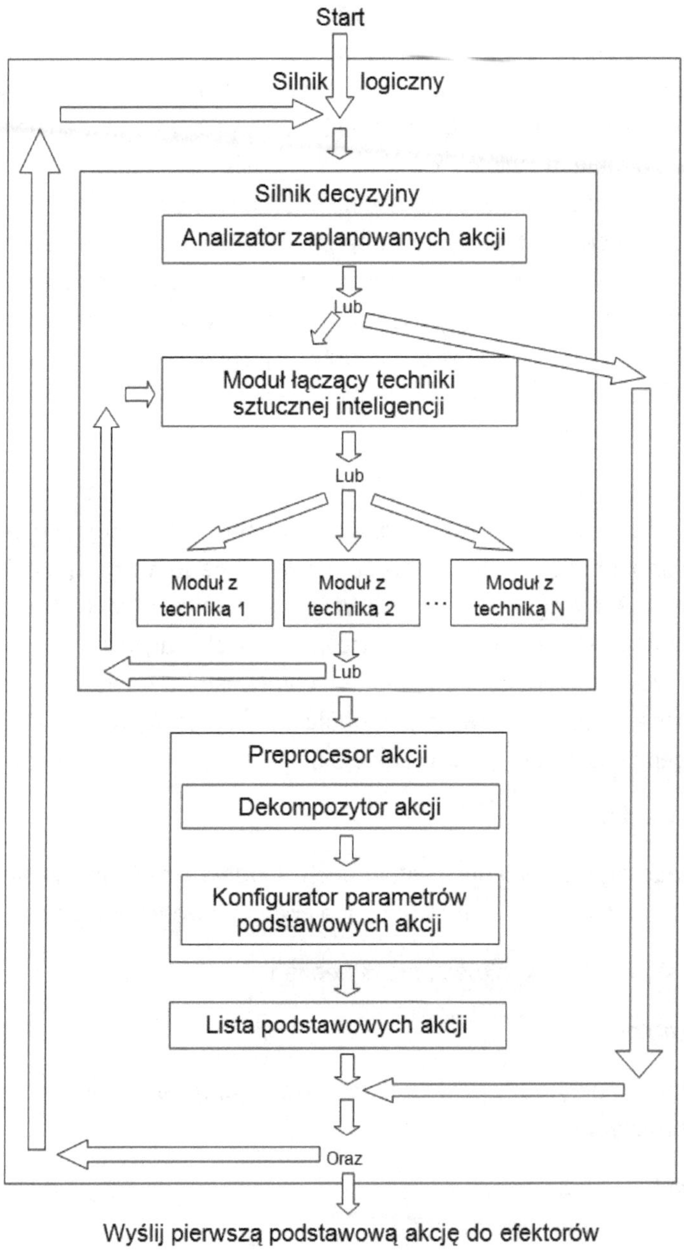


Rysunek 24. Schemat silnika logiki

Taka konstrukcja silnika logicznego powoduje, że jest on wydajny (pod warunkiem, że złożoność pierwszego kroku silnika decyzyjnego jest niewielka), ponieważ skomplikowane algorytmy podejmowania decyzji są uruchamiane rzadko (mogą zaplanować akcję zajmującą wiele kroków, w czasie których działa tylko analizator zaplanowanych akcji). Ponadto, posiadając gotowe implementacje technik sztucznej inteligencji, łatwo jest stworzyć agenta, który wykorzystuje różne techniki, bez konieczności pisania dużych ilości kodu od podstaw. Wystarczy tylko, we właściwy sposób, zaimplementować moduły łączące techniki sztucznej inteligencji i analizujące zaplanowane akcje oraz połączyć preprocesory tych technik.

Analizując przedstawioną architekturę, niektórzy mogą mieć wątpliwości czy połączenie różnych technik sztucznej inteligencji w ten sposób rzeczywiście dobrze działa. Dlatego, w rozdziale 3.7.5, został opisany agent, który wykorzystuje gotowe moduły sztucznej inteligencji stworzone na potrzeby innych agentów (również opisanych w rozdziale 3.7). Opis testów, które dostarczyły dane pomocne w zaprojektowaniu modułu łączącego techniki sztucznej inteligencji, znajduje się w rozdziale 5.

### 3.6.2 Cechy

Każdego agenta opisuje zestaw cech. Oddają one jego możliwości oraz aktualny stan. Cechy wyznaczające możliwości agenta to:

- maksymalna szybkość i przyspieszenie,
- zwrotność,
- maksymalny poziom energii, szybkość jej regeneracji oraz koszt poruszania,
- dystans i kąt widzenia,

- minimalna wartość zapachu, jaką agent może poczuć oraz minimalna procentowa wartość w stosunku do silniejszego zapachu, przy której agent jest w stanie wyczuć słabszy zapach,
- siła zapachu wydzielanego przez agenta,
- czułość słuchu,
- maksymalna głośność komunikatu oraz poziom hałasu towarzyszący poruszaniu się.

Cechy opisujące aktualny stan agenta to:

- aktualna pozycja i rotacja,
- aktualna szybkość poruszania się,
- aktualny poziom energii,
- informacje ze zmysłów opisujące świat: komunikaty do przetworzenia i zmiana zapachów w czasie poruszania; dodatkowo agenci komputerowi dysponują listą aktualnie widzianych postaci.

Wyżej wymienione cechy wpływają bezpośrednio na to, jakie akcje może agent wykonać oraz na jakość tych akcji. Przykładem tego, jak cechy wpływają ma sposobność wykonania akcji, jest niemożliwość poruszenia się przy zerowym poziomie energii. Natomiast zwrotność, przyspieszenie i maksymalna szybkość wpływają na to, gdzie i jak szybko agent może się przemieścić, kiedy energią dysponuje. Jest to przykład wpływu cech na jakość wykonywanych akcji.

### 3.6.3 Zasoby

Jedynym zasobem agenta jest energia. W każdej turze jej część jest regenerowana aż do chwili, gdy osiągnie maksymalny poziom. Energia jest zużywana na poruszanie się. Im szybciej się agent porusza, tym więcej energii zużywa. Podczas szybkiego przemieszczania się energia jest zużywana znacznie szybciej niż następuje jej regeneracja. Dlatego agenci powinni mądrze nią zarządzać. Koszt pojedynczego ruchu można opisać wzorem:

$$Koszt\ ruchu = podstawowy\ koszt\ ruchu * 2^{\frac{aktualna\ szybkość}{maksymalna\ szybkość} * \frac{10}{współczynnik\ zużycia\ energii}}$$

Podstawowy koszt ruchu i współczynnik zużycia energii opisują cechę agenta: koszt poruszania. Im podstawowy koszt ruchu jest mniejszy, tym mniejszy jest koszt każdego ruchu. Współczynnik zużycia energii odpowiada za tempo wzrostu zużycia w zależności od prędkości (im jest większy tym tempo wolniej rośnie). Dzięki jego wprowadzeniu możliwe jest tworzenie agentów, którzy bardzo szybko męczą się przy szybkim poruszaniu, ale jednocześnie mają przeciętne zużycie energii przy normalnym poruszaniu się. Pomaga to zbalansować agentów, którzy są bardzo szybcy (nie pozwala się im często tej maksymalnej szybkości wykorzystywać).

Mądre zarządzanie energią sprowadza się do odpowiedniego doboru prędkości poruszania się. Postać powinna wykorzystywać maksymalną szybkość tylko gdy jest to niezbędne. W pozostałych przypadkach powinna przemieszczać się w taki sposób, aby stale utrzymywać wysoki poziom energii. Oznacza to, że jeśli nic się nie dzieje i poziom energii jest wysoki, powinna się ona poruszać tak, aby zużywać tylko tyle energii, ile jest regenerowane na bieżąco. Jeśli poziom energii jest niski to musi ona zwolnić, aby zużywać jej mniej niż ilość, jaka przybywa w każdej turze.

Ważnym pytaniem jest więc, jak dobrać szybkość, z jaką agent będzie się poruszał. W stworzonym systemie agenci kierują się dwoma wskaźnikami w celu jej ustalenia. Jednym z nich jest poziom energii, drugim poziom agresji. Poziom agresji jest to wskaźnik odzwierciedlający chęć agenta do działania. Im więcej celów i napastników jest w pobliżu, tym wyższy jest poziom agresji. Jest on opisywany wzorem:

$$\sum \frac{\alpha}{dystans\ miedzy\ rozważanymi\ agentami}$$

Suma ta liczona jest po wszystkich agentach, jacy zostali spotkani (jeśli agent nie jest widoczny, do obliczenia dystansu wykorzystywane jest jego ostatnie znane położenie) gdzie:

$$\propto = \frac{maksymalna\ szybkość\ agenta\ przeliczającego\ agresję}{średnia\ szybkość\ typu\ widzianego\ agenta}$$

gdy widziany agent jest ofiarą,

$$\propto = \frac{średnia\ szybkość\ typu\ widzianego\ agenta}{maksymalna\ szybkość\ agenta\ przeliczającego\ agresję}$$

gdy widziany agent jest napastnikiem.

Należy zwrócić uwagę, że poziom agresji agenta rośnie bardziej w przypadku, gdy ofiary są wolniejsze oraz gdy napastnicy szybsi od niego. Jest to naturalne zachowanie, ponieważ bardziej mobilizujemy się, gdy cel jest w naszym zasięgu. Również większe zagrożenie wzmaga w nas chęć do działania. Jeśli zagrożenie będzie nieduże, nie będziemy do niego przywiązywać dużej uwagi.

Dostępne jest 5 sposobów poruszania się:

- Bardzo wolno – agent porusza się z taką prędkością, aby zużywać 2 razy mniej energii niż jest regenerowane.
- Wolno – agent porusza się z taką prędkością, aby zużywać 3/4 energii, która jest regenerowana.
- Normalnie – agent porusza się z taką prędkością, aby zużywać dokładnie tyle energii, ile jest regenerowane.
- Szybko – agent porusza się z taką prędkością, aby co turę tracić połowę energii, jaka byłaby tracona przy poruszaniu się z maksymalną prędkością.

- Bardzo szybko – agent porusza się z maksymalną prędkością (zużycie energii również jest maksymalne).

Wskazane jest, aby agenci poruszali się szybciej, gdy poziom agresji jest wyższy. Większy poziom energii również powinien wpływać na decyzję o przyspieszeniu. Nie jest to jednak obowiązkowe i twórca agenta może zdecydować inaczej. W tabeli poniżej przedstawiono przykładową zależność między szybkością poruszania się, a poziomem energii i agresji.

| | | **Poziom agresji** | | |
|---|---|---|---|---|
| | | **Brak** | **Średni** | **Wysoki** |
| **Poziom energii** | **Niski** | Bardzo wolno | Wolno | Normalnie |
| | **Średni** | Wolno | Normalnie | Szybko |
| | **Pełna** | Normalnie | Szybko | Bardzo szybko |

Tabela 2. Przykładowa zależność między szybkością poruszania się a poziomem agresji i poziomem energii

Wyznaczenie sztywnej granicy między kolejnymi poziomami nie jest jednak dobrym pomysłem. Przykładowo jeśli granica ta wynosiłaby 30% to spadek energii z poziomu 30.1% do poziomu 29.9% skutkowałby znaczącą zmianą szybkości poruszania się agenta, podczas gdy zmiana poziomu energii byłaby niewielka. Dlatego agent przetwarza tak zdefiniowaną tabelę przy pomocy logiki rozmytej (zobacz rozdział 2.5.3.4). Dzięki temu nie ma sztywnych granic między poziomami.

### 3.6.4 Akcje

Do podstawowych akcji agenta należy poruszanie się. Może on poruszać się w przód, tył oraz wykonywać zwroty na boki. Do tyłu postacie poruszają się bardzo wolno ze stałą prędkością. Do przodu natomiast są w stanie przemieszczać się znacznie szybciej, wybierając dowolną prędkość, pod warunkiem, że jest ona mniejsza lub równa maksymalnej. Postać nie jest jednak w stanie osiągnąć dużej szybkości od razu, lecz rozpędza się stopniowo, aż zacznie się poruszać w zadanym tempie. W danej turze postać może zwiększyć szybkości o nie więcej niż wartość określona przez cechę przyspieszenie. Jeśli postać przez wiele tur z rzędu będzie wybierać poruszanie się w przód z maksymalną szybkością to przez pierwsze kilka rund będzie się ona rozpędzać. Po osiągnięciu maksimum będzie utrzymywać zadane tempo w każdej następnej turze. Należy pamiętać, że każdy taki ruch powoduje powstanie odgłosu kroków. Im szybciej postać się przemieszcza, tym dźwięk ten jest głośniejszy.

Zwrotność jest również ograniczona. Agent stojący w miejscu może obrócić się o dowolny kąt. Gdy zaczyna się poruszać, zdolność do wykonywania zwrotów zostaje ograniczona. Opisuje to poniższy wzór (wyliczony w ten sposób kąt jest wyrażony w stopniach):

$$Maksymalny\ kąt\ skrętu = \frac{180}{2^{\frac{aktualna\ szybkość}{maksymalna\ szybkość}} * \frac{10}{współczynnik\ zwrotności}}$$

Im szybciej się agent przemieszcza, tym większy łuk musi zatoczyć, aby dokonać zwrotu. Dlatego w terenie z dużą ilością przeszkód, opłacalne może okazać się zwolnienie w celu uzyskania większej zwrotności. Na rysunku 25 zostały pokazane przykładowe promienie skrętu agenta przy dużej (szary łuk) i małej prędkości (czarny łuk).

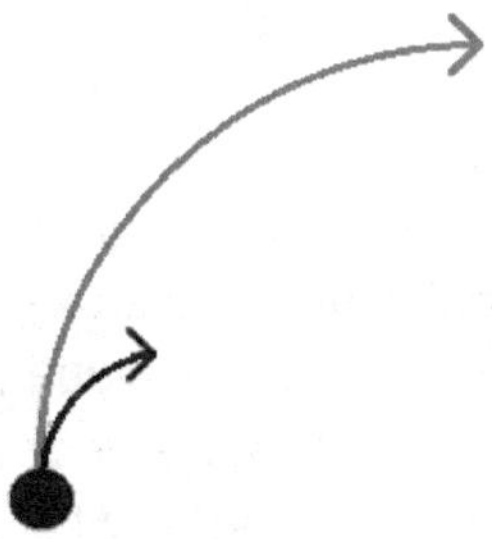

Rysunek 25. Promień skrętu przy małej i dużej prędkości

Poprzez poruszanie się agenci mogą polować i zabijać swoje cele. Więcej na ten temat zostało napisane w rozdziale o interakcjach między postaciami (rozdział 3.6.9).

Drugą grupą akcji, jaką mogą podejmować agenci, jest wysyłanie komunikatów. Jak wspomniano w poprzednich rozdziałach, mogą oni to robić na trzy sposoby: poprzez środowisko, bezpośrednio do odbiorcy oraz do wszystkich agentów tego samego typu. Komunikaty są wysyłane w celu nawiązania współpracy z innymi agentami lub przekazania im informacji.

Poniżej przedstawiono podsumowanie akcji, jakie agent może podejmować.

- Akcje związane z ruchem
  - Ruch w przód
    - Warunek zajścia – Agent dysponuje odpowiednią ilością energii. Miejsce docelowe oraz odcinek między punktem startowym i końcowym nie są zajmowane przez przeszkodę, sojusznika lub agenta nastawionego naturalnie (mogą być zajmowane przez wroga).
    - Parametry – Szybkość – opisuje, jak duży dystans zostanie pokonany w jednostce czasu.
    - Opis czynności – Agent stara się poruszyć z prędkością wskazaną w parametrze. Jeśli jest w stanie ją osiągnąć, to wykonuje ruch zgodny z zadaną wartością. Jeśli nie, to wykonuje ruch z maksymalną osiągalną dla niego w danej chwili szybkością (im szybciej się poruszał w poprzedniej turze, tym bardziej może się rozpędzić).
    - Skutek – Agent przemieszcza się.
    - Wpływ na środowisko – Zmiana położenia przez agenta sprawia, że przesuwa się jedno ze źródeł zapachów (każda postać nim jest). Akcja ta wpływa więc na zapachy roznoszące się w świecie. Ponadto każdemu ruchowi towarzyszy odgłos kroków, a więc wprowadzany jest do środowiska dźwięk. Ostatnim możliwym skutkiem jest śmierć jednego z agentów, w przypadku, gdy przy

wykonywaniu ruchu dojdzie do kolizji między wrogo nastawionymi postaciami.

- Ruch w tył
  - Warunek zajścia – Identyczny jak w przypadku ruchu w przód.
  - Parametry – Brak.
  - Opis czynności – Agent przemieszcza się w tył. Prędkość ruchu w tył jest stała. Równa się ona szybkości, do jakiej agent jest w stanie rozpędzić się w czasie jednej tury, przy ruchu do przodu (zakładając, że się nie poruszał).
  - Skutek – Agent przemieszcza się.
  - Wpływ na środowisko – Identyczny jak w przypadku ruchu w przód.
- Rotacja
  - Warunek zajścia – Brak.
  - Parametry – Kąt, o jaki należy się obrócić.
  - Opis czynności – Agent stara się wykonać zwrot o zadany kąt. Jeśli się on porusza, jego zwrotność jest ograniczona – im większa szybkość, tym maksymalny dopuszczalny zwrot jest mniejszy. Jeśli podany parametr jest większy niż dopuszczalny obrót to wykonywana jest rotacja o maksymalny możliwy kąt.
  - Skutek – Agent wykonuje rotację.
  - Wpływ na środowisko – Brak.

- Akcje związane z przekazywaniem komunikatów
  - Wysłanie komunikatu przez środowisko
    - Warunek zajścia – Brak.
    - Parametry – Głośność oraz odbiorca. Głośność wpływa na to jak wielu agentów jest w stanie usłyszeć komunikat. Parametr odbiorca jest opcjonalny. Wskazuje, który z sojuszników powinien wiadomość przetworzyć (komunikat jest słyszany przez wszystkich mających dość dobry słuch).
    - Opis czynności – Agent wydaje komunikat o zadanej głośności, który może być usłyszany przez dowolną postać mającą dość dobry słuch. Informacje

o przetwarzaniu takiego komunikatu są zawarte w rozdziale 3.6.9 (zarówno w sytuacji, gdy jest zdefiniowany odbiorca lub gdy go brak).

    - Skutek – W środowisku pojawia się komunikat. Odbierany jest on przez wszystkich odbiorców mających dość dobry słuch.
    - Wpływ na środowisko – W środowisku pojawia się komunikat.

- Wysłanie komunikatu bezpośrednio
    - Warunek zajścia – Brak.
    - Parametry – Odbiorca.
    - Opis czynności – Komunikat jest wysyłany bezpośrednio do zdefiniowanego odbiorcy. Nikt inny nie może go usłyszeć, ponieważ w przekazywaniu nie pośredniczy środowisko.
    - Skutek – Odbiorca otrzymuje komunikat.
    - Wpływ na środowisko – Brak.
- Wysłanie komunikatu do wszystkich sojuszników
    - Warunek zajścia – Brak.
    - Parametry – Brak.
    - Opis czynności – Wszyscy sojusznicy otrzymują komunikat. Nikt inny nie może go usłyszeć, ponieważ w przekazywaniu nie pośredniczy środowisko.
    - Skutek – Sojusznicy otrzymują komunikat.
    - Wpływ na środowisko – Brak.

### 3.6.5 Interakcje ze środowiskiem

Agenci wchodzą w interakcje ze środowiskiem poprzez swoje zmysły. Używają oni wzroku do obserwowania otaczającego ich świata. Komputerowe postacie na tej podstawie tworzą listę widzianych postaci, której następnie mogą używać do podejmowania decyzji. Słuch określa możliwość odbierania odgłosów rozchodzących się w środowisku. Agenci mogą takie komunikaty przetworzyć lub odrzucić. Przy pomocy węchu agenci pobierają wartości poszczególnych zapachów dla miejsca, w którym się znajdują. Takie pojedyncze informacje nie są dla nich wartościowe, jednak jeśli porównają je oni do wartości odczytanych w poprzednich miejscach pobytu, mogą wnioskować na tej podstawie, z jakiego kierunku zapach pochodzi. Postacie nie są w stanie wyczuć zapachu jeśli jest on zbyt słaby (wartość mniejsza niż określona przez odpowiednią cechę). Nie jest to również możliwe, jeśli w tym samym miejscu występuje inny, znacznie silniejszy odór. Zdolność ich rozróżniania również jest określona poprzez cechy.

Agenci mogą też wpływać na świat. Każdy z nich wydziela zapach oraz odgłosy w czasie poruszania się. Również podczas przekazywania komunikatów poprzez środowisko oddziałują oni na nie. Wpływ podejmowanych akcji na świat został opisany w rozdziale 3.6.4.

Postacie nie mogą oddziaływać na przeszkody. Interakcja z przeszkodą ogranicza się do odczucia jej poprzez dotyk. Agent nie jest w stanie bariery przesunąć ani stanąć na niej. W przypadku kontaktu, postać jest zmuszona wycofać się i poszukać innej drogi. Oczywiście może ona próbować napierać na przeszkodę, jednak postępowanie takie nie ma sensu, ponieważ bariera nigdy nie ustąpi.

### 3.6.6 Cele

Podstawowym celem każdego agenta jest przeżycie. Dąży on więc to tego, aby nie dać się złapać drapieżnikom na niego polującym. Drugim celem jest wyeliminowanie wszystkich agentów, których typ jest wymieniony na liście ofiar. Z punktu widzenia postaci nie ma znaczenia, czy ofiary zostaną zabite przez nią osobiście, czy też przez innych agentów z nią współpracujących. W wyniku takiego założenia otrzymujemy kolejne cele. Agent powinien dbać o bezpieczeństwo postaci tego samego typu co on. Jest tak dlatego, że dążą one do wyeliminowania wszystkich jego celów, więc ich przeżycie zwiększy szanse na to, że uda się tego dokonać. Powinien on też pomagać innym w polowaniu, ponieważ zabicie ofiary przez któregokolwiek spośród współpracujących agentów, będzie równoznaczne z realizacją celu każdej postaci biorącej udział w akcji.

### 3.6.7 Plany

Planowanie działań wiodących do realizacji celów jest zależne od rodzaju agenta. Agenci stosujący różne typy sztucznej inteligencji, na różne sposoby wykorzystują dostępne akcje. Są jednak pewne wspólne cechy w planach wszystkich agentów, które zostaną omówione w tym rozdziale.

Aby zrealizować cel, którym jest przeżycie, agenci muszą unikać napastników. Aby doprowadzić do eliminacji wszystkich celów, trzeba je najpierw odnaleźć. Należy więc w taki sposób planować obszary po jakich się agent porusza, aby zmaksymalizować prawdopodobieństwo spotkania ofiary i zminimalizować prawdopodobieństwo spotkania napastnika. Informacje niezbędne do takiego zaplanowania trasy pochodzą ze zmysłów. Przykładowo, postać może zawrócić ze wcześniej obranej trasy jeśli poczuje, że nasila się zapach charakterystyczny dla napastników.

Kolejnym problemem, z którym każdy agent musi się mierzyć, jest właściwe planowanie polowania i ucieczki. Łatwo dojść do wniosku, że polowanie, w którym bierze udział większa ilość agentów, będzie bardziej efektywne niż to przeprowadzone przez pojedynczą postać. Każdy powinien więc wykonywać takie akcje, aby zmaksymalizować korzyści wynikające ze współdziałania w grupie. W przypadku ucieczki ważne jest, żeby zaplanować ją tak, aby zminimalizować straty. Bez wątpienia stratą jest śmierć kogokolwiek, jednak jest nią również rozproszenie grupy, ponieważ traci się przewagę wynikającą ze współdziałania. Dobrym przykładem agentów świadomych tego faktu są ci opierający się o automaty stanów (opisani w rozdziale 3.7.1). Warto prześledzić ich pseudokody, aby zrozumieć, jakie postępowanie minimalizuje te straty. Sprawdzeniu, kiedy opłaca się uciekać razem, a kiedy należy się rozproszyć, został poświecony rozdział 5.1.4.3.

Przy planowaniu agent musi wziąć pod uwagę, że dysponuje ograniczoną energią. Jest ona regenerowana, jednak w czasie szybkiego poruszania się, zużywana jest znacznie szybciej niż wynosi tempo jej regeneracji. Dlatego agent powinien tak nią zarządzać, aby dysponować jej odpowiednim zapasem w wypadku pojawienia się napastnika lub ofiary (Zostało to omówione w rozdziale 3.6.3.).

### 3.6.8 Reprezentacja środowiska w pamięci agenta

Różne rodzaje agentów mogą różnie reprezentować otaczający ich świat. Pewne sposoby są jednak wspólne. Postacie posiadają wektor komunikatów, które rozchodziły się w środowisku w ich pobliżu w ostatniej turze. Ponadto przechowują wartości zapachów dla wszystkich typów z aktualnego oraz poprzedniego miejsca pobytu. Dodatkowo wszyscy agenci komputerowi przechowują listę widocznych postaci oraz położenia, gdzie widziano pozostałych agentów po raz ostatni. Mogą oni też używać mapy, na której zaznaczane są obszary już zbadane. Jest to szczególnie pomoce w celu oceny technik poszukiwania ofiar. Jeśli agent jest w stanie szybko przeszukać cały świat, prawdopodobnie znajdzie szybko wroga.

Szczególnie pożyteczną techniką reprezentacji środowiska w pamięci agenta jest mapa wpływu. Nie jest ona jednak używana przez wszystkich agentów. Została opisana w rozdziale 3.4.4.2.

### 3.6.9 Interakcje między agentami

Istnieją dwa możliwe sposoby interakcji między agentami – poprzez komunikaty oraz przez dotyk. W tym rozdziale obydwa zostaną opisane.

### 3.6.9.1 Interakcje poprzez komunikaty

Jednym z możliwych sposobów interakcji między agentami jest przesyłanie komunikatów, których propagację opisano już wcześniej. W tym punkcie chciałbym dodać, co taki komunikat zawiera i co agent może z nim zrobić.

Komunikat może zawierać dowolne informacje o świecie lub akcje do wykonania. Przykładowo, wiadomości mogą mieścić listę pozycji potencjalnych celów lub opis sprawdzonych przez agenta obszarów. W przypadku akcji do wykonania, twórca komunikatu ma również pełną swobodę. Mogą to być np. wskazówki w celu otoczenia potencjalnej ofiary lub prośby o zbadanie konkretnej części świata. Jedynym obowiązkowym polem wchodzącym w skład każdego komunikatu jest nadawca. Ponadto, jeśli komunikat jest kierowany do konkretnej postaci, musi on zawierać pole adresat.

Należy jednak zwrócić uwagę, że agent nie ma obowiązku uwzględniać w swoich planach otrzymanych informacji ani też wykonywać zawartych w komunikatach akcji. Może on odrzucić komunikat, nie przetwarzając go. W skrajnym przypadku twórca agenta może zdecydować o odrzucaniu wszystkich przychodzących komunikatów tak, aby działał on zupełnie niezależnie. Postać może też początkowo podjąć się wykonania akcji, o którą jest proszona w komunikacie, a następnie zmienić zdanie w trakcie działania. Przykładem takiego zachowania może być poproszenie agenta o zbadanie konkretnego obszaru świata, a następnie przekazania pozostałym informacji po powrocie. Gdy postać znajdzie się na wskazanym terytorium i zobaczy ofiarę łatwą do zabicia, może zmienić decyzję o powrocie w celu poinformowania innych o odkryciach, na korzyść zapolowania i zabicia zauważonej postaci.

Ważnym zagadnieniem jest też podjęcie decyzji, który z agentów ma przetwarzać komunikat. W przypadku, gdy nie rozchodzi się on przez środowisko, jest to jednoznaczne. Jest on kierowany do jednego lub do wszystkich, w zależności od użytej metody przekazywania. Gdy wiadomość rozchodzi się przez środowisko, jest to bardziej skomplikowane. Agenci innych typów nie rozumieją komunikatu, więc przetwarzają go jako ogólny odgłos, dzięki czemu mogą się zorientować, gdzie się coś dzieje (nie są w stanie odczytać nawet obowiązkowego pola nadawca). W przypadku agentów tego samego typu co nadawca, wszyscy są w stanie go zrozumieć. To, czy postać go przetworzy, zależy więc od jego zawartości. Jeśli jest w nim informacja o agencie, do którego jest on kierowany (pole odbiorca) to wszyscy sojusznicy poza odbiorcą zignorują go. Jeśli natomiast takiej informacji brakuje, to przetworzy ją każdy. Jest to naturalne, ponieważ możemy chcieć poprosić o wykonanie akcji konkretną postać np. zarekomendować agentowi nr 3 sprawdzenie konkretnego obszaru. Możemy też chcieć dotrzeć do wszystkich np. wysyłając informację „zagrożenie – uciekajcie". Przykład tego, jak odbierają komunikat różni agenci, zostanie omówiony na podstawie rysunku 26. Różnymi kolorami zaznaczono odmienne typy agentów. Jeśli agent nr 3 wyśle komunikat (zakładamy, że wszyscy mają dość dobry słuch, żeby go usłyszeć) to agenci numer 4 i 5 zidentyfikują go jako nieznany odgłos. Na tej podstawie wykryją, że coś się dzieje w pobliżu. Jeśli odbiorca nie był wskazany to komunikat przetworzą agenci 1,2 oraz 6. Gdyby w komunikacie jako adresat był wskazany agent nr 2 to on przetworzyłby go, natomiast postacie 1 i 6 zignorowałyby taką wiadomość.

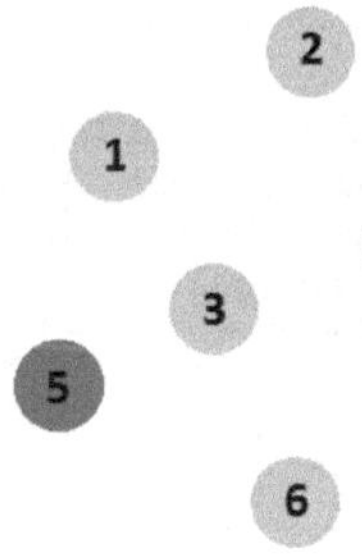


Rysunek 26. Przykładowa grupa agentów przetwarzających komunikat

Rysunek 27 zawiera dokładny schemat przetwarzania komunikatu w zależności od typu odbiorcy i zawartości pola adresat (jeśli się ono w komunikacie znajduje). Końcowe akcje zostały podkreślone (nie podkreślone kwadraty służą do tego aby dojść do końcowej decyzji czy przetworzyć komunikat)

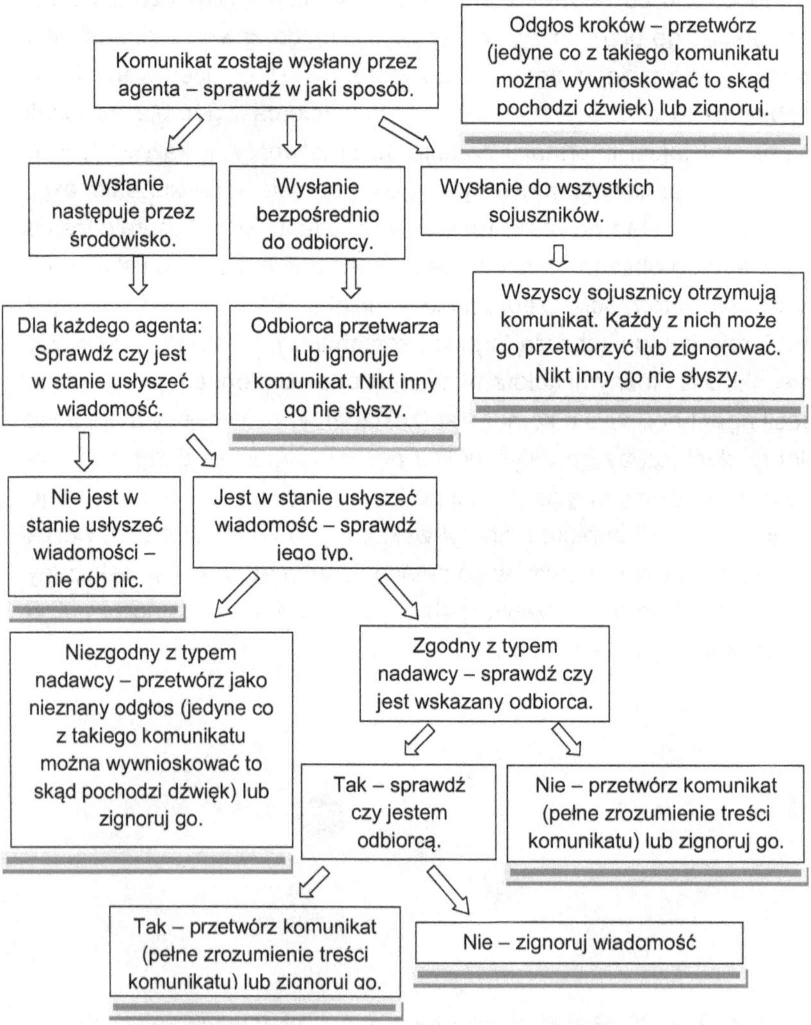


Rysunek 27. Schemat przetwarzania komunikatu

### 3.6.9.2 Interakcje poprzez dotyk

Drugim sposobem interakcji między agentami jest bezpośredni kontakt. Agenci nie mogą zajmować tego samego miejsca na mapie. W przypadku, gdy jeden wchodzi na drugiego, skutki zależą od ich typów. Jeśli w ten sposób spotka się para agentów nienastawionych do siebie neutralnie, kończy się to śmiercią ofiary. W pozostałych przypadkach agent próbujący się przemieścić na pole zajmowane przez inną postać zostaje zatrzymany i musi poczekać, aż pole to zwolni się lub zmienić trasę. Jest tak zarówno w przypadku, gdy są to agenci jednego typu, jak i w przypadku różnych typów nastawionych do siebie neutralnie. Schemat postępowania w przypadku kontaktu znajduje się na rysunku 28.

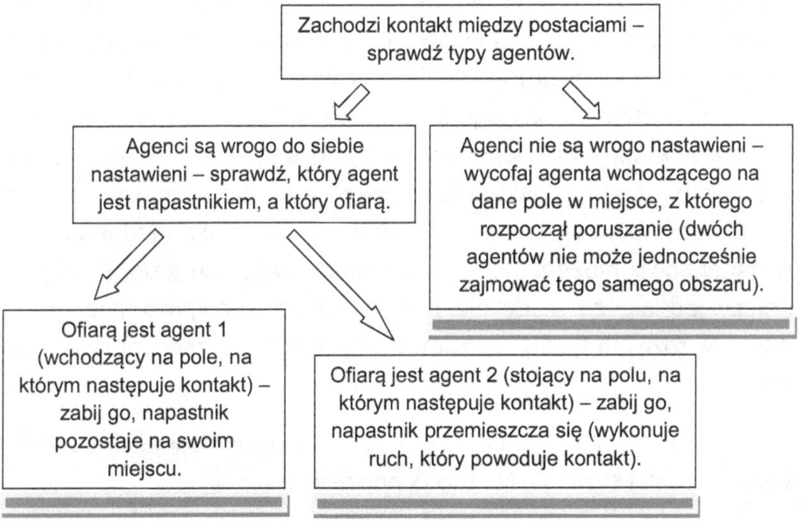


Rysunek 28. Interakcje poprzez dotyk

### 3.6.10 Typy agentów – zdolność do współdziałania w grupach

Każdy agent jest przypisany do konkretnego typu. Typ określa możliwości każdej postaci. Posiada on informacje, jakie są maksymalne i minimalne wartości poszczególnych cech. W czasie tworzenia agenta jego możliwości są losowane z tak określonego przedziału. Umożliwia to późniejszą ocenę, jakie zagrożenia stanowi dany agent. Widząc postać na planszy, możemy rozpoznać jej typ. Nie jesteśmy w stanie jednak stwierdzić, jakie dokładnie parametry dany agent posiada. Jednak dzięki informacji o jego typie można określić to z pewnym przybliżeniem. Przykładowo, jeśli widzimy potencjalną ofiarę i wiemy, że maksymalna szybkość postaci danego typu jest znacznie mniejsza od naszej, to łatwo możemy wywnioskować, że będzie ona stosunkowo łatwa do schwytania na otwartej przestrzeni.

Ważnym zagadnieniem związanym z typem jest możliwość współdziałania. Agent może współpracować tylko i wyłącznie z postaciami swojego typu, ponieważ rozumie tylko komunikaty przesyłane przez nich. W tym momencie warto zaznaczyć, że mimo możliwości podejmowania wspólnych akcji, agent nie jest przypisany na stałe do żadnej grupy. Koalicje w celu osiągnięcia korzyści są tworzone dynamicznie i agent w każdej chwili może zrezygnować z udziału w niej lub poprosić o przyłączenie się. To, czy agent zdecyduje się na taki krok, oraz czy inni zechcą z nim współpracować, zależy od implementacji.[1] W ramach jednego typu w danej chwili może istnieć wiele współpracujących grup. Pamiętać należy jednak, że nigdy nie będzie istnieć współpracująca grupa agentów różnych typów – nawet w przypadku, gdy mają oni wspólne cele.

Zaimplementowani agenci w celu ustalenia grupowej akcji używają bardzo prostej strategii. Można ją podzielić na kroki:

1. Wysłanie zapytania do jednostek w pobliżu o chęć współpracy.
2. Agent wysyłający zapytanie staje się tymczasowym szefem grupy. W skład grupy wchodzą agenci, którzy odpowiedzieli pozytywnie na zapytanie.
3. Szef grupy ustala strategię.

---

[1] Różne implementacje zostały opisane w rozdziale 3.7

4. Szef wysyła do pozostałych informacje na temat ich roli.

Ponadto współpracujące postacie często wysyłają, krótkie informacje, takie jak „uwaga niebezpieczeństwo".

### 3.7 Szczegółowy opis rodzajów agentów

W tym rozdziale zostaną omówieni agenci używający różnych modułów sztucznej inteligencji. Rozważając rodzaje agentów, należy zwrócić uwagę na zależność między rodzajem a typem postaci. Wiele typów może używać tych samych modułów sztucznej inteligencji, a więc agenci różnego typu mogą być agentami tego samego rodzaju. Nie jest natomiast możliwe, aby agenci tego samego typu używali odmiennych modułów sztucznej inteligencji – wybierając typ, jednocześnie wskazujemy moduły dla każdego agenta wchodzącego w jego skład.

Pseudokody przedstawione w rozdziale mogą obejmować wiele cykli działania silnika logiki. Jeden cykl działania silnika logiki może być rozpisany na wiele punktów pseudokodu. W celu łatwiejszego zrozumienia pseudokodu, jest on pisany tak, jakby akcje wykonywane były natychmiastowo (np. wyślij komunikat, przemieść się). W rzeczywistości akcje te są wcześniej analizowane przez preprocesor akcji, który rozkłada je na akcje podstawowe, które z kolei dodawane są do listy akcji do wykonania. Następnie te podstawowe akcje są kolejno wykonywane (jeśli analizator zaplanowanych akcji nie postanowi o przerwaniu ich wykonania) i dopiero wtedy następuję przejście do następnego kroku pseudokodu (zobacz schemat silnika logiki w rozdziale 3.6.1).

Ponadto należy zaznaczyć, że pseudokody obejmują działania wykonywane przez wszystkie moduły silnika decyzyjnego. Jednak w przypadku agentów używających tylko jeden moduł sztucznej inteligencji, działania modułu łączącego techniki sztucznej inteligencji nie są opisywane (działanie jest oczywiste).

### 3.7.1 Agenci wykorzystujący tylko automaty stanów

W rozdziale tym zostali opisani agenci wykorzystujący jeden moduł sztucznej inteligencji, wybierający akcje do wykonania w oparciu o automaty stanów. Po ogólnym opisie zostały umieszczone pseudokody poszczególnych stanów i najważniejszych procedur oraz opis komunikatów wykorzystywanych przez ten rodzaj postaci.

#### 3.7.1.1 Ogólny opis

Zgodnie z tym, co napisano w rozdziale 3.4.4.1, agent może przebywać w jednym z pięciu stanów (zobacz rysunek 17):

1. Polowanie
2. Ucieczka
3. Zbieranie informacji
4. Myślenie
5. Patrol

Każdy z nich oddaje, czym agent się zajmuje. W stanie „myślenie" planowane są zadania, w pozostałych są one realizowane. Zostały one opisane w dalszych rozdziałach. Po stworzeniu agent znajduje się w stanie myślenie lub patrol.

Analizator zaplanowanych akcji działa według następującego pseudokodu.

1. Jeśli jesteś w stanie ucieczka wykonaj zaplanowaną akcję (jeśli lista nie jest pusta) lub przejdź do wykonania właściwego kodu (kodu stanu ucieczka). W przeciwnym razie przejdź do punktu 2.
2. Sprawdź, czy nie ma w pobliżu napastników. Jeśli bardzo blisko (nie dalej niż 3 jednostki odległości lub nie dalej niż 2 jednostki odległości przemnożone przez stosunek średniej szybkości typu napastnika i szybkości rozważanego agenta) znajduje się jakiś napastnik, skasuj zaplanowane akcje i przejdź do stanu ucieczka. Jednocześnie wyślij informacje do potencjalnych

sojuszników (być może są w pobliżu) o zagrożeniu. Wysyłane komunikaty to EscapeNow oraz AgentsSeen (zobacz rozdział 3.7.1.11). Jeśli bardzo blisko nie ma żadnego napastnika, wykonaj zaplanowaną akcję (jeśli lista nie jest pusta) lub przejdź do wykonania właściwego kodu (kodu stanu, w którym agent się znajduje).

### 3.7.1.2 Stan myślenie

Wszystkie istotne decyzje podejmowane są w stanie „myślenie". Przebiega to w kilku krokach. Na początku, jeśli w pobliżu znajdują się potencjalni sojusznicy, proponowana im jest współpraca. W przypadku, gdy odpowiedzą pozytywnie, podejmowana jest decyzja o akcji grupowej. Następnie analizowanie są ofiary i napastnicy w pobliżu. Jeśli zagrożenie jest blisko, postać decyduje się na ucieczkę. W sytuacji współpracy z sojusznikami rozważane są 2 alternatywy. Jeśli agresor jest szybki i groźny, następuje rozproszenie w celu minimalizacji strat. W przypadku, gdy przeciwnik jest słaby, ustalany jest wspólny kierunek ucieczki, tak aby nie tracić przewagi wynikającej ze współpracy.

Gdy w pobliżu widoczne są ofiary, natomiast nie ma napastników lub są oni słabi i oddaleni od postaci, podejmowana jest decyzja o polowaniu. W przypadku współpracy, kiedy ofiar jest więcej niż jedna, rozważane są dwie możliwości. Jeśli ofiary są silne i trudne do złapania, wybierana jest jedna z nich, którą sojusznicy starają się wspólnie zabić. W tym momencie dzielone są między agentów role, wskazywane jest, kto atakuje bezpośrednio, a kto tylko nagania ofiarę. W wypadku, gdy ofiary są słabe, napastnicy dzielą je między siebie. Każdy wtedy w pojedynkę stara się zabić jedną z nich. Jest to uzasadnione, ponieważ każda postać powinna być w stanie złapać kogoś samodzielnie. Dzięki temu zwiększana jest szansa na wyeliminowanie dużej liczby ofiar.

Kiedy nie ma żadnych przeciwników w zasięgu wzroku, agent postanawia zbierać informację. Jeśli ma on w pobliżu sojuszników, to robi to razem z nimi. Na początku starają się oni wspólnie zbadać pewien obszar świata. Jeśli nie zostanie tam znalezione nic ciekawego, to rozpraszają się oni w celu zwiększenia szans na znalezienie ofiary. W tym przypadku każda postać otrzymuje fragment świata do zbadania. Ustalany jest też punkt i czas kolejnego spotkania.

Podczas zmiany stanu na inny, kasowana jest lista zapamiętanych bardzo silnych ofiar. Jeśli nie zostaną one wykorzystane od razu, to nie ma sensu później do nich wracać (jest duże prawdopodobieństwo, że informacja jest nieaktualna).

Poniżej znajduje się pseudokod omawianego stanu:

1. Przeanalizuj typy agentów znajdujących się w pobliżu (czy są tam sojusznicy, ofiary lub napastnicy).
2. Jeśli w pobliżu nie znajdują się sojusznicy, przejdź do kroku 9.
3. Jeśli w pobliżu są ofiary oraz napastnicy (jednocześnie), przejdź do kroku 4, jeśli nie, przejdź do kroku 5.
4. Sprawdź czy warto polować – jeśli tak, przejdź do kroku 5, jeśli nie, do kroku 6. Sprawdzenie polega na porównaniu szybkości agenta oraz szybkości napastników i ofiar. To, kiedy opłaca się polować, zostało wyznaczone eksperymentalnie w rozdziale 5.1.4.1.
5. Jeśli w pobliżu są ofiary, rozpocznij procedurę startu grupowego polowania (zobacz rozdział 3.7.1.3). Po wykonaniu procedury, zakończ działanie w tym stanie.
6. Jeśli w pobliżu są napastnicy, rozpocznij procedurę startu grupowej ucieczki (zobacz rozdział 3.7.1.4). Po wykonaniu procedury, zakończ działanie w tym stanie.
7. Jeśli w pobliżu nie ma napastników ani ofiar, rozpocznij procedurę startu grupowego zbierania informacji (zobacz

rozdział 3.7.1.5). Po wykonaniu procedury, zakończ działanie w tym stanie.

8. Jeśli masz w pamięci bardzo silne cele, rozpocznij procedurę startu grupowego polowania (zapamiętane silne ofiary zostaną dodane do listy rozważanych celów, na której znajdują się aktualnie widziane ofiary - zobacz rozdział 3.7.1.3). Po wykonaniu procedury, zakończ działanie w tym stanie.

9. Jeśli w pobliżu nie ma napastników lub ofiar, przejdź do kroku 15.

10. Wyślij poprzez środowisko wiadomość o widzianych agentach (być może jest w pobliżu sojusznik, którego nie widzimy). Wysyłany komunikat to AgentsSeen (zobacz rozdział 3.7.1.11).

11. Jeśli w pobliżu są ofiary oraz napastnicy (jednocześnie), przejdź do kroku 12, jeśli nie, przejdź do kroku 13.

12. Sprawdź czy warto polować – jeśli tak, przejdź do kroku 13, jeśli nie, do kroku 14. Sprawdzenie polega na porównaniu szybkości agenta oraz szybkości napastników i ofiar. To, kiedy opłaca się polować, zostało wyznaczone eksperymentalnie w rozdziale 5.1.4.1.

13. Jeśli w pobliżu są ofiary, wybierz ofiarę, ustaw ją jako cel i przejdź do stanu polowanie (zobacz rozdział 3.7.1.6). Zakończ działanie w tym stanie. Wybierana jest ofiara, dla której tak wyliczony współczynnik jest najmniejszy:

$$\begin{aligned} &Współczynnik\ wyboru\ ofiary \\ &\quad = dystans\ do\ ofiary * maksymalna\ szybkość\ ofiary \end{aligned}$$

14. Jeśli w pobliżu są napastnicy, przejdź do stanu ucieczka (zobacz rozdział 3.7.1.7). Zakończ działanie w tym stanie.

15. Wylosuj punkt, który należy odwiedzić. Przejdź do stano zbieranie informacji. Zakończ działanie w tym stanie.

### 3.7.1.3 Procedura startu grupowego polowania

Poniżej znajduje się pseudokod omawianej procedury. Jest ona wywoływana w stanie myślenie (zobacz rozdział 3.7.1.2, krok 5 pseudokodu):

1. Wyślij zapytanie o chęć udziału w grupowej operacji. Wysyłany komunikat to AgentDiscovery (zobacz rozdział 3.7.1.11).

2. Czekaj jedną kolejkę na odpowiedzi.

3. Sprawdź średnią szybkość celów i sojuszników. Jeśli średnia szybkość celów jest mniejsza lub równa niż średnia szybkość napastników przemnożona przez odpowiedni współczynnik oraz jest widoczna więcej niż jedna ofiara, przejdź do kroku 4 (polowanie na wiele celów jednocześnie). W przeciwnym razie przejdź do kroku 7 (polowanie na wspólny cel). Wspominany współczynnik został wyznaczone eksperymentalnie w rozdziale 5.1.4.2.

4. Przydziel ofiary agentom biorącym udział w akcji (w ten sposób, aby suma odległości między agentami a ich ofiarami była najmniejsza).

5. Roześlij informacje o wybranym celu do każdego agenta wraz z informacją o agentach biorących udział w grupowej akcji. Wysyłane komunikaty to HuntingTogether oraz AgentsInGroup (zobacz rozdział 3.7.1.11).

6. Ustaw wybraną ofiarę jako cel i przejdź do stanu polowanie. Zakończ działanie w tym stanie (a więc również tę procedurę).

7. Wyznacz najłatwiejszy cel. Wybierana jest ofiara, dla której tak wyliczony współczynnik jest najmniejszy:

$$Współczynnik\ wyboru\ ofiary = dystans\ do\ ofiary * maksymalna\ szybkość\ ofiary$$

8. Przypisz agentom role (bezpośrednie polowanie, oskrzydlanie z prawej strony, oskrzydlanie z lewej strony) tak, aby suma odległości między agentami a punktami docelowymi (ofiara, lewe skrzydło, prawe skrzydło) była najmniejsza (np. agent znajdujący się z prawej strony ofiary powinien oskrzydlać ją z prawej a nie z lewej strony).

9. Ustal punkt docelowy w przypadku zgubienia ofiary (miejsce, do którego ofiara prawdopodobnie będzie uciekać).

10. Roześlij informacje o zadaniach do każdego agenta wraz z informacją o agentach biorących udział w grupowej akcji. Wysyłane komunikaty to HuntingTogether oraz AgentsInGroup (zobacz rozdział 3.7.1.11).

11. Ustaw odpowiednie zadanie (polowanie bezpośrednie lub oskrzydlanie) i przejdź do stanu polowanie. Zakończ działanie w tym stanie (a więc również tę procedurę).

#### 3.7.1.4 Procedura startu grupowej ucieczki

Poniżej znajduje się pseudokod omawianej procedury. Jest ona wywoływana w stanie myślenie (zobacz rozdział 3.7.1.2, krok 6 pseudokodu):

1. Wyślij zapytanie o chęć udziału we wspólnej ucieczce (agenci współpracują przy wyborze miejsc, gdzie należy uciekać). Wysyłany komunikat to AgentDiscovery (zobacz rozdział 3.7.1.11).

2. Czekaj jedną kolejkę na odpowiedzi.

3. Sprawdź średnią szybkość sojuszników i prędkość najszybszego napastnika. Jeśli średnia szybkość sojuszników jest większa lub równa niż prędkość najszybszego napastnika pomnożona przez odpowiedni współczynnik, przejdź do kroku 4 (wspólna ucieczka do jednego miejsca). W przeciwnym razie przejdź do kroku 7

(rozproszenie). Wspomniany współczynnik został wyznaczony eksperymentalnie w rozdziale 5.1.4.3.

4. Wyznacz miejsce ucieczki (tak, aby uciekając oddalać się od wszystkich napastników). Algorytm jego wyznaczania jest opisany w rozdziale 3.7.1.8.
5. Poinformuj wszystkich sojuszników o miejscu, do którego należy uciekać. Wysyłany komunikat to EscapeToPoint (zobacz rozdział 3.7.1.11).
6. Przejdź do stanu ucieczka. Zakończ działanie w tym stanie (a więc również tą procedurę).
7. Wyznacz punkty ucieczki dla wszystkich współpracujących agentów. Algorytm ich wyznaczania jest opisany w rozdziale 3.7.1.8.
8. Poinformuj wszystkich sojuszników o miejscach, gdzie mają uciekać. Wysyłane komunikaty to EscapeNow oraz GoToPoint (zobacz rozdział 3.7.1.11).
9. Przejdź do stanu ucieczka. Zakończ działanie w tym stanie (a więc również tę procedurę).

#### 3.7.1.5 Procedura startu grupowego zbierania informacji

Poniżej znajduje się pseudokod omawianej procedury. Jest ona wywoływana w stanie myślenie (zobacz rozdział 3.7.1.2, krok 7 pseudokodu):

1. Wyślij zapytanie o chęć udziału we wspólnym przeszukiwaniu mapy. Wysyłany komunikat to AgentDiscovery (zobacz rozdział 3.7.1.11).
2. Czekaj jedną kolejkę na odpowiedzi.
3. Sprawdź, czy poprzednie grupowe przeszukiwanie mapy przyniosło sukces (udało się odnaleźć przeciwnika). Jeśli tak, idź

do kroku 4 (wspólne przeszukiwanie jednego obszaru). Jeśli nie, idź do kroku 5 (przeszukiwanie wielu obszarów jednocześnie).

4. Ustal punkt (wylosuj go), do którego wszyscy powinni się udać (implikuje to obszar do zbadania). Następnie idź do kroku 7.
5. Wylosuj punkty do zobaczenia (implikuje to obszary do zbadania) – ilość punktów jest równa ilości agentów biorących udział w akcji.
6. Przydziel punkty agentom biorącym udział w akcji (w ten sposób, aby suma odległości między agentami a przydzielonymi im punktami była najmniejsza).
7. Ustal punkt spotkania po przeszukaniu obszaru.
8. Ustal czas spotkania (minimalny czas potrzebny na zbadanie obszarów przez agentów, jeśli nie dzieje się w nich nic interesującego).
9. Poinformuj współpracujących agentów o wyborze obszaru do zbadania, miejsca i czasu spotkania. Wysyłany komunikat to GetInformationTogether (zobacz rozdział 3.7.1.11).
10. Ustaw odpowiedni obszar do zbadania, czas i miejsce spotkania dla siebie.
11. Przejdź do stanu zbieranie informacji. Zakończ działanie w tym stanie (a więc również tę procedurę).

#### 3.7.1.6 Stan polowanie

Postać znajdująca się w stanie „polowanie" dąży do zabicia ofiary. Może robić to sama lub z partnerami. Wspólna akcja jest planowana podczas myślenia (zobacz rozdział 3.7.1.2), w tym stanie jest tylko wykonywana. Polowanie jest realizowane poprzez poruszanie się bezpośrednio w kierunku ofiary lub poprzez naganianie ofiary sojusznikom. W drugim przypadku agent stara się oskrzydlić ofiarę poruszając się równolegle do niej. Ma to na celu zamknięcie drogi ucieczki oraz ułatwienie ataku sojusznikom. W przypadku, gdy ofiara spróbuje jednak uciec asekurowanym przez taką postać skrzydłem, przechodzi ona do bezpośredniego ataku i stara się zabić przeciwnika, który zbyt blisko podszedł. Rysunek 71 (w rozdziale 5.1.6.2) pokazuje przykładowe grupowe polowanie uwzględniające oskrzydlanie ofiary.

Polując, agent skupia się na tym zadaniu i ignoruje większość wydarzeń, jakie zachodzą w pobliżu. Wyjątkiem jest pojawienie się napastnika bardzo blisko niego. W takim przypadku rozpoczyna on ucieczkę. W przypadku, gdy zagrożenie jest odległe, kontynuuje on polowanie, stale monitorując działania wroga.

Poniżej został przedstawiony pseudokod tego stanu:

1. Sprawdź, czy w pobliżu są sojusznicy nie biorący udziału w polowaniu (agent wie, z kim w danej chwili współpracuje). Jeśli tacy sojusznicy są w pobliżu, przejdź do kroku 2, jeśli nie, przejdź do kroku 5.

2. Jeśli polowanie jest akcją grupową, przejdź do kroku 3, jeśli nie, przejdź do kroku 4.

3. Poinformuj zauważonych sojuszników o celu polowania. Przejdź do kroku 5. Wysyłany komunikat to HuntingTogether (zobacz rozdział 3.7.1.11).

4. Przejdź do stanu myślenia, aby zaplanować grupową akcję. Zakończ działanie w tym stanie.

5. Jeśli słyszysz nieznane odgłosy i ustalony czas między spojrzeniami do tyłu minął, przejdź do kroku 6. Jeśli nie, przejdź do kroku 12.

6. Obróć się w kierunku, z którego pochodzi odgłos.

7. Jeśli odgłos pochodził od potencjalnego napastnika (napastnik nie znajduje się blisko - inaczej analizator zaplanowanych akcji

przekazałby sterowanie do stanu ucieczki), ustal czas do następnego spojrzenia do tyłu na 25 rund.

8. Jeśli odgłos pochodził od potencjalnej ofiary lub agenta neutralnego, ustal czas do następnego spojrzenia do tyłu na 100 rund.
9. Jeśli odgłos pochodził od sojusznika, ustal czas do następnego spojrzenia do tyłu na 500 rund.
10. Jeśli odgłos pochodził od sojusznika i polowanie jest akcją grupową, poinformuj zauważonego sojusznika o celu polowania. Wysyłany komunikat to HuntingTogether (zobacz rozdział 3.7.1.11).
11. Jeśli odgłos pochodził od sojusznika i polowanie nie jest akcją grupową, przejdź do stanu myślenia, aby zaplanować grupową akcję. Zakończ działanie w tym stanie.
12. Przemieść się w kierunku punktu docelowego (położenie agenta lub punkt służący do jego oskrzydlenia).
13. Jeśli widzisz agenta, odśwież położenie punktu docelowego. Jeśli agent poluje bezpośrednio na ofiarę, ustal punkt docelowy jako położenie agenta. Jeśli agent oskrzydla, ustal punkt docelowy z odpowiednim przesunięciem (np. 3 jednostki na lewo od agenta, jeśli oskrzydlasz z lewej).
14. Jeśli ofiara jest bardzo blisko (mniej niż 2 jednostki odległości), a celem jest oskrzydlenie ofiary, zmień cel na zabicie ofiary.
15. Jeśli zgubiłeś ofiarę i jest to akcja grupowa, zmień cel na przewidywane miejsce ucieczki ofiary.
16. Jeśli zgubiłeś ofiarę, jest to akcja grupowa i jesteś w przewidywanym miejscu ucieczki ofiary, zmień stan na myślenie. Zakończ działanie w tym stanie.

17. Jeśli zgubiłeś ofiarę i nie jest to akcja grupowa, przejdź do stanu myślenie. Zakończ działanie w tym stanie.

### 3.7.1.7 Stan ucieczka

Gdy agent jest zagrożony, zmienia stan na ucieczkę. W takim przypadku stara się on przemieścić w bezpieczniejszy rejon świata. Przemieszczając się w kierunku spokojniejszych obszarów, agent stale obserwuje napastników, korygując trasę ucieczki. Rysunek 29 ukazuje przykładową korektę trasy ucieczki po zauważeniu nowego zagrożenia. Agent 1 ucieka przed numerem 2. Po pojawieniu się kolejnego napastnika (nr 3) koryguje on trasę żeby oddalać się od obydwóch. Postać kończy ucieczkę, gdy uda jej się odejść dostatecznie daleko od wszystkich widzianych zagrożeń. Przechodzi ona wtedy do stanu myślenie (zobacz rozdział 3.7.1.2).

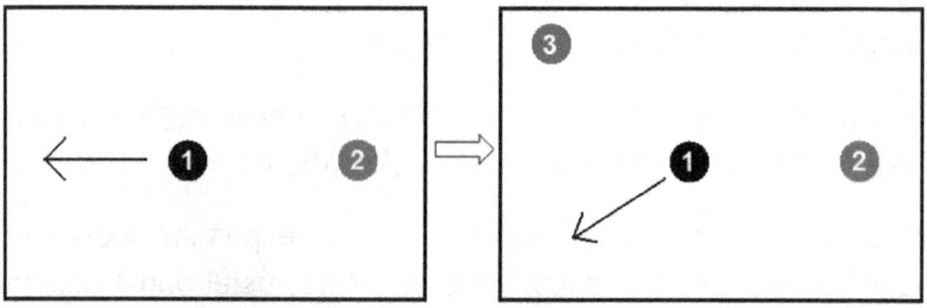


Rysunek 29. Korekcja trasy ucieczki

Poniżej został przedstawiony pseudokod tego stanu:

1. Przemieść się w kierunku punktu docelowego (potencjalnie bezpieczne miejsce).
2. Jeśli w pobliżu agenta są ofiary minimum dwa razy bliżej niż najbliższy napastnik oraz ucieczka trwa co najmniej 20 kolejek, przejdź do stanu myślenie, żeby ocenić, czy warto na te ofiary zapolować, czy należy dalej uciekać.
3. Aktualizuj punkt ucieczki, jeśli napastnicy są widoczni. Algorytm wyznaczania miejsca ucieczki został opisany w rozdziale 3.7.1.8.

4. Jeśli znajdujesz się w punkcie docelowym ucieczki, przejdź do stanu myślenie. Zakończ działanie w tym stanie.

### 3.7.1.8 Algorytm wyznaczający miejsce ucieczki

Poniżej znajduje się pseudokod omawianego algorytmu. Jest on wywoływany w stanie myślenie przez procedurę startu grupowej ucieczki (zobacz rozdział 3.7.1.4, kroki 4 i 7 pseudokodu) oraz w stanie ucieczka (zobacz rozdział 3.7.1.7, krok 3 pseudokodu).

1. Wyznacz proste łączące agenta ze wszystkimi napastnikami. Proste te dzielą świat na obszary.
2. Wyznacz proste przecinające powstałe obszary na pół.
3. Wyznacz wagę każdej prostej przechodzącej przez centrum obszaru. Jest ona równa sumie po wszystkich napastnikach:

   $$Waga\ wnoszona\ przez\ napastnika = \frac{szybkość\ napastnika}{dystans\ do\ napastnika * kąt},$$

   gdzie kąt oznacza kąt między prostą, której waga jest wyznaczana a prostą łączącą agenta z napastnikiem
4. Prosta posiadająca najmniejszą wagę jest kierunkiem ucieczki.
5. Jeśli ucieczka jest samodzielna lub wielu agentów ucieka do jednego punktu, przejdź do kroku 6. Jeśli agenci się rozpraszają, przejdź do punktu 7. To, kiedy agenci rozpraszają się, opisane jest w rozdziale 3.7.1.4.
6. Wyznacz miejsce ucieczki jako punkt oddalony o zadaną odległość (10 jednostek) od agenta, leżący na wybranej prostej. Zakończ procedurę.
7. Jeśli kąt między prostymi ograniczającymi obszar ucieczki (obszar przez, który przechodzi najlepsza prosta) jest większy niż 270 stopni, zmniejsz obszar trzykrotnie (obetnij po 1/3 z każdej ze stron). W przeciwnym razie zmniejsz go dwukrotnie (obetnij po 1/4 z każdej ze stron).

8. Przeprowadź przez taki obszar n (n – ilość uciekających agentów) prostych wychodzących z jego wierzchołka tak, aby kąty między sąsiednimi prostymi były równe (pierwsza prosta pokrywa się z początkiem obszaru, druga z końcem).

9. Wyznacz miejsca ucieczki jako punkty oddalone o zadaną odległość (10 jednostek) od agenta, leżący na wybranych prostych. Zakończ procedurę.

Rysunek 30 objaśnia przedstawianą procedurę na przykładzie ucieczki przed trzema napastnikami. Agenci czarni uciekają przed szarymi. Szare proste dzielą świat na obszary (pierwszy krok algorytmu). Czarne proste połowią obszary (drugi krok algorytmu.) Z lewej została pokazana sytuacja, gdy wyznaczany jest pojedynczy kierunek ucieczki. Z prawej wyznaczane były 3 kierunki ucieczki (jeden dla każdego agenta).

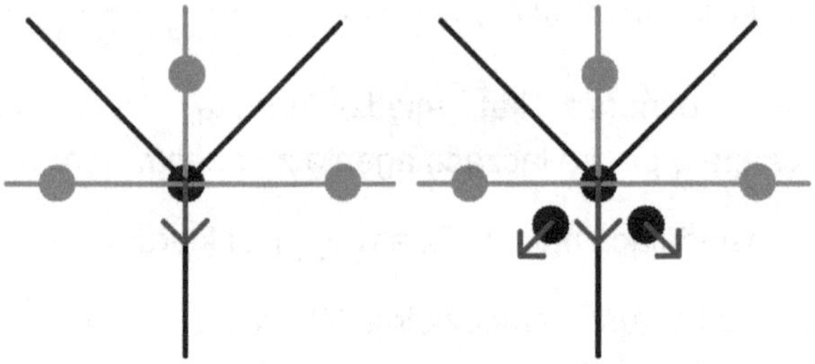

Rysunek 30. Wyznaczanie kierunku ucieczki

### 3.7.1.9 Stan zbieranie informacji

Zbieranie informacji to stan, w którym postać przemierza pewien obszar, szukając w nim ofiar. Może ono występować w trzech odmianach. Pierwszą z nich jest samodzielne działanie. Agent osobiście bada kolejne miejsca. Druga możliwość to przeszukiwanie jednego obszaru wspólnie. Postacie poruszają się w grupie w poszukiwaniu przeciwników. W przypadku znalezienia ofiary taktyka ta daje przewagę, ponieważ możliwe jest wspólne polowanie. Trzecia opcja to rozdział sektorów świata między agentów, którzy udają się do nich w celu ich przebadania. Po sprawdzeniu danego miejsca postacie wracają do umówionego punktu na spotkanie, gdzie mogą znów ustalić wspólną akcję. W przypadku ostatniej taktyki wybór obszarów do sprawdzenia jest dokonywany wcześniej w stanie „myślenie". Chwilę wcześniej rozstrzyga się, która opcja zostanie zastosowana. (zobacz rozdział 3.7.1.2)

Poniżej został przedstawiony pseudokod tego stanu:

1. Sprawdź, czy w pobliżu są sojusznicy nie biorący udziału w zbieraniu informacji (agent wie, z kim w danej chwili współpracuje). Jeśli tacy sojusznicy są w pobliżu, przejdź do kroku 2, jeśli nie, przejdź do kroku 5.

2. Jeśli zbieranie informacji jest akcją grupową, przejdź do kroku 3, jeśli nie, przejdź do kroku 4.

3. Poinformuj zauważonych sojuszników o miejscu spotkania. Przejdź do kroku 5. Wysyłany komunikat to GetInformationTogether (zobacz rozdział 3.7.1.11).

4. Przejdź do stanu myślenia, aby zaplanować grupową akcję. Zakończ działanie w tym stanie.

5. Sprawdź, czy w pobliżu są ofiary. Jeśli tak, przejdź do kroku 6, jeśli nie, przejdź do kroku 8.

6. Jeśli zbieranie informacji jest akcją grupową, a ofiara jest bardzo szybka (jej szybkość maksymalna jest co najmniej 2.5 razy większa niż szybkość rozważanego agenta), zapisz ofiarę na liście bardzo silnych celów i przejdź do kroku 8. W przeciwnym razie przejdź do kroku 7.

7. Przejdź do stanu polowanie, ustawiając widzianą ofiarę jako aktualny cel. Zakończ działanie w tym stanie.

8. Zrób krok do przodu w kierunku docelowego punktu.

9. Jeśli zbadałeś już obszar docelowy (znajdujesz się w odpowiednim punkcie), przejdź do punktu 10. Jeśli nie, zakończ działania w tej turze.

10. Jeśli to akcja grupowa, przejdź do punktu 11. W przeciwnym wypadku przejdź do stanu myślenie. Zakończ działanie w tym stanie.

11. Jeśli punktem docelowym było miejsce spotkania, przejdź do punktu 12. Jeśli nie, przejdź do punktu 13.

12. Jeśli czas do spotkanie upłynął, przejdź do stanu myślenie i zakończ działanie w tym stanie. Jeśli nie, zakończ działania w tej turze.

13. Zmień punkt docelowy na miejsce spotkania z sojusznikami.

### 3.7.1.10 Stan patrol

Agent może rozpocząć swoje działania w stanie patrol. W takim przypadku, przemieszcza się on między wyznaczonymi punktami, czekając na pojawienie się przeciwnika. Gdy go zauważy, podejmuje działania, nie wracając już nigdy do tego stanu. Poniżej przedstawiony został pseudokod stanu patrol.

1. Sprawdź czy w pobliżu są napastnicy lub ofiary. Jeśli tak to przejdź do stanu myślenia i zakończ działanie w tym stanie. Jeśli nie to przejdź do punktu 2.

2. Sprawdź, czy jesteś w punkcie docelowym. Jeśli tak, idź do kroku 4, jeśli nie, idź do kroku 3.

3. Zrób krok do przodu w kierunku docelowego punktu. Zakończ działania w tej turze.

4. Jeśli punkt docelowy jest ostatni na liście miejsc do patrolowania, idź do kroku 5. W przeciwnym razie idź do kroku 6.

5. Ustaw pierwszy punkt, z listy miejsc do patrolowania, jako punkt docelowy. Zakończ działania w tej turze.

6. Ustaw kolejny punkt, z listy miejsc do patrolowania, jako punkt docelowy. Zakończ działania w tej turze.

#### 3.7.1.11 Wykorzystywane komunikaty

Komunikaty wykorzystywane przez agenta wraz z opisem ich działania zostały przedstawione poniżej:

- AgentDiscovery
    - Skierowany do wszystkich sojuszników
    - Jest to zapytanie o chęć wzięcia udziału w grupowej akcji. Jeśli agent wyraża taką chęć (nie bierze udziału w żadnej innej grupowej akcji i nie czuje się zagrożony), odpowiada komunikatem AgentReady (przeznaczonym dla nadawcy tego komunikatu) i przechodzi do stanu myślenie, czekając na instrukcje. Ponadto wysyła on komunikat AgentsSeen zawierający informacje o widzianych agentach.
- AgentReady
    - Skierowany do zdefiniowanego odbiorcy
    - Zgłoszenie chęci udziału w grupowej akcji. Nadawca jest dopisywany do listy agentów biorących udział w akcji.
- AgentsInGroup
    - Skierowany do wszystkich sojuszników
    - Przekazanie informacji na temat agentów biorących udział w grupowej akcji.
- AgentsSeen
    - Skierowany do wszystkich sojuszników
    - Przekazanie informacji na temat aktualnie widzianych agentów oraz zapamiętanych bardzo silnych ofiar.
- EscapeNow
    - Skierowany do wszystkich sojuszników
    - Informacja o konieczności ucieczki (jest zagrożenie w pobliżu). Agent w odpowiedzi na komunikat przechodzi do stanu ucieczka.
- EscapeToPoint
    - Skierowany do wszystkich sojuszników

- Informacja, o konieczności ucieczki (jest zagrożenie w pobliżu) wraz ze wskazaniem miejsca, do którego należy uciekać. Agent w odpowiedzi na komunikat przechodzi do stanu ucieczka i rozpoczyna poruszanie się w kierunku wskazanego punktu.

- GetInformationTogether
  - Skierowany do zdefiniowanego odbiorcy
  - Przekazanie informacji o tym, gdzie dany agent powinien zbierać informacje oraz gdzie znajduje się miejsce spotkanie i kiedy należy się do niego udać. Agent po przeczytaniu tych informacji przechodzi do stanu zbierania informacji.
- GoToPoint
  - Skierowany do zdefiniowanego odbiorcy
  - Sugestia, że agent powinien udać się do określonego punktu. Agent przyjmując sugestię, ustawia wskazany punkt jako docelowy. Nie zmienia on jednak stanu, w którym się aktualnie znajduje.
- HuntingTogether
  - Skierowany do wszystkich sojuszników
  - Informacja o tym, jaką agent powinien pełnić funkcję w czasie polowania (bezpośrednie polowanie, oskrzydlanie z prawej lub lewej strony). Agent po przeczytaniu tych informacji przechodzi do stanu polowanie.
- TargetUpdate
  - Skierowany do zdefiniowanego odbiorcy
  - Aktualizacja informacji na temat celów agenta (cel się przemieścił). Agent wykorzystuje te informacje, jeśli poluje na cel, o którym jest mowa w komunikacie.
- Tramp
  - Skierowany do wszystkich (wysyłany automatycznie w czasie chodzenia, zastępuje też niezrozumiałe komunikaty)

- Komunikat, którego treści nie da się zidentyfikować. Może to być odgłos kroków lub komunikat wysłany przez inny typ agenta.

### 3.7.2 Agenci wykorzystujący tylko mapy wpływów

W rozdziale tym zostali opisani agenci wykorzystujący jeden moduł sztucznej inteligencji, wybierający akcje do wykonania w oparciu o mapy wpływów. Po ogólnym opisie został umieszczony pseudokod działania postaci oraz opis komunikatów wykorzystywanych przez ten rodzaj postaci. Opis wykorzystywanej techniki (map wpływów) znajduje się w rozdziale 3.4.4.2.

#### 3.7.2.1 Ogólny opis

Algorytm działania agentów wykorzystujących mapy wpływów jest bardzo prosty. W każdej turze postać nanosi na mapę informacje pomagające jej podejmować decyzje, gdzie najkorzystniej będzie się znaleźć. Na podstawie takiej informacji wybierane jest miejsce, do którego należy się udać (obszar, który posiada największą wartość).

Agenci są w stanie zabijać ofiary, ponieważ miejsca, w których one stoją, wnoszą znaczny wpływ. Dzięki temu w przypadku zauważenia ofiary, w większości przypadków, agent skieruje się właśnie na nią. Nie będzie tak zawsze, ponieważ gdy obok ofiary pojawi się napastnik, jego negatywny wpływ zniweluje wartość wnoszoną przez ofiarę. Jest to jednak korzystna cecha, ponieważ postać nie powinna angażować się w polowanie w sytuacji, gdy w jego następstwie sama może zostać zabita.

Współpraca między agentami opartymi o mapy wpływów ogranicza się do wymiany informacji, które pozwalają na podejmowanie optymalnych decyzji.

#### 3.7.2.2 Działania agenta

Poniżej został przedstawiony pseudokod działania agenta:

1. Wykonaj ruch w kierunku punktu docelowego.

2. Dodaj zauważonych agentów do mapy.

3. Przelicz spadki wpływu niewidzianych agentów oraz wzrosty wpływu niewidzianych pól.

4. Jeśli punkt docelowy nie został osiągnięty, zakończ działanie w tej turze. W przeciwnym razie idź do punktu 5.

5. Wyślij do sojuszników wiadomość z prośbą o informacje na temat widzianych przez nich agentów (tak, aby mapa wpływów była jak najbardziej aktualna). Wysyłany komunikat to AgentDiscovery (zobacz rozdział 3.7.2.3).

6. Czekaj jedną turę na odpowiedzi.

7. Zbuduj mapę wpływów na podstawie aktualnych informacji.

8. Wybierz punkt docelowy (centrum elementu mapy o największej wartości).

Analizator zaplanowanych akcji działa według następującego pseudokodu:

1. Sprawdź czy punkt docelowy jest wyznaczony przez analizator zaplanowanych akcji. Jeśli tak to przejdź do punktu 4. W przeciwnym razie przejdź do punktu 2.
2. Sprawdź, czy nie ma w pobliżu napastników. Jeśli bardzo blisko (nie dalej niż 3 jednostki odległości lub nie dalej niż 2 jednostki odległości przemnożone przez stosunek średniej szybkości typu napastnika i szybkości rozważanego agenta) znajduje się jakiś napastnik, skasuj punkt docelowy, wykonaj kroki 2, 3, 7, 8 poprzedniego pseudokodu i przejdź do punktu 3. W przeciwnym razie przejdź do punktu 4.

3. Wykonaj ruch w kierunku punktu docelowego. Zakończ działanie analizatora zaplanowanych akcji.

4. Wykonaj zaplanowaną akcję (jeśli lista nie jest pusta) lub przejdź do wykonania właściwego kodu (opisany poprzednim pseudokodem).

#### 3.7.2.3 Wykorzystywane komunikaty

Komunikaty wykorzystywane przez agenta wraz z opisem ich działania zostały przedstawione poniżej:

- AgentDiscovery
  - Skierowany do wszystkich sojuszników
  - Komunikat ten służy do znalezienia sojuszników w okolicy. Sojusznicy odpowiadają komunikatem AgentsSeen. Dzięki temu agent uzyskuje informacje na temat swojego otoczenia.
- AgentsSeen
  - Skierowany do wszystkich sojuszników
  - Przekazanie informacji na temat aktualnie widzianych agentów.
- Tramp
  - Skierowany do wszystkich (wysyłany automatycznie w czasie chodzenia, zastępuje też niezrozumiałe komunikaty)
  - Komunikat, którego treści nie da się zidentyfikować. Może to być odgłos kroków lub komunikat wysłany przez inny typ agenta. Agent nanosi informacje o nim na mapę wpływu w celu zwrócenia uwagi na obszar, z którego pochodzi.

### 3.7.3 Agenci wykorzystujący tylko drzewa gier

W rozdziale tym zostali opisani agenci wykorzystujący jeden moduł sztucznej inteligencji, wybierający akcje do wykonania w oparciu o drzewa gier. Po ogólnym opisie został umieszczony pseudokod działania postaci i procedury startu grupowego polowania oraz opis komunikatów wykorzystywanych przez ten rodzaj postaci. Opis wykorzystywanej techniki (drzewa gier) znajduje się w rozdziale 3.4.4.3.

### 3.7.3.1 Ogólny opis

Agenci omówieni w tym rozdziale wykorzystują drzewa gier do zaplanowania wspólnego polowania. Tak jak agenci stanowi przed podjęciem akcji rozglądają się oni w celu identyfikacji sojuszników i wrogów. Jeśli zagrażają im napastnicy, każdy z nich oddala się w kierunku, który uzna za stosowny. W przeciwnym wypadku, jeśli w pobliżu są ofiary, pytają oni innych o możliwość współpracy. Kiedy już wiadomo, ile postaci weźmie udział w polowaniu, przy pomocy drzewa gry analizowane są ścieżki, którymi cel może uciekać. Następnie ścieżki te są rozdzielane między uczestników akcji, tak aby jeden agent atakował bezpośrednio, a pozostali odcinali wszystkie możliwe drogi ucieczki.

Jeśli żadni przeciwnicy nie są widoczni, postacie poszukują ofiar na mapie. Nie czynią tego jednak w sposób skoordynowany. Rysunek 70 (w rozdziale 5.1.6.1) pokazuje przykładowe grupowe polowanie w celu odcięcia ofierze wszystkich dróg ucieczki.

### 3.7.3.2 Działania agenta

Poniżej został przedstawiony pseudokod działania agenta:

1. Wykonaj ruch w kierunku punktu docelowego.
2. Przeanalizuj typy agentów znajdujących się w pobliżu (czy są tam sojusznicy, ofiary lub napastnicy).
3. Jeśli wybrana jest ofiara i jest ona widoczna, aktualizuj jej położenie w pamięci.
4. Jeśli widoczni są napastnicy oceń czy należy rozpocząć ucieczkę. Jeśli tak (zagrożenie jest duże, a możliwość zabicia ofiary mała) wyznacz miejsce, w które należy uciekać. Staje się ono nowym punktem docelowym. Jeśli wybrana była ofiara, porzuć ten wybór. Zakończ działanie w tej turze. Używany jest ten sam algorytm, co w przypadku agentów wykorzystujących

automaty stanów (zobacz rozdział 3.7.1.8). Jeśli nie trzeba rozpoczynać ucieczki, przejdź do następnego punktu.

5. Jeśli ofiara jest wyznaczona i agent znajduje się w punkcie docelowym, idź do kroku 6. W przeciwnym wypadku idź do kroku 8.

6. Jeśli punktem docelowym było położenie, w którym widziano ofiarę po raz ostatni, porzuć ofiarę (agent nie będzie w danej chwili polował na tą ofiarę).

7. Jeśli polowanie było grupowe, a rolą agenta było odcięcie drogi ucieczki, ustaw kolejny element ścieżki jako punkt docelowy. Jeśli agent doszedł do końca ścieżki, ustaw położenie, w którym widziano ofiarę po raz ostatni jako punkt docelowy.

8. Jeśli widoczne są ofiary i agent nie ma wyznaczonej ofiary, na którą obecnie poluje, przejdź do punktu 9. W przeciwnym razie przejdź do punktu 12.

9. Wybierz ofiarę (preferowane są wolne ofiary znajdujące się blisko). Jeśli widoczni są sojusznicy, przejdź do punktu 11. W przeciwnym razie idź do punktu 10.

10. Ustaw położenie ofiary jako punkt docelowy. Zakończ działanie w tej turze.

11. Rozpocznij procedurę startu grupowego polowania (zobacz rozdział 3.7.3.3).

12. Jeśli agent nie ma wyznaczonej ofiary, wylosuj punkt docelowy (nie ma w pobliżu przeciwników, więc losujemy punkt, w którym będziemy ich szukać).

Analizator zaplanowanych akcji działa według następującego pseudokodu:

1. Sprawdź czy punkt docelowy jest wyznaczony przez analizator zaplanowanych akcji. Jeśli tak to przejdź do punktu 4. W przeciwnym razie przejdź do punktu 2.
2. Sprawdź, czy nie ma w pobliżu napastników. Jeśli bardzo blisko (nie dalej niż 3 jednostki odległości lub nie dalej niż 2 jednostki odległości przemnożone przez stosunek średniej szybkości typu napastnika i szybkości rozważanego agenta) znajduje się jakiś napastnik, wyznacz miejsce, w które należy uciekać. Staje się ono nowym punktem docelowym. Jeśli wybrana była ofiara, porzuć ten wybór. Używany jest ten sam algorytm, co w przypadku agentów wykorzystujących automaty stanów (zobacz rozdział 3.7.1.8). Następnie przejdź do punktu 3. Jeśli bardzo blisko nie ma napastników, przejdź do punktu 4.
3. Wykonaj ruch w kierunku punktu docelowego. Zakończ działanie analizatora zaplanowanych akcji.
4. Wykonaj zaplanowaną akcję (jeśli lista nie jest pusta) lub przejdź do wykonania właściwego kodu (opisany poprzednim pseudokodem).

### 3.7.3.3 Procedura startu grupowego polowania

Poniżej znajduje się pseudokod omawianej procedury. Jest ona wywoływana w celu ustalenia ról przy grupowym polowaniu (zobacz rozdział 3.7.3.2, krok 11 pseudokodu):

1. Wyślij zapytanie o chęć udziału w grupowej operacji. Wysyłany komunikat to AgentDiscovery (zobacz rozdział 3.7.3.4).
2. Czekaj jedną kolejkę na odpowiedzi.
3. Znajdź możliwe ścieżki ucieczki ofiary. Używane jest do tego drzewo gier. Wyznaczanie możliwych dróg z danego położenia zostało opisane w rozdziale 3.4.4.3.
4. Przydziel ścieżki ucieczki agentom biorącym udział w polowaniu (jeden agent poluje bezpośrednio na cel, pozostali odcinają drogi

ucieczki) w ten sposób, aby suma odległości agentów od końców przypisanych im ścieżek była najmniejsza.

5. Jeśli agentowi została przypisana ścieżka, zapisz ją, jeśli nie, ustaw polowanie bezpośrednio na cel.
6. Poinformuj sojuszników o przydzielonych zadaniach. Wysyłany komunikat to HuntingInArea (zobacz rozdział 3.7.3.4).

#### 3.7.3.4 Wykorzystywane komunikaty

Komunikaty wykorzystywane przez agenta wraz z opisem ich działania zostały przedstawione poniżej:

- AgentDiscovery
  - Skierowany do wszystkich sojuszników
  - Jest to zapytanie o chęć wzięcia udziału w grupowej akcji. Jeśli agent wyraża taką chęć (nie bierze udziału w żadnej innej grupowej akcji i nie czuje się zagrożony), odpowiada komunikatem AgentReady (przeznaczonym dla nadawcy tego komunikatu) i czeka na instrukcje. Ponadto wysyła on komunikat AgentsSeen zawierający informacje o widzianych agentach.
- AgentReady
  - Skierowany do zdefiniowanego odbiorcy
  - Zgłoszenie chęci udziału w grupowej akcji. Nadawca jest dopisywany do listy agentów biorących udział w akcji.
- AgentsSeen
  - Skierowany do wszystkich sojuszników
  - Przekazanie informacji na temat aktualnie widzianych agentów.
- HuntingInArea
  - Skierowany do zdefiniowanego odbiorcy
  - Komunikat ten przekazuje informacje niezbędne do grupowego polowania. Wskazuje on, czy agent powinien odcinać ofierze drogi ucieczki, czy też powinien zapolować

bezpośrednio. W pierwszym przypadku wskazuje on również, którą drogę ucieczki należy zabezpieczyć.

- Tramp
  - Skierowany do wszystkich (wysyłany automatycznie w czasie chodzenia, zastępuje też niezrozumiałe komunikaty)
  - Komunikat, którego treści nie da się zidentyfikować. Może to być odgłos kroków lub komunikat wysłany przez inny typ agenta.

### 3.7.4 Agenci wykorzystujący tylko sieci neuronowe

W rozdziale tym zostali opisani agenci wykorzystujący jeden moduł sztucznej inteligencji, wybierający akcje do wykonania w oparciu o sieci neuronowe. Po ogólnym opisie został umieszczony pseudokod działania postaci oraz opis komunikatów wykorzystywanych przez ten rodzaj postaci. Opis wykorzystywanej techniki (sieci neuronowe) znajduje się w rozdziale 3.4.4.4.

#### 3.7.4.1 Ogólny opis

Ten rodzaj agentów wykorzystuje sieć neuronową, aby wyznaczyć strefę wymagającą uwagi. Po dostarczeniu na wejście sieci wszystkich niezbędnych informacji postać otrzymuje odpowiedź, gdzie powinna się udać (Wejścia i wyjścia takiej sieci zostały opisane w rozdziale 3.4.4.4.). Następnie obszar taki jest analizowany dokładnie i wyznaczane są w nim konkretne cele. Może to być punkt, w którym znajduje się ofiara lub po prostu punkt odpowiednio odległy od obecnego położenia (strefa może być wskazana, jeśli warto w niej polować lub jeśli w przeciwległym obszarze znajdują się napastnicy, od których należy uciekać).

#### 3.7.4.2 Działania agenta

Poniżej został przedstawiony pseudokod działania agenta:

1. Zrób krok w kierunku punktu docelowego.

2. Aktualizuj czasy, w jakich poszczególne obszary świata nie były widziane.

3. Jeśli agent znajduje się w punkcie docelowym, przejdź do kroku 4. W przeciwnym razie zakończ działanie w tej turze.

4. Wyślij do sojuszników wiadomość z prośbą o informacje na temat widzianych przez nich agentów (tak, aby wejście do sieci neuronowej było jak najbardziej aktualne). Wysyłany komunikat to AgentDiscovery (zobacz rozdział 3.7.4.3).

5. Czekaj jedną turę na odpowiedzi.

6. Ustal wartości wejść reprezentujących strefy widzenia.

7. Ustal wartości wejść reprezentujących strefy pochodzenia zapachów.

8. Ustal wartości wejść reprezentujących jak dawno strefy nie były widziane oraz reprezentujących odgłosy pochodzące z nich.

9. Użyj sieci neuronowej do wyznaczenia, którą strefą agent powinien się zainteresować.

10. Jeśli w strefie docelowej znajdują się ofiary, ustaw położenie najbliższej jako punkt docelowy.

11. Jeśli w strefie docelowej nie ma przeciwników, ustaw punkt znajdujący się w środku tej strefy oddalony o 5 jednostek od agenta jako docelowy.

Analizator zaplanowanych akcji działa według następującego pseudokodu:

1. Sprawdź czy punkt docelowy jest wyznaczony przez analizator zaplanowanych akcji. Jeśli tak to przejdź do punktu 4. W przeciwnym razie przejdź do punktu 2.
2. Sprawdź, czy nie ma w pobliżu napastników. Jeśli bardzo blisko (nie dalej niż 3 jednostki odległości lub nie dalej niż 2 jednostki odległości przemnożone przez stosunek średniej szybkości typu

napastnika i szybkości rozważanego agenta) znajduje się jakiś napastnik, skasuj punkt docelowy, wykonaj kroki 2 oraz 6-11 poprzedniego pseudokodu i przejdź do punktu 3. W przeciwnym razie przejdź do punktu 4.

3. Wykonaj ruch w kierunku punktu docelowego. Zakończ działanie analizatora zaplanowanych akcji.

4. Wykonaj zaplanowaną akcję (jeśli lista nie jest pusta) lub przejdź do wykonania właściwego kodu (opisany poprzednim pseudokodem).

### 3.7.4.3 Wykorzystywane komunikaty

Komunikaty wykorzystywane przez agenta wraz z opisem ich działania zostały przedstawione poniższej:

- AgentDiscovery
  - Skierowany do wszystkich sojuszników
  - Komunikat ten służy do znalezienia sojuszników w okolicy. Sojusznicy odpowiadają komunikatem AgentsSeen. Dzięki temu agent uzyskuje informacje na temat swojego otoczenia.
- AgentsSeen
  - Skierowany do wszystkich sojuszników
  - Przekazanie informacji na temat aktualnie widzianych agentów.
- Tramp
  - Skierowany do wszystkich (wysyłany automatycznie w czasie chodzenia, zastępuje też niezrozumiałe komunikaty)
  - Komunikat, którego treści nie da się zidentyfikować. Może to być odgłos kroków lub komunikat wysłany przez inny typ agenta. Komunikaty te służą do ustalania wartości wejść reprezentujących dźwięki.

### 3.7.5 Agenci wykorzystujący automaty stanów, mapy wpływów i drzewa gier

W rozdziale tym zostali opisani agenci wykorzystujący trzy moduły sztucznej inteligencji, wybierające akcje do wykonania w oparciu o automaty stanów, mapy wpływów i drzewa gier. Algorytm decydujący kiedy dany moduł powinien być używany powstał w oparciu o testy opisane w rozdziale 5.1.

Połączenie tych technik powinno skutkować stworzeniem agenta konkurencyjnego w stosunku do postaci z gier komputerowych dostępnych na rynku. W rozdziałach 5.2 – 5.3 przeprowadzono testy, w celu sprawdzenia, czy agent rzeczywiście potrafi radzić sobie w sytuacjach często spotykanych w grach komputerowych. Opis wykorzystywanych technik znajduje się w rozdziałach 3.4.4.1 – 3.4.4.3.

Elementem wartym podkreślenie jest stosunkowo niewielka ilość kodu jaki trzeba napisać w celu utworzenia nowego agenta (większość pseudokodu w tym rozdziale to kod wywołujący już zaimplementowane funkcjonalności z zaadaptowanych modułów).

#### 3.7.5.1 Ogólny opis

Agent ten wykorzystuje moduły sztucznej inteligencji stworzone na potrzeby agentów opisanych w poprzednich rozdziałach. Z tego powodu kluczowym wyzwaniem było stworzenie modułu, który w efektywny sposób połączy istniejące już techniki. Moduł ten działa według schematu:

1. Wykonaj kroki 2 i 3 z modułu sterującego agentem opartym o mapy wpływów (nanoszenie widzianej informacji na mapę).
2. Wywołaj kod, który pokieruje działaniem agenta.

Taki schemat działania został wybrany, aby mapa wpływów była aktualna i gotowa do użycia, w momencie kiedy jest potrzebna (zobacz następny rozdział). W kroku drugim, w większości przypadków wywoływany jest kod z modułu zapożyczonego od agenta opartego o automat stanów (opisanego w rozdziale 3.7.1). Od tego agenta został również przejęty analizator zaplanowanych akcji. Dlatego w następnych rozdziałach zostaną pokazane tylko pseudokody procedur, w których wykorzystywane są pozostałe moduły sztucznej inteligenci.

### 3.7.5.2 Procedura startu grupowego zbierania informacji

Procedura startu grupowego zbierania informacji różni się od pierwowzoru sposobem wyznaczania punktów do zobaczenia. Zamiast losowania, do wyboru punktów używane są informacje z mapy wpływów. Zarówno w przypadku działań indywidualnych jak i wspólnych (przeszukiwanie jednego oraz wielu miejsc) wybierane są strefy o wysokich wpływach. W nich jest największe prawdopodobieństwo odnalezienia ofiary lub innych sojuszników. Dodatkowo we wskazanych obszarach jest niewielka szansa na spotkanie napastnika. Wybierane są punkty, którym przypisane są najwyższe wartości na mapie wpływów. Dodatkowym warunkiem jest to, że punkty te muszą być oddalone od siebie minimum o dystans opisany poniższym wzorem:

$$Minimalny\ dystans\ między\ punktami = \frac{\text{mniejszy wymiar świata (szerokość lub długość)}}{\sqrt{ilość\ agentów\ biorących\ udział\ w\ akcji}}$$

W czasie startu grupowego zbierania informacji wykonywany jest kod z modułu zawierającego automat stanów (zobacz rozdział). Jednak zamiast kroku 4 tego pseudokodu wykonywane są następujące akcje:

1. Wykonaj krok 7 z modułu sterującego agentem opartego o mapy wpływów (zbudowanie mapy wpływów).

2. Wybierz punkt o największej wartości na mapie wpływów.

Natomiast zamiast kroku 5:

1. Wykonaj krok 7 z modułu sterującego agentem opartego o mapy wpływów (zbudowanie mapy wpływów).

2. Wyznacz minimalną odległość między punktami. (zobacz powyższy wzór)
3. Sprawdź, czy wybrano dostateczną ilość punktów. Jeśli tak, to zakończ, jeśli nie, to przejdź do kroku 4.
4. Wybierz punkt o najwyższej wartości na mapie wpływów spośród punktów odpowiednio odległy od dotychczas znalezionych punktów (odległość wyznaczono w kroku 2).
5. Przejdź do kroku 3.

### 3.7.5.3 Procedura startu grupowego polowania

Procedura startu grupowego polowania jest również zbliżona do pierwowzoru. Różnicą jest podejście do otaczania wspólnej ofiary. W pewnych przypadkach używane są drzewa gier w celu ustalenia ścieżek ucieczki ofiary. Pseudokod tej procedury jest następujący:

1. Wykonaj kroki 1-7 z procedury startu grupowego polowania z modułu sterującego agentem opartego o automaty stanów.
2. Wykonaj krok 3 z procedury startu grupowego polowania z modułu sterującego agentem opartego o drzewa gier.
3. Jeśli najdłuższa ścieżka przechodzi przez mniej niż 5 elementów siatki nawigacyjnej, idź do kroku 4 (prawdopodobnie teren jest otwarty lub jest niewiele przeszkód – lepiej oskrzydlać). W przeciwnym razie przejdź do kroku 5 (teren z przeszkodami – lepiej odcinać potencjalne drogi ucieczki).
4. Wykonaj kroki 8-11 z procedury startu grupowego polowania z modułu sterującego agentem opartego o automaty stanów. Zakańcza to działanie w tym stanie (a więc również tę procedurę).
5. Wykonaj kroki 4 i 6 z procedury startu grupowego polowania z modułu sterującego agentem opartego o drzewa gier.

6. Ustaw odpowiednie zadanie (polowanie bezpośrednie lub odcięcie drogi ucieczki) i przejdź do stanu polowanie. Zakończ działanie w tym stanie (a więc również tę procedurę).

#### 3.7.5.4 Stan polowanie

Drugim zmienionym stanem w stosunku do pierwowzoru jest stan polowania. Uwzględniono w nim odcinanie drogi ucieczki wyznaczonej przez drzewo gry. Jego pseudokod znajduje się poniżej:

1. Wykonaj kroki 1-12 z procedury polowania z modułu sterującego agentem opartego o automaty stanów.
2. Jeśli widzisz agenta i twoim zadaniem nie jest odcięcie drogi ucieczki, odśwież położenie punktu docelowego.
3. Wykonaj krok 14 z procedury polowania z modułu sterującego agentem opartego o automaty stanów.
4. Jeśli jesteś w punkcie docelowym i masz za zadanie odcięcie drogi ucieczki, ustaw jako punkt docelowy kolejny punk na ścieżce. Jeśli ścieżka się skończyła, ustaw jako punkt docelowy przewidywane miejsce ucieczki ofiary.
5. Jeśli zgubiłeś ofiarę, jest to akcja grupowa i nie masz za zadania odcięcia drogi ucieczki zmień cel na przewidywane miejsce ucieczki ofiary.
6. Wykonaj kroki 16-17 z procedury polowania z modułu sterującego agentem opartego o automaty stanów.

#### 3.7.5.5 Wykorzystywane komunikaty

Agenci tego rodzaju wykorzystują te same komunikaty, co agenci od których zostały zapożyczone moduły z technikami sztucznej inteligencji.

# 4 Realizacja

W rozdziale tym opisana jest realizacja koncepcji przedstawionej w rozdziale trzecim. System powstał w oparciu o paradygmat programowania obiektowego. Użyty język to C++. W tym fragmencie pracy scharakteryzowana będzie architektura. Ponadto zostaną zaprezentowane funkcje i budowa wszystkich jego modułów. Na końcu rozdziału umieszczone zostały informacje o użytych narzędziach i bibliotekach.

## 4.1 Architektura systemu

Podrozdział ten poświęcony jest ogólnej architekturze systemu. Wprowadzony zostanie podział na moduły wraz z przedstawieniem ich zależności. Scharakteryzowane będą również najważniejsze zadania każdego z nich.

### 4.1.1 Ogólna architektura

Omawiając architekturę warto odnieść się do podziału na podsystemy zaproponowanego przez Rollingsa i Morrisa (zobacz rysunek 1 w rozdziale 2.1.5.1). Stworzona platforma nie jest kompletną grą komputerową, więc niektórych podsystemów w niej brakuje. Jednak ogólna idea została zachowana. Jest ona zaprezentowana na rysunku 31. Klasy i moduły użyte na diagramie zostały opisane w rozdziale 4.2.

Jak wspomniano, system został zaimplementowany przy użyciu języka C++. W związku z tym podstawowymi elementami, z których się ona składa, są obiekty. Każdy obiekt jest egzemplarzem klasy. Rysunek 32 zawiera diagram klas po usunięciu potomków klas ComputerAgent, Communique oraz State. Potomkowie Ci zostali usunięci dla zwiększenia czytelności. Pełny diagram klas został zaprezentowany na rysunku 33.

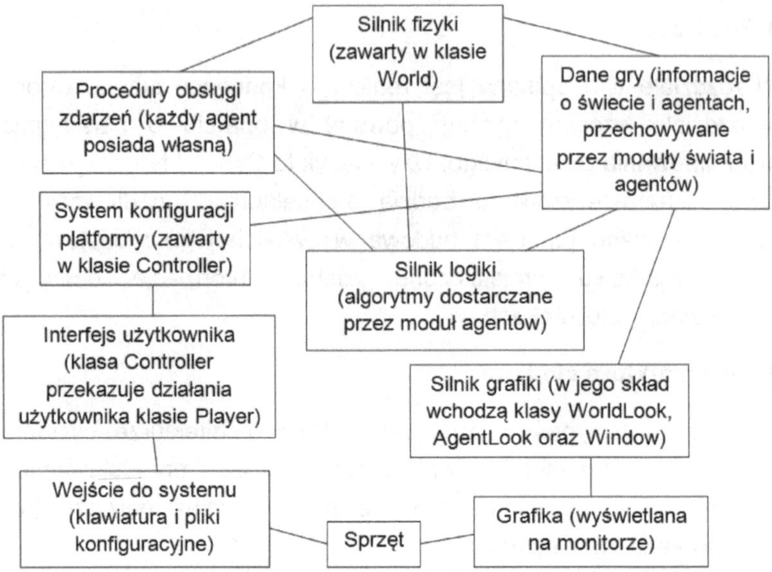


Rysunek 31. Ogólna architektura systemu

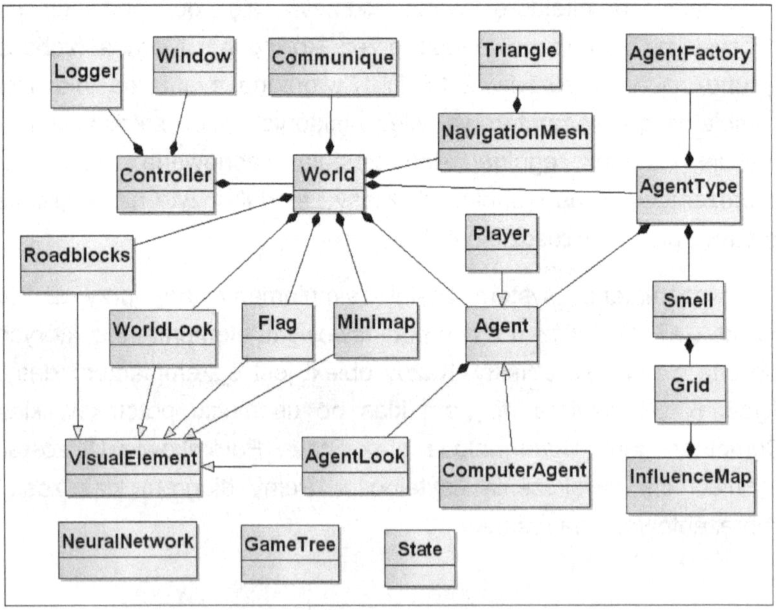


Rysunek 32. Uproszczony diagram klas

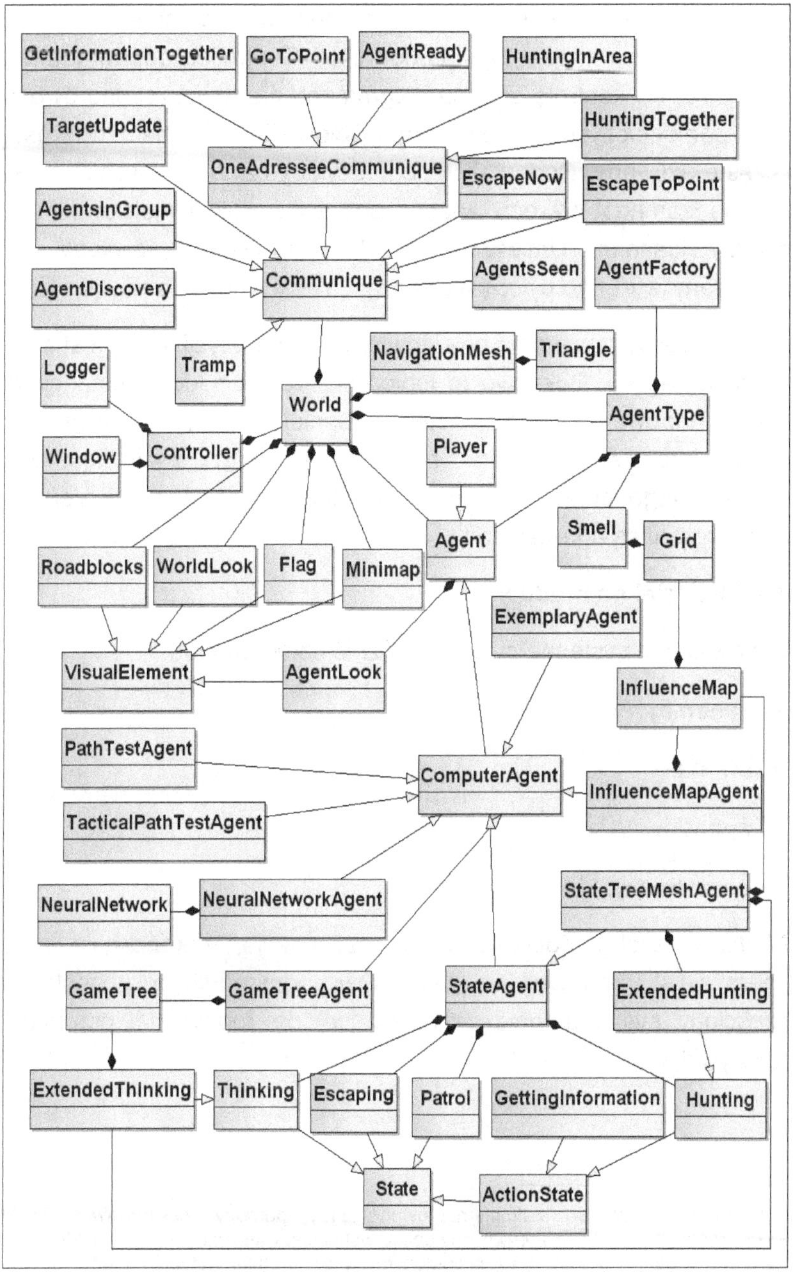


Rysunek 33. Diagram klas

Najważniejsze klasy to World, Controller oraz potomkowie klasy Agent. World reprezentuje środowisko, Controller odpowiada za konfigurację i kontrolę gry. Na diagramach nie umieszczono dwóch klas pomocniczych – Point oraz Color. Są one bardzo proste i często używane. Dodanie ich pogorszyłoby czytelność schematów. Z tego samego powodu zaznaczono tylko najważniejsze relacje między klasami. Umieszczenie ich wszystkich sprawiłoby, że z diagramów trudno byłoby wyciągnąć jakiekolwiek informacje.

Do wskazania zawierania obiektów użyto kompozycji, która jest silną formą agregacji. Pokazuje to logiczny związek między instancjami klas. Składowe są tworzone nie wcześniej niż w chwili powstania całości oraz są niszczone nie później niż w chwili destrukcji zewnętrznego obiektu. Z punktu widzenia implementacji niektóre z tych relacji są agregacjami[1].

### 4.1.2 Podział na moduły

W powstałym systemie można wyróżnić cztery moduły:

- kontrolny,
- świata,
- agentów,
- pomocniczy.

*Moduł kontrolny* odpowiada za rozpoczęcie, zakończenie oraz interakcje z użytkownikiem. Dodatkowo udostępnia on pozostałym częściom systemu narzędzia służące do logowania przebiegu rozgrywki.

---

[1] Niektóre relacje są zaimplementowane przy pomocy wskaźników. Obiekt wskazywany może istnieć w chwili gdy obiekt wskazujący jeszcze nie istnieje. Może też trwać po jego zniszczeniu. W stworzonym systemie taka sytuacja nigdy nie ma miejsca. Wskaźniki zostały użyte w celu wykorzystania mechanizmu funkcji wirtualnych (zastosowanie polimorfizmu).

*Moduł świata* służy do stworzenia środowiska, w którym odbywa się rozgrywka. Dostarcza on klas reprezentujących wszystkie elementy otoczenia oraz algorytmy pozwalające na inteligentne poruszanie. Udostępnia również reprezentację zapachów i dźwięków.

W *module agentów* znajdują się klasy odpowiadające postaciom występującym w stworzonym systemie. Dodatkowo zawiera on algorytmy używane przez nie do analizy i podejmowania decyzji. Udostępnione są też klasy reprezentujące typy agentów oraz fabryka pozwalająca w łatwy sposób tworzyć jednostki.

*Moduł pomocniczy* dostarcza pozostałym klasy ogólnego przeznaczenia, które mogą być wykorzystywane na różne sposoby. Znajdują się tam implementacje punktów, trójkątów oraz siatek kwadratowych wraz przydatnymi algorytmami np. liczącymi odległości lub sprawdzającymi przynależność do danej figury.

### 4.1.3 Interakcje między modułami

Moduł kontrolny jest powiązany z modułem świata poprzez klasy Controller oraz World (pierwsza z nich zawiera w sobie drugą). Steruje on przebiegiem gry poprzez wywoływanie odpowiednich metod z klasy World (znajdującej się w module świata). Ponadto udostępnia on modułom świata i agentów referencję do klasy Logger, która jest używana do zapisywania przebiegu gry.

Moduł pomocniczy jest powiązany z modułami świata i agentów. Dostarcza im wsparcia w dwóch dziedzinach. Pierwszą z nich jest wizualizacja. Poprzez klasę VisualElement zapewnia on funkcje niezbędne do wczytywania obrazów nakładanych na postacie i różne elementy środowiska. Drugą dziedziną jest reprezentacja punktów i obszarów w świecie. Moduł ten zawiera klasy będące w stanie odwzorować dowolną powierzchnię (jako kombinacja trójkątnych stref). Ponadto zapewnia wsparcie przy liczeniu odległości i sprawdzaniu przynależności do konkretnego obszaru. Zapewnia też gotową implementację siatek kwadratowych, która jest używana m. in. do reprezentacji zapachów i tworzenia map wpływów.

Interakcje między modułami świata i agentów to komunikacja między klasą World i pochodnymi klasy Agent. World informuje agentów, kiedy mogą wykonać swój ruch, natomiast postacie wykorzystują funkcje klasy World, aby sprawdzić stan środowiska wokół nich i poinformować o swoich ruchach. Dodatkowo niektóre klasy z modułu agentów wykorzystują bezpośrednio klasę NavigationMesh, po tym jak pobiorą do niej referencję z klasy World. Klasa World wchodzi też w interakcję z klasą AgentType, nakazując jej tworzenie i niszczenie postaci w odpowiednich momentach (AgentType następnie zleca konstrukcję agentów do AgentFactory).

Opisywane interakcje są przedstawione na rysunku 34. Na diagramie przedstawione są tylko najważniejsze, oddziaływujące na siebie klasy (w celu poprawienia czytelności).

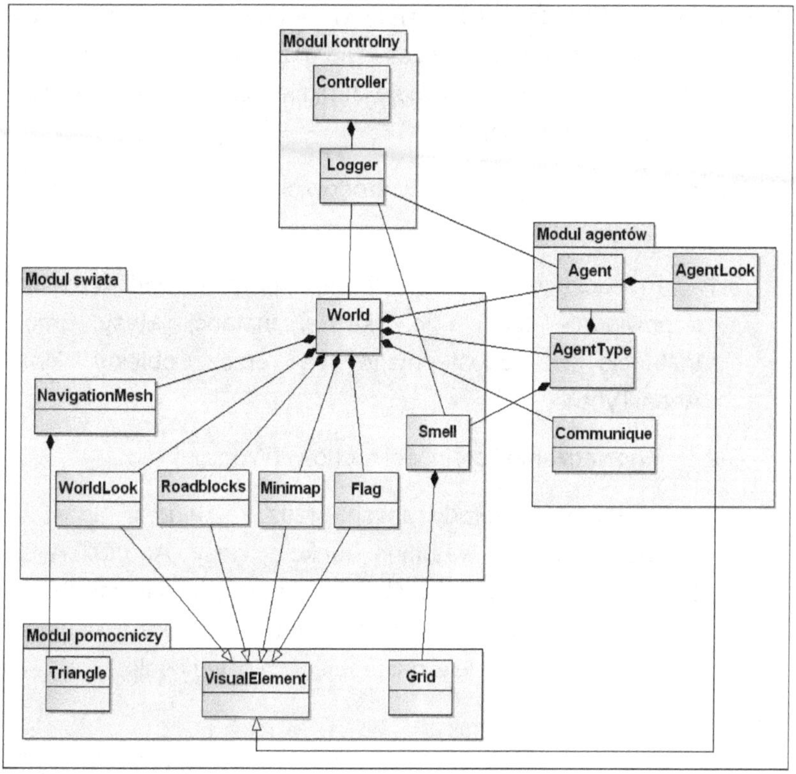


Rysunek 34. Interakcje między modułami

### 4.1.4 Schemat tury

Rozgrywka jest podzielona na tury. Poniżej przedstawiono przebieg jednej rundy. W nawiasach wskazano klasy, które za dany krok odpowiadają.

1. Jeśli wizualizacja jest włączona, to wyświetl świat gry. (Controller sprawdza warunek i zleca realizację.)

   1.1. Przygotuj obraz do wyświetlenia. (World)

   1.2. Wyświetl obraz na ekranie. (Window)

2. Sprawdź, które klawisze zostały wciśnięte. W tym momencie wykonywane są ruchy gracza – porusza on się przy pomocy klawiatury. (Controler wywołuje funkcje klasy Player w celu przemieszczenia gracza.)

3. Wywołanie cyklicznych akcji w środowisku. (Controller wywołuje funkcję klasy World).

   3.1. Przeliczane są wartości zapachów. (World wywołuje odpowiednie funkcje na każdej instancji klasy Smell. Instancje te udostępniane są przez obiekty klasy AgentType).

   3.2. Wyznaczanie kolejności ruchów. (World)

   3.3. Wykonanie metody action przez każdego z agentów. (World wywołuje wirtualną funkcję klasy Agent). Akcje podejmowane przez postać w tej metodzie zależą od implementacji danej klasy potomnej. Zazwyczaj schemat działania składają się z następujących czynności:

- Regeneracja energii.
- Obserwacja środowiska. Agent pobiera listę agentów ze środowiska i sprawdza czy któryś z nich jest widoczny.
- Analizowanie otrzymanych komunikatów.
- Pobieranie wartości zapachów w danym punkcie.
- Myślenie (planowanie ruchów).
- Poruszanie się.

   3.4. Jeśli gracz uczestniczy w rozgrywce, to jest regenerowana jego energia oraz odbiera on sygnały ze środowiska. (World wywołuje funkcje klasy Player)

   3.5. Usuwane są dźwięki, które rozeszły się już w środowisku. (World)

3.6. Niszczone są obiekty reprezentujące zabitych agentów w czasie danej tury. (World)

4. Sprawdzane jest, czy spełnione są warunki do zakończenia gry. Jeśli tak aplikacja jest wyłączana. (Controller).

Na rysunkach 35, 36 oraz 37 zostały przedstawione diagramy sekwencji dla tury, wysyłania wiadomości oraz śmierci agenta (w czasie tury może zdarzyć się, że agent wyśle wiadomość lub zginie). Rysunek 36 przedstawia przykładową turę, w czasie której nie zostały wysłane żadne wiadomości ani żaden agent nie zginął. Natomiast na diagramie sekwencji wysyłania wiadomości (rysunek 37) należy zwrócić uwagę na fakt, że agent otrzymuje wiadomość poprzez wywołanie receiveMessage, jednak przetwarza ją dopiero w metodzie receive.

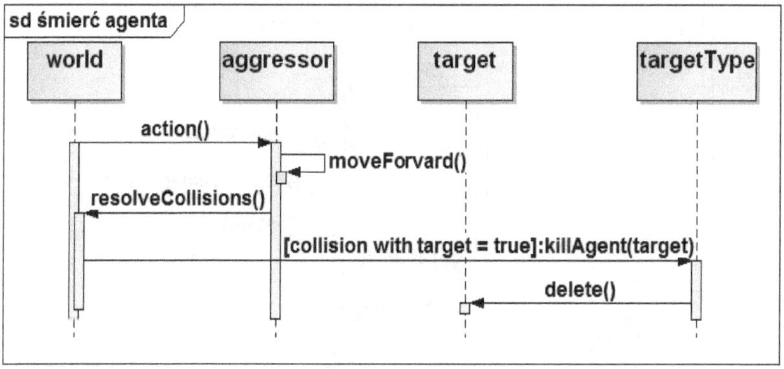


Rysunek 35. Diagram sekwencji śmierci agenta

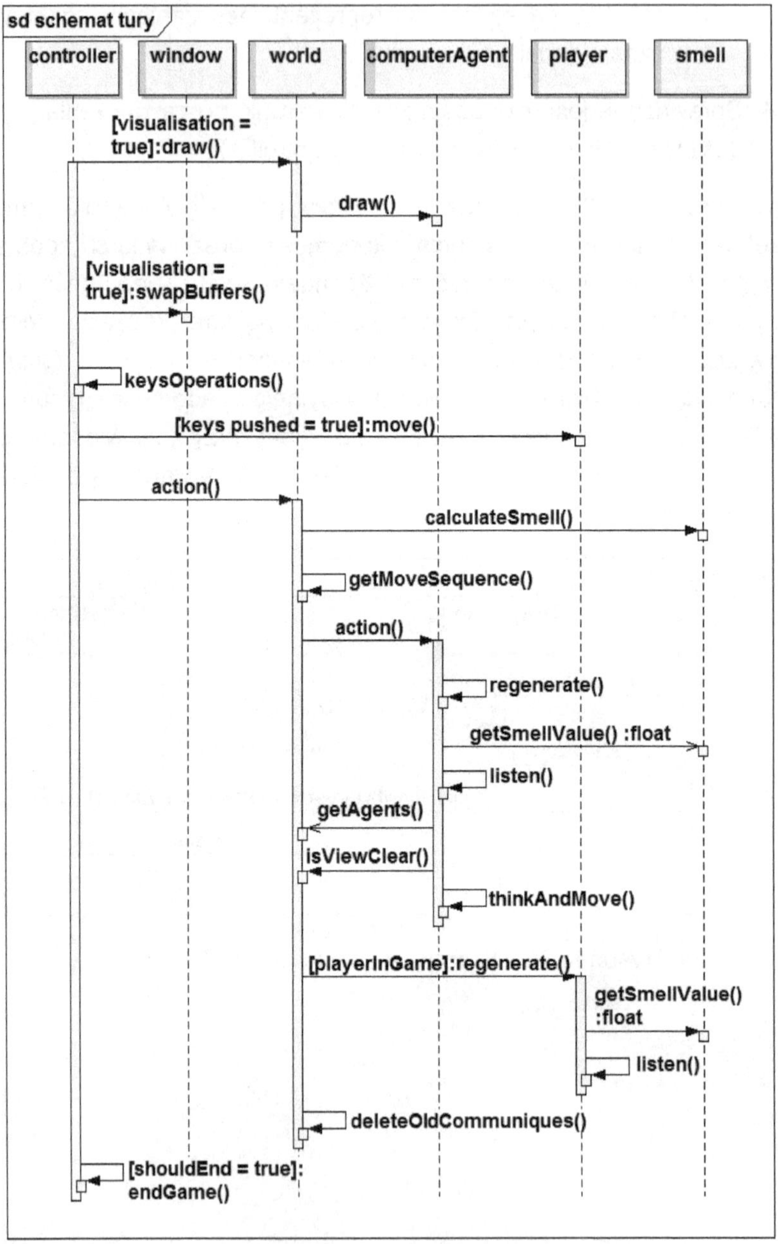


Rysunek 36. Schemat tury (diagram sekwencji)

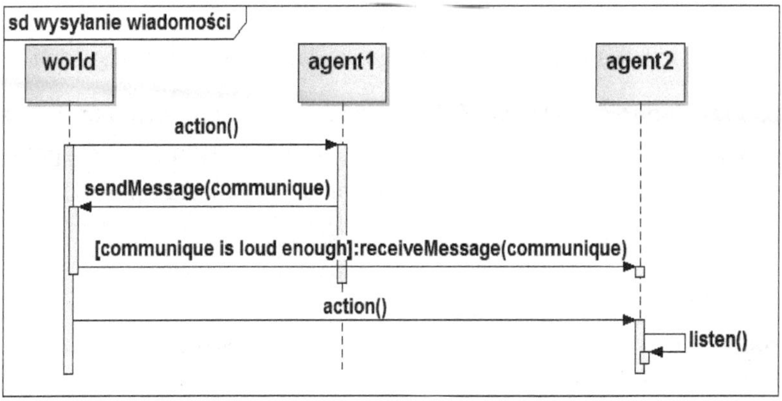


Rysunek 37. Diagram sekwencji wysyłania wiadomości

## 4.2 Moduły

W tej części pracy zostaną szczegółowo omówione moduły wprowadzone w rozdziale 4.1.3. Przedstawione będą funkcje każdego z nich. Ponadto fragment ten zawiera diagramy ułatwiające zrozumienie budowy każdego modułu oraz uwagi realizacyjne.

### 4.2.1 Moduł kontrolny

W rozdziale tym znajduje się opis modułu kontrolnego. Wymienione zostały jego funkcje oraz przedstawiono go na diagramie.

#### 4.2.1.1 Funkcje

Poniżej zostały wymienione i krótko omówione najważniejsze funkcje modułu kontrolnego.

1. Inicjalizacja systemu.
2. Pobieranie ustawień z pliku konfiguracyjnego.
3. Sprawdzanie warunków zakończenia gry.

4. Kończenie pracy aplikacji, jeśli odpowiednie warunki są spełnione.

5. Wyświetlanie obrazu na ekran, jeśli wizualizacja jest włączona.

6. Przekładanie aktywności gracza (użycie klawiatury) na wywołanie odpowiednich opcji gry (np. poruszanie się agenta reprezentującego gracza, wymuszanie zamknięcia aplikacji).

7. Dostarczenie narzędzia zapewniającego logowanie przebiegu gry.

Podsumowując powyższe zadania można stwierdzić, że główne funkcje tego modułu to sterowanie przebiegiem gry, uwzględniając przy tym działania gracza oraz zapisywanie informacji na temat odbytej rozgrywki.

#### 4.2.1.2 Klasy

W skład tego modułu wchodzą trzy klasy :

- Controller – steruje ona rozgrywką (funkcje 1,2,3,4) oraz przekłada aktywność gracza na ruchy jego postaci (funkcja 6).
- Logger – dostarcza różne poziomy logowania przebiegu gry (funkcja 7). Dzięki temu gracz jest w stanie wskazać jakie informacje powinny być zapamiętywane do późniejszej analizy (np. informacje o środowisku takie jak zapachy lub ruchy agentów).
- Window – klasa ta reprezentuje okno, w którym gra jest wyświetlana (realizuje więc funkcję 5).

Klasy te zostały przedstawione na rysunku 38, wraz z klasami, z którymi wchodzą one w interakcję.

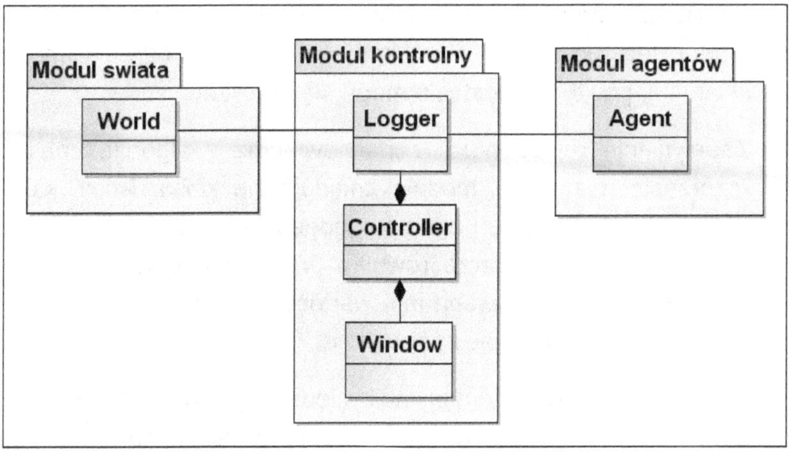


Rysunek 38. Klasy wchodzące w skład modułu kontrolnego wraz z klasami, które wchodzą z nimi w interakcje

#### 4.2.1.3 Uwagi realizacyjne

W celu zapewnienia spójnego opisu przebytej rozgrywki tworzona jest dokładnie jedna instancja Loggera. Jest ona przechowywana przez Controller. Wszystkie obiekty (agenci, elementy świata itp.), w celu zapisania informacji, korzystają z referencji do tego centralnego loggera.

W celu wyświetlenia obrazu na ekranie wykorzystywane jest Windows API oraz biblioteki: OpenGL, Glaux i Glut (zobacz rozdział 4.3 poświęcony narzędziom i bibliotekom).

### 4.2.2 Moduł świata

Rozdział ten przedstawia moduł świata. Opisane zostało, jakie elementy środowiska reprezentuje oraz jakie funkcje dostarczono w celu zapewnienia agentom łatwiej interakcji ze środowiskiem.

#### 4.2.2.1 Funkcje

Poniżej przedstawiono za co omawiany moduł odpowiada wraz z krótkim opisem, jak jest to realizowane.

1. Stworzenie środowiska, w którym egzystować mogą agenci. Moduł ten dostarcza prostokątnego obszaru ograniczonego ścianami, po którym postacie mogą się poruszać.

2. Zapewnienie reprezentacji zapachów wraz z algorytmami ich rozprzestrzeniania. W module znajduje się klasa Smell, która reprezentuje zapach od agentów jednego typu. Dzieli ona świat na kwadraty o rozmiarze równym średnicy agenta. Każdemu takiemu polu przypisywana jest wartość. Tak tworzone jest pole potencjału reprezentujące zapach.

3. Zapewnienie metod komunikacji między agentami. Klasa Word dostarcza funkcje pozwalające na przesyłanie komunikatów na trzy sposoby opisane w rozdziale trzecim.

4. Dostarczenie reprezentacji przeszkód, które nie przepuszczają zapachów oraz osłabiają dźwięki. Bariery takie odwzorowywane są przez obiekty klasy Roadblocks. Algorytmy zajmujące się rozchodzeniem zapachów oraz przekazywaniem komunikatów uwzględniają je przy obliczeniach.

5. Stworzenie punktu docelowego dla gracza reprezentowanego na mapie przez flagę.

6. Rozwiązywanie kolizji między agentami.

7. Dostarczenie mechanizmów kontroli położenia postaci tak, aby nie mogły przenikać przez przeszkody ani przekraczać murów otaczających mapę. W tym celu używane są siatki nawigacyjne (klasa NavigationMesh). W każdym ruchu sprawdzane jest czy punkt docelowy należy do siatki. W przypadku, gdy nie dostarczy się do systemu siatki, w każdym ruchu porównywane są położenia agentów z lokalizacją wszystkich przeszkód i murów.

8. Udostępnienie algorytmów wyznaczających drogę między przeszkodami. W klasie World istnieją funkcje pozwalające na planowanie trasy oraz obliczanie jej długości. Po ich wywołaniu wykorzystują one klasę NavigationMesh. Jeśli siatka

nawigacyjna nie istnieje, wskazywana jest prosta trasa do celu. W takim wypadku może ona nie omijać wszystkich przeszkód.

9. Dostarczenie mechanizmów pozwalających określić czy dany punkt jest widziany z konkretnego położenia.

10. Stworzenie małej mapy w rogu ekranu, pokazującej graczowi, gdzie znajdują się wszyscy agenci komputerowi.

Podsumowując, głównym zadaniem tego modułu jest reprezentacja elementów świata. Dodatkowo moduł ten dostarcza algorytmy ułatwiające funkcjonowanie w tym świecie.

#### 4.2.2.2 Klasy

W skład tego modułu wchodzą klasy:

- World – z punktu widzenia użytkownika klasa ta zapewnia wszystkie funkcjonalności wymienione w rozdziale 4.2.2.1. W rzeczywistości zarządza ona obiektami wchodzącymi w jej skład (patrz rysunek 39), oddelegowując do nich większość swoich zadań.

- NavigationMesh – klasa reprezentująca siatkę nawigacyjną. Siatka taka tworzona jest na podstawie odpowiedniego pliku konfiguracyjnego. Służy ona do wyznaczania drogi oraz określania, gdzie agent może się znajdować. Zadania te są do niej zawsze odsyłane, jeśli tylko siatka została w systemie stworzona (nie ma obowiązku dostarczania pliku z siatką). Więcej informacji na temat siatek nawigacyjnych znajduje się w rozdziałach 2.5.2.2 oraz 3.4.3.2.

- WorldLook – klasa ta przygotowuje obraz świata do wyświetlenia na ekranie. Wytwarza ona obraz podłoża, po którym agenci się poruszają, ścian otaczających pole gry oraz nieba.

- Roadblocks – klasa ta reprezentuje wszystkie ściany na mapie, przygotowuje je do wyświetlenia na ekran oraz zapewnia algorytm sprawdzający, czy żadne przeszkody nie przecinają prostej łączącej dwa punkty (używany m.in. do sprawdzania co widzi agent).

- Minimap – klasa ta odpowiada za wyświetlenie na ekranie miniatury mapy wraz z zaznaczonymi na niej agentami.

- Flag – klasa ta odpowiada za wizualizację punktu docelowego dla gracza oraz przechowywanie informacji na temat jego położenia. Przygotowuje też do wyświetlenia wodę otaczającą flagę.

- Smell – klasa ta reprezentuje zapach. Dostarcza algorytmów rozprzestrzeniania się zapachów oraz umożliwia sprawdzanie wartości zapachu w konkretnym położeniu. Więcej informacji o rozprzestrzenianiu się zapachów znajduje się w rozdziałach 3.4.2 oraz 3.5.3.

Klasy te zostały przedstawione na rysunku 39, wraz z klasami, z którymi wchodzą one w interakcję.

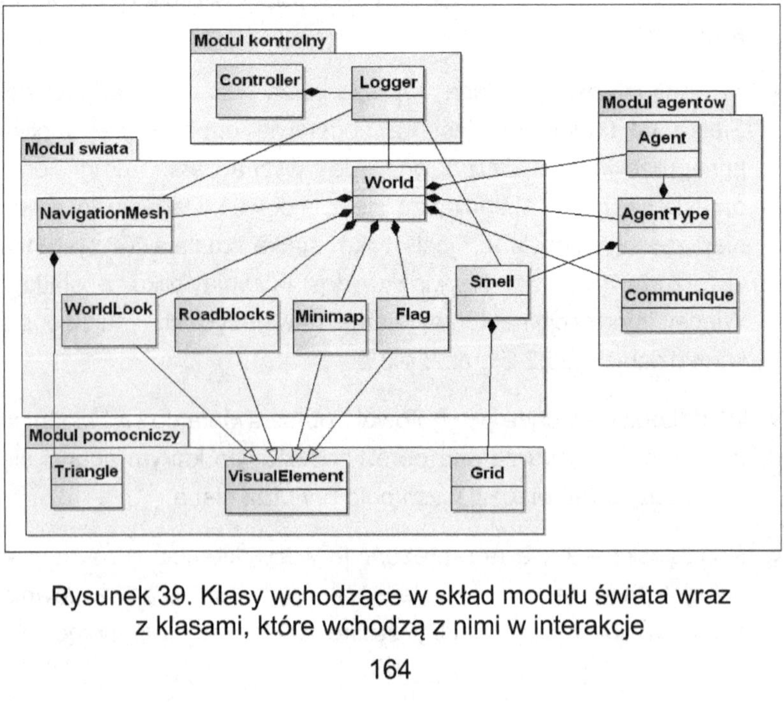


Rysunek 39. Klasy wchodzące w skład modułu świata wraz z klasami, które wchodzą z nimi w interakcje

#### 4.2.2.3 Uwagi realizacyjne

Świat definiowany jest w pliku wskazanym w konfiguracji. Również siatka nawigacyjna dostarczana jest w postaci odpowiedniego dokumentu. Jeśli go nie ma, moduł ten udziela agentom tych samych informacji, co w przypadku, gdy występuj siatka nawigacyjna. Jednak odwzorowanie rzeczywistości jest wtedy mniej dokładne. Przykładowo, zapachy rozchodzące się w środowisku przenikają przez ściany.

#### 4.2.2.4 Użyte algorytmy

Poniżej zostały wypunktowane algorytmy omówione w rozdziałach drugim oraz trzecim wraz ze wskazaniem miejsca ich wykorzystania.

- Linie widoczności zostały użyte do sprawdzania czy punkt jest widoczny z danego położenia (technika wykorzystywana przez klasę Roadblocks). Opis lini widoczności znajduje się w rozdziale 3.4.2.
- Pole potencjału symuluje zapachy rozchodzące się w środowisku (klasa Smell). Opis wykorzytania pola potencjału został umieszczony w rozdziale 3.4.2.
- Siatki nawigacyjne zostały wykorzystane do określenia, gdzie agent może się znajdować (klasa NavigationMesh). Więcej informacji na temat tej techniki można znaleźć w rozdziałach 2.5.2.2, 3.4.3.1 oraz 3.4.3.2.
- Siatki nawigacyjne zostały wykorzystane do znajdowania drogi (klasa NavigationMesh).
- Algorytm A* został wykorzystany do znajdowania drogi (klasa NavigationMesh). Więcej na temat tej techniki można dowiedzieć się z rozdziałów 2.5.2.1 oraz 3.4.3.2.
- Test widoczności został użyty do wygładzania wyznaczonej trasy (klasa NavigationMesh). Informacje na temat testu widoczności zostały umieszczone w rozdziałach 2.5.2.1 oraz 3.4.3.2.

### 4.2.3 Moduł agentów

W tym rozdziale zostanie omówiony najważniejszy moduł tworzonego systemu – moduł agentów. Zaimplementowane w nim zostały testowane techniki sztucznej inteligencji. Umieszczane są tutaj postacie, których postępowanie jest oceniane.

#### 4.2.3.1 Funkcje

Najważniejsze funkcje tego modułu wymienione zostały poniżej.

1. Dostarczenie prostego sposobu tworzenia agentów różnych rodzajów.
2. Dostarczenie klasy bazowej dla postaci sterowanych przez komputer. Powinna ona udostępniać wysokopoziomowe funkcje, pozwalające na zarządzanie zasobami, interakcje ze środowiskiem oraz znajdowanie drogi. Wszystkie te wymagania spełnia klasa ComputerAgent.
3. Stworzenie reprezentacji gracza.
4. Umożliwienie podziału agentów na typy, które będą podstawą do stworzenia łańcucha pokarmowego (relacji drapieżnik-ofiara). Postacie tego samego typu powinny mieć możliwość współpracy.
5. Zdefiniowanie komunikatów używanych przez postacie. Są to klasy pochodne od klasy Communique.
6. Dostarczenie implementacji metod sztucznej inteligencji służących do kierowania postacią (opisanych w rozdziale 3.4.4).
7. Stworzenie agentów, używających metod z punktu 6.

Podsumowując, zadaniem tego modułu jest dostarczenie różnych rodzajów agentów wraz z implementacją technik sztucznej inteligencji przez nich używanych. Ponadto zapewnia on prosty sposób tworzenia postaci uwzględniając przy tym podział na typy.

#### 4.2.3.2 Klasy

W skład tego modułu wchodzą klasy:

- Agent – klasa bazowa dla wszystkich postaci (gracz oraz agenci komputerowi). Przechowuje zmienne opisujące cechy agenta (zobacz rozdział 3.6.2) oraz posiada funkcje pozwalające na poruszanie się agenta i interakcje ze środowiskiem.

- Player – klasa reprezentująca gracza.

- ComputerAgent oraz klasy od niej pochodne – klasy reprezentujące agentów komputerowych. ComputerAgent dostarcza wysokopoziomowych funkcji do zarządzania agentem (np. idź do konkretnego punktu, oblicz poziom agresji). Klasy od niej pochodne implementują agentów wykorzystujących różne techniki sztucznej inteligencji. Ich opis (m. in. pseudokody) znajduje się w rozdziale 3.7. Dodatkowe trzy klasy pochodne mają za zadanie ułatwić pracę przyszłym twórcom nowych agentów. ExemplaryAgent stanowi schemat bardzo prostego agenta i może być wzorem dla nowych użytkowników zapoznających się z platformą. PathTestAgent służy do testowania wyznaczania drogi między przeszkodami i pomaga zrozumieć działanie siatek nawigacyjnych, natomiast TacticalPathTestAgent służy do testowania znajdowania trasy optymalnej z taktycznego punktu widzenia.

- AgentLook – reprezentuje wygląd agenta. Przygotowuje jego obraz do wyświetlenia na ekranie.

- AgentType – reprezentuje typ agenta. Podział agentów na typy został opisany w rozdziale 3.6.10.

- AgentFactory – klasa ta dostarcza prostego sposobu tworzenia i inicjalizacji agentów. To jaka implementacja zostanie użyta zależne jest od opisu agenta w pliku konfiguracyjnym.

- Communique i klasy od niej pochodne – kasy te reprezentują komunikaty używane przez agentów. To, jak dany komunikat będzie interpretowany przez agenta, zależy od jego implementacji. Zostało to opisane w rozdziale 3.7.
- ImfluenceMap, NeuralNetwork, GameTree oraz State i klasy od niej pochodne – klasy te implementują różne techniki sztucznej inteligencji używane do sterowania agentami. (zobacz rozdział 3.4.4)

Klasy te zostały przedstawione na rysunku 40, wraz z klasami, z którymi wchodzą one w interakcję.

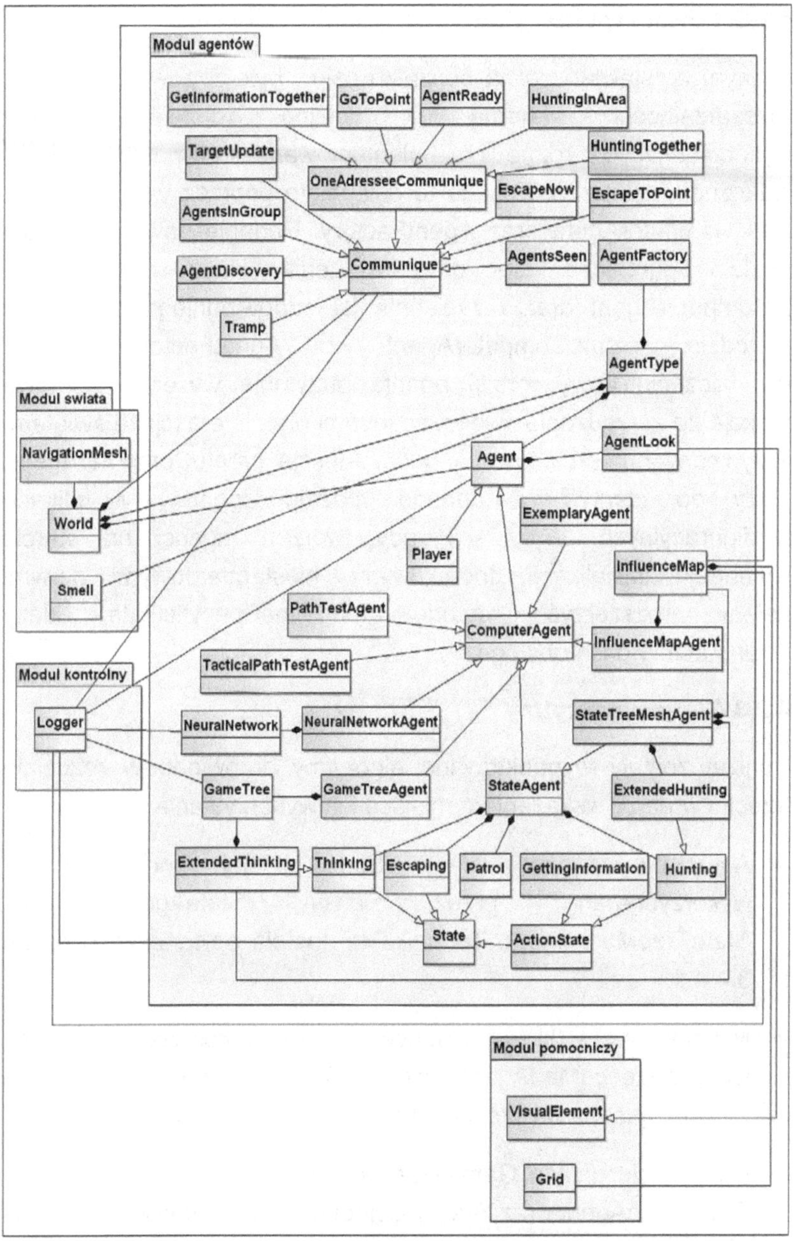


Rysunek 40. Klasy wchodzące w skład modułu agentów wraz z klasami, które wchodzą z nimi w interakcje

#### 4.2.3.3 Uwagi realizacyjne

Jednym ze stawianych na początku celów było zapewnienie łatwej rozszerzalności systemu o kolejne rodzaje agentów wykorzystujących różne (zaimplementowane lub nowe) techniki sztucznej inteligencji. Zostało to osiągnięte poprzez wprowadzenie klas ComputerAgent oraz AgentFactory. Dodanie nowego rodzaju postaci ogranicza się do stworzenia klasy dziedziczącej z ComputerAgent oraz przypisania jej odpowiedniego numeru w metodzie createComputerAgent z AgentFactory. Dzięki dziedziczeniu nowy rodzaj agenta otrzymuje wysokopoziomowe funkcje do zarządzania swoimi zasobami oraz interakcji ze światem. Przypisany numer, używany przez funkcję createComputerAgent, służy do identyfikacji danego rodzaju agentów w plikach konfiguracyjnych. W sytuacji, gdy tworzeni agenci na starcie wymagają inicjalizacji dodatkowymi, niestandardowymi danymi należy rozszerzyć metodę loadTypeSpecyficData klasy AgentFactory o ich obsługę.

#### 4.2.3.4 Użyte algorytmy

Poniżej zostały wypunktowane algorytmy omówione w rozdziale trzecim wraz ze wskazaniem miejsca ich wykorzystania.

- Automaty stanów (klasa State i jej pochodne) są wykorzystywane przez klasy StateAgent oraz StateTreeMeshAgent. Technika ta została opisana w rozdziale 3.4.4.1.

- Mapa wpływów (klasa InfluenceMap) jest wykorzystywana przez klasy InfluenceMapAgent oraz StateTreeMeshAgent. Technika ta została opisana w rozdziale 3.4.4.2.

- Drzewa gier (klasa GameTree) są wykorzystywane przez klasy GameTreeAgent oraz StateTreeMeshAgent. Technika ta została opisana w rozdziale 3.4.4.3.

- Sieci neuronowe (klasa NeuralNetwork) są wykorzystywane przez klasę NeuralNetworkAgent. Technika ta została opisana w rozdziale 3.4.4.4.
- Algorytmy wnioskowania z zakresu logiki rozmytej są wykorzystywane przez klasę ComputerAgent do zarządzania energią.

### 4.2.4 Moduł pomocniczy

W rozdziale tym został opisany moduł pomocniczy, dostarczający klas ogólnego przeznaczenia, używanych przez moduły świata i agentów.

#### 4.2.4.1 Funkcje

Najważniejsze funkcje tego modułu wymienione zostały poniżej.

1. Dostarczenie metody ładowania tekstur dla dowolnych obiektów.
2. Stworzenie klasy reprezentującej dowolny trójkąt (tak, aby z ich kombinacji można było utworzyć dowolną powierzchnię) wraz z metodą sprawdzania, czy podany punkt do niego należy.
3. Dostarczenie siatki kwadratów reprezentującej mapę. Powinna ona mieć możliwość regulacji rozmiaru pola oraz automatycznie przeliczać współrzędne używane w środowisku na elementy siatki.
4. Udostępnienie algorytmów liczących odległości między punktami oraz kąty nachylenia prostych przechodzących przez konkretne położenia.

#### 4.2.4.2 Klasy

W skład tego modułu wchodzą klasy:

- VisualElement – klasa ta odpowiada za realizację funkcjonalności 1.

- Klasy wyprodukowane na bazie szablonu Point – klasy te odpowiadają za realizację funkcjonalności 4.
- Triangle – klasa ta odpowiada za realizację funkcjonalności 2.
- Klasy wyprodukowane na bazie szablonu Grid – klasy te odpowiadają za realizację funkcjonalności 3.
- Color – reprezentuje kolor w modelu RGB[1].

Klasy te zostały przedstawione na rysunku 41, wraz z klasami, z którymi wchodzą one w interakcję (poza klasami, które wchodzą w interakcje z Point oraz Color).

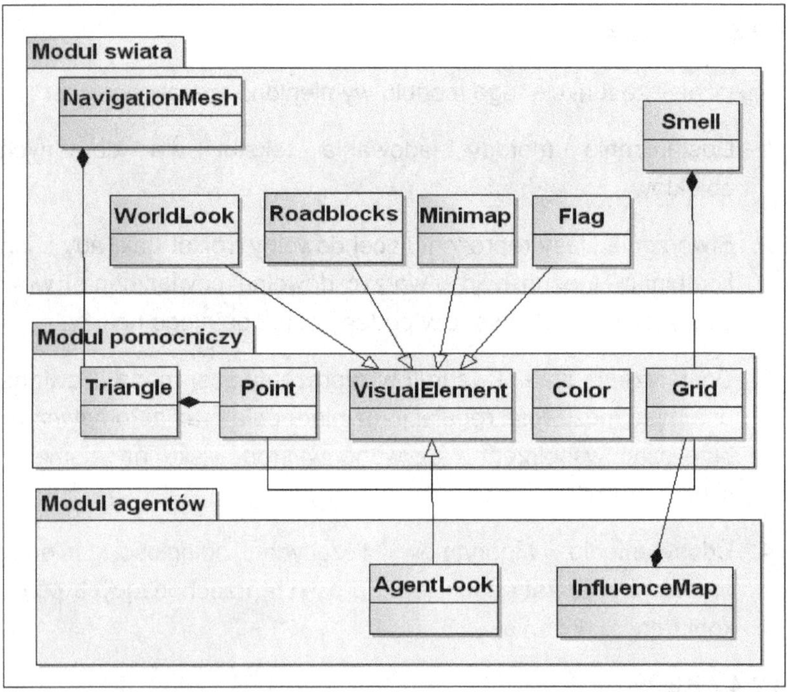


Rysunek 41. Klasy wchodzące w skład modułu pomocniczego wraz z klasami, które wchodzą z nimi w interakcje

[1] Model ten reprezentuje przestrzeń barw przy pomocy trzech składowych: R – red (czerwonej), G – green (zielonej) i B – blue (niebieskiej).

#### 4.2.4.3 Uwagi realizacyjne

Point i Grid to szablony przyjmujące jeden parametr, którym jest typ. Konkretne klasy tworzone są na ich podstawie po wyspecyfikowaniu parametru. Są używane dwie klasy stworzone przy użyciu szablonu Point: Point<float> oraz Point<int>. Pierwsza z nich to reprezentacja punktów, których współrzędne są liczbami zmiennoprzecinkowymi, w przypadku drugiej współrzędne są reprezentowane przez liczby całkowite.

Parametr szablonu Grid oznacza, jakie wartości są przechowywane w każdym kwadracie reprezentującym sektor świata. Używane w systemie klasy wykorzystują wartości typu: bool, float, int oraz long.

### 4.3 Narzędzia i biblioteki

Przy tworzeniu systemu wykorzystywane było środowisko Dev-C++[1] w wersji 4.9.9.2. Została użyta biblioteka OpenGL oraz Windows 32 API. W celu wykorzystania dodatkowych bibliotek (Glaux oraz Glut) zostały zainstalowane rozszerzenia środowiska nazywane DevPack'ami.

OpenGL, Glaux oraz Glut to popularne narzędzia w grafice komputerowej. Żadne inne rozszerzenia nie były używane. Pozostała część systemu, niemająca związku z grafiką, została stworzona od podstaw przez autora pracy.

OpenGL to specyfikacja API[2] do generowania grafiki. Jest bardzo często używany przez twórców gier komputerowych, dlatego został wybrany przez autora pracy[3]. Wykorzystanie Glaux i Glut zostało ograniczone do wykorzystania funkcji upraszczających pracę

---

[1] Oficjalna strona projektu: http://www.bloodshed.net/

[2] API to skrót od Application Programming Interface czyli interfejs programowania aplikacji.

[3] Twórcy gier komputerowych również bardzo często używają DirectX. Spośród tej dwójki, OpenGL został wybrany ze względu na doświadczenie autora w tworzeniu aplikacji wykorzystujących OpenGL.

z OpenGL (przykładowo wykorzystano funkcje rysującą kulę – podczas gdy w OpenGL jest to operacja bardziej skomplikowana niż proste wywołanie funkcji).

# 5 Eksperymenty

W rozdziale tym znajduje się opis przeprowadzonych testów. Pierwsza część eksperymentów to testy platformy. Mają one na celu ustalenie optymalnych współczynników używanych przez algorytmy oraz porównanie stworzonych agentów. Przedstawiają również ciekawe sytuacje, prezentując zachowanie powstałej sztucznej inteligencji w interesujących przypadkach.

Drugą część rozdziału to porównanie stworzonych agentów z postaciami z gier komputerowych dostępnych na rynku.

## 5.1 Testy platformy

W rozdziale tym opisane zostaną eksperymenty, które doprowadziły do wyboru współczynników używanych przez algorytmy. Ponadto w tym fragmencie znajduje się porównanie różnych rodzajów agentów oraz omówione są ciekawe sytuacje.

### 5.1.1 Wprowadzenie użytych typów agentów

W testach używano agentów zdefiniowanych w tabeli 3. Na potrzeby eksperymentów stosowano różne rodzaje agentów (różne implementacje). Dlatego odwołanie do prezentowanego zestawienia w konkretnym teście będzie oznaczać użycie postaci wykorzystującej wskazaną implementację oraz cechy zgodne z tymi przedstawionymi w wykazie.

| Nazwa | Opis |
|---|---|
| Podstawowy | Standardowy agent – jest punktem odniesienia dla pozostałych dwóch typów. |
| Mocny | Typ ten jest dwukrotnie lepszy niż typ podstawowy (wszystkie jego cechy są dwukrotnie lepsze np. posiada dwa razy więcej energii oraz ma 2 razy większy kąt widzenia). |
| Szybki | Agent ten posiada takie same cechy jak agent podstawowy za wyjątkiem szybkości. Jego maksymalna prędkość jest trzy razy wyższa niż agenta podstawowego. Zostanie on użyty do zademonstrowania powrotu po sojuszników (tak szybkiego agenta bardzo trudno złapać na otwartym terenie w pojedynkę – zobacz rozdział 5.1.6.4). |

Tabela 3. Typy agentów używanych w czasie testów platformy

### 5.1.2 Wprowadzenie użytych map

W celu uzyskania wiarygodnych wyników użyto kilku rodzajów map. Dzięki temu możliwy był dobór współczynników, które powinny dobrze sprawdzać się zarówno w terenie z dużą liczbą przeszkód, jak i na otwartej przestrzeni. Ponadto porównywanie agentów w różnych warunkach daje pewność, że wyniki nie są wypaczone, a zwycięskie technologie są naprawdę skuteczne. Na rysunkach 42 – 49 zaprezentowane są użyte mapy. Przedstawiając agentów na rysunkach 42 i 43, zachowano proporcje ich rozmiarów w stosunku do mapy, tzn. im większa jest mapa tym, mniejsze koło reprezentuje postać. Natomiast na rysunkach 44-49 agenci zostali powiększeni o 50% w celu poprawy ich czytelności. Użyte liczby oznaczają typy agentów i ich wzajemne nastawienie:

- typ 1 poluje na typ 2,
- typ 3 poluje na typ 1,
- typ 4 poluje na typ 3,
- typ 5 poluje na typ 2.

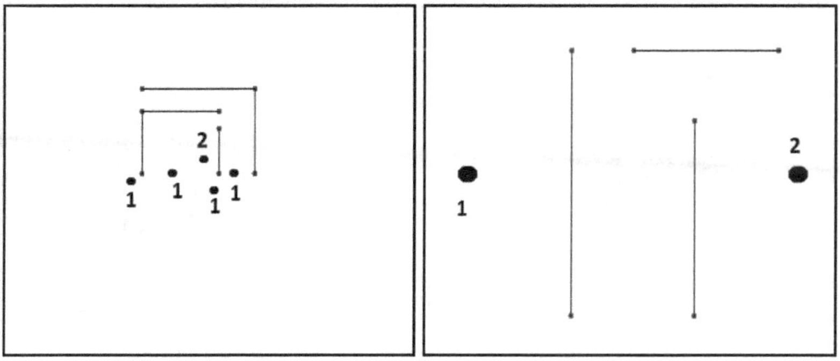


Rysunek 42. Mapy 1 (z lewej) oraz 2 (z prawej)

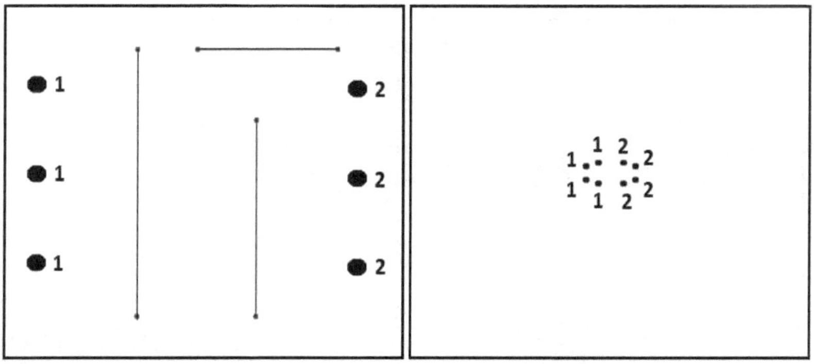


Rysunek 43. Mapy 3 (z lewej) oraz 4 (z prawej)

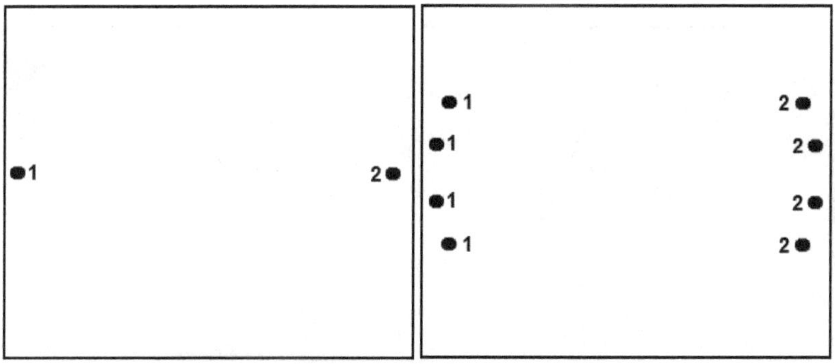


Rysunek 44. Mapy 5 (z lewej) oraz 6 (z prawej)

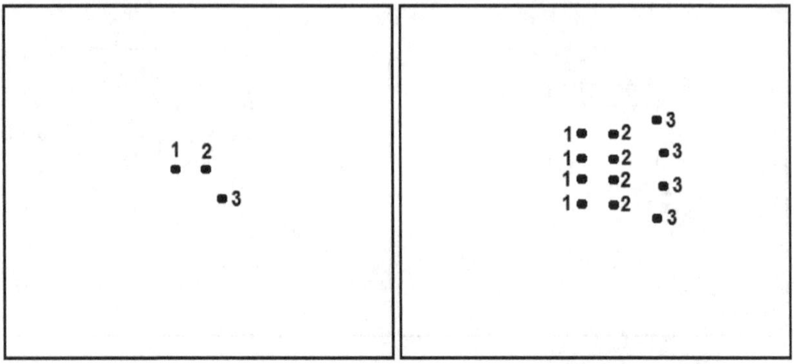


Rysunek 45. Mapy 7 (z lewej) oraz 8 (z prawej)

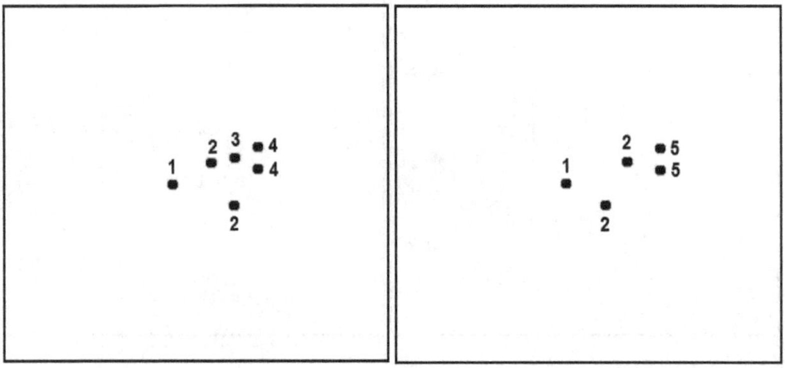


Rysunek 46. Mapy 9 (z lewej) oraz 10 (z prawej)

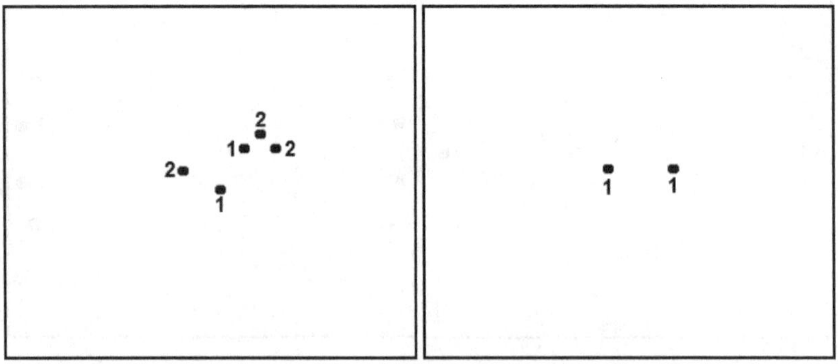


Rysunek 47. Mapy 11 (z lewej) oraz 12 (z prawej)

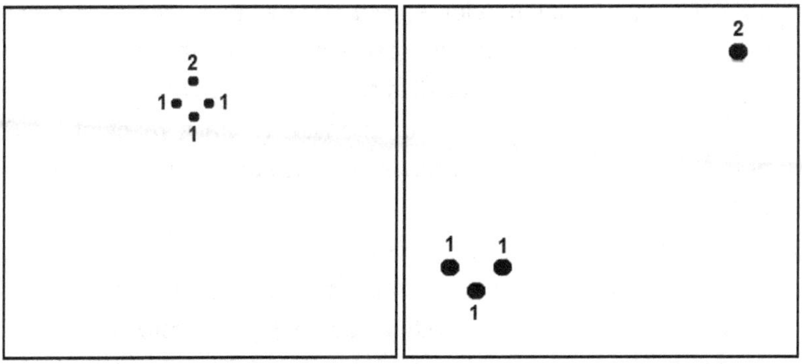


Rysunek 48. Mapy 13 (z lewej) oraz 14 (z prawej)

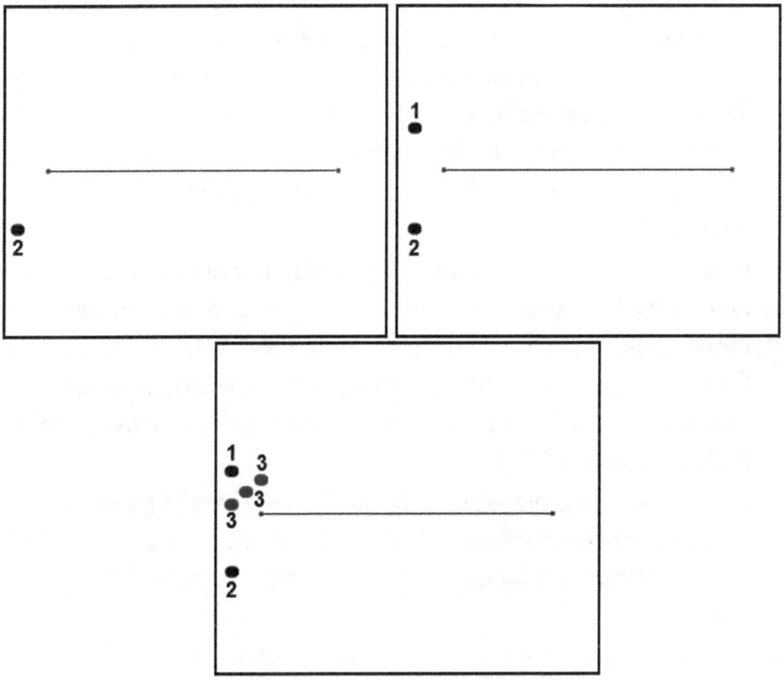


Rysunek 49. Mapy 15 (lewy górny róg), 16 (prawy górny róg) oraz 17 (na dole)

Poniżej znajduje się krótki opis każdej mapy wraz z informacjami, do jakich testów się ona nadaje.

- 1 - Najważniejszym elementem mapy jest labirynt. Mapa sprawdza umiejętność wykorzystania przez napastników ograniczonej liczby możliwych dróg ucieczki. Została wykorzystana przy porównaniu agentów (zobacz rozdział 5.1.5) oraz przy omawianiu ciekawych sytuacji (zobacz rozdział 5.1.6.1).
- 2, 3 - Mapy z przeszkodami. Sprawdzają umiejętność tropienia ofiary w sytuacjach, gdy trudno ją zauważyć (trzeba polegać na innych zmysłach). Wykorzystuje się je przy kalibracji zmysłów agentów (zobacz rozdziały 5.1.4.5 i 5.1.4.6) oraz przy porównaniu agentów (zobacz rozdział 5.1.5).
- 4 - Mapa bez przeszkód. Napastnicy i ofiary są ustawieni naprzeciwko siebie, widzą się nawzajem. Sprawdza ona umiejętność polowania i ucieczki w sytuacji, gdy ofiara jest już wytropiona. Została wykorzystana do sprawdzenia, kiedy warto polować wspólnie, kiedy warto wspólnie uciekać (zobacz rozdziały 5.1.4.2 i 5.1.4.3) oraz przy porównaniu agentów (zobacz rozdział 5.1.5).
- 5, 6 - Mapy bez przeszkód. Napastnicy i ofiary znajdują się po przeciwnych stronach mapy, więc się nie widzą. Sprawdzają umiejętność tropienia i polowania w takim środowisku. Wykorzystuje się je przy kalibracji zmysłów agentów (zobacz rozdziały 5.1.4.5 i 5.1.4.6) oraz przy porównaniu agentów (zobacz rozdział 5.1.5).
- 7, 8 - Mapy bez przeszkód. W pobliżu ofiar znajdują się agenci polujący na napastników. Mapa służy do zbalansowania, kiedy należy polować, a kiedy uciekać (zobacz rozdziały 5.1.4.1 oraz 5.1.4.4).
- 9 - Mapa bez przeszkód. W pobliżu ofiary znajduje się agent polujący na napastnika. Niedaleko znajdują się również inni agenci polujący na tego agresora. Mapa służy do sprawdzenia, kiedy postać może czuć się bezpiecznie w pobliżu agresorów (Agent może prowadzić polowanie, ponieważ zagrażający mu przeciwnicy są zajęci ucieczką. Zobacz rozdział 5.1.4.4.).

- 10 - Mapa bez przeszkód. W pobliżu ofiar znajdują się agenci innego typu niż testowany agent polujący na nie. Mapa sprawdza jak bardzo pomocni mogą być agenci innego typu, jeśli mają podobny cel (zabicie ofiary - zobacz rozdział 5.1.4.4).
- 11 - Mapa bez przeszkód. Służy do sprawdzania jakości współpracy między agentami (wyznaczeniu wpływu sojuszników – zobacz rozdział 5.1.4.4.).
- 12 - Mapa bez przeszkód. Znajdują się na niej dwaj agenci tego samego typu. Mapa służy demonstracji umiejętności wymijania się agentów, gdy jeden staje drugiemu na drodze (Zobacz rozdział 5.1.6.5).
- 13 - Mapa bez przeszkód. Znajdują się na niej trzej napastnicy i jedna ofiara. Jest używana do zademonstrowania osaczania ofiary na otwartym terenie (Zobacz rozdział 5.1.6.2).
- 14 - Mapa bez przeszkód. W jednym rogu znajdują się napastnicy, w drugim ofiara, która patroluje niewielki teren (rozpocznie ona normalne działanie po zobaczeniu przeciwnika). Służy do zademonstrowania grupowego przeszukiwania mapy i współpracy po znalezieniu ofiary (Zobacz rozdział 5.1.6.4).
- 15, 16, 17 - Mapy z jedną przeszkodą przechodzącą przez środek świata. Służą do zademonstrowania wyboru optymalnej trasy z taktycznego punktu widzenia (jest różna w zależności od tego kto znajduje się na mapie - zobacz rozdział 5.1.6.3).

### 5.1.3 Wprowadzenie użytych scenariuszy testowych

Poniżej zdefiniowano scenariusze testów, które będą używane w rozdziale 5.1.

- Scenariusz 1
  - Używany z mapami 1 – 6, 11 – 13, 15 - 17
  - Testuje napastników (na mapach oznaczeni jedynką)
  - Wszyscy agenci są typu podstawowego.

- Miarą sukcesu jest ilość zabitych ofiar w momencie zakończenia gry. Im więcej ofiar zostanie zabitych, tym większy sukces (pełen sukces to zabicie wszystkich ofiar).

- Scenariusz 2
  - Używany z mapami 1 – 6, 11
  - Testuje napastników (na mapach oznaczeni jedynką)
  - Napastnicy są typu podstawowego, ofiary typu mocnego.
  - Miarą sukcesu jest ilość zabitych ofiar w momencie zakończenia gry (im więcej tym lepiej).
- Scenariusz 3
  - Używany z mapami 1 – 6, 11
  - Testuje napastników (na mapach oznaczeni jedynką)
  - Napastnicy są typu mocnego, ofiary typu podstawowego.
  - Miarą sukcesu jest ilość zabitych ofiar w momencie zakończenia gry (im więcej tym lepiej).
- Scenariusz 4
  - Używany z mapami 1 – 6, 11
  - Testuje ofiary (na mapach oznaczeni dwójką)
  - Wszyscy agenci są typu podstawowego.
  - Miarą sukcesu jest ilość zabitych ofiar w momencie zakończenia gry. Im mniej ofiar zostanie zabitych, tym większy sukces (pełnym sukcesem jest przetrwanie wszystkich ofiar).
- Scenariusz 5
  - Używany z mapami 1 – 6, 11
  - Testuje ofiary (na mapach oznaczeni dwójką)
  - Napastnicy są typu podstawowego, ofiary typu mocnego.
  - Miarą sukcesu jest ilość zabitych ofiar w momencie zakończenia gry (im mniej tym lepiej).
- Scenariusz 6
  - Używany z mapami 1 – 6, 11
  - Testuje ofiary (na mapach oznaczeni dwójką)
  - Napastnicy są typu mocnego, ofiary typu podstawowego

    - Miarą sukcesu jest ilość zabitych ofiar w momencie zakończenia gry (im mniej tym lepiej).
- Scenariusz 7
    - Używany z mapami 7 - 10
    - Testuje agentów ze środka łańcucha pokarmowego (na mapach oznaczeni jedynką)
    - Testowani agenci są typu mocnego, ich ofiary typu podstawowego. Pozostałe postacie (polujące na testowanych agentów lub ich ofiary) są typu podstawowego.
    - Miarą sukcesu jest ilość zabitych testowanych agentów oraz ofiar, na które polują. Im mniej testowanych agentów zginie oraz im więcej ich ofiar poniesie śmierć tym sukces jest większy.
- Scenariusz 8
    - Używany z mapami 7 - 10
    - Testuje agentów ze środka łańcucha pokarmowego (na mapach oznaczeni jedynką)
    - Testowani agenci oraz ich ofiary są typu podstawowego. Pozostałe postacie (polujące na testowanych agentów lub ich ofiary) również są typu podstawowego.
    - Miarą sukcesu jest ilość zabitych testowanych agentów oraz ofiar, na które polują.
- Scenariusz 9
    - Używany z mapami 7 - 10
    - Testuje agentów ze środka łańcucha pokarmowego (na mapach oznaczeni jedynką)
    - Testowani agenci są typu podstawowego, ich ofiary typu mocnego. Pozostałe postacie (polujące na testowanych agentów lub ich ofiary) są typu mocnego.
    - Miarą sukcesu jest ilość zabitych testowanych agentów oraz ofiar, na które polują.
- Scenariusz 10
    - Używany z mapami 7 - 10

- Testuje agentów ze środka łańcucha pokarmowego (na mapach oznaczeni jedynką)
- Testowani agenci są typu mocnego, ich ofiary typu podstawowego. Pozostałe postacie (polujące na testowanych agentów lub ich ofiary) są typu mocnego.
- Miarą sukcesu jest ilość zabitych testowanych agentów oraz ofiar, na które polują.

- Scenariusz 11
  - Używany z mapami 7 - 10
  - Testuje agentów ze środka łańcucha pokarmowego (na mapach oznaczeni jedynką)
  - Testowani agenci oraz ich ofiary są typu mocnego. Pozostałe postacie (polujące na testowanych agentów lub ich ofiary) są typu podstawowego.
  - Miarą sukcesu jest ilość zabitych testowanych agentów oraz ofiar, na które polują.
- Scenariusz 12
  - Używany z mapami 14
  - Testuje napastników (na mapach oznaczeni jedynką)
  - Napastnicy są typu podstawowego, ofiara typu szybkiego.
  - Miarą sukcesu jest ilość zabitych ofiar w momencie zakończenia gry (im więcej tym lepiej).

### 5.1.4 Dobór optymalnych współczynników

Rozdział ten poświęcony jest doborowi najlepszych parametrów dla automatów stanów, map wpływów oraz sieci neuronowych. Przedstawione są w nim sumaryczne wyniki.

We wszystkich eksperymentach, przeciwnikami testowanych postaci byli agenci wykorzystujący automaty stanów. Gwarantuje to, że zmiany parametrów będą wpływać tylko na zachowanie testowanych jednostek, nie zaś na ich wrogów. Byli oni używani również podczas wyboru współczynników dla automatów stanów, ponieważ eksperymenty te (zobacz rozdziały 5.1.4.1 – 5.1.4.3) zostały tak zaprojektowane, że zmiany wartości parametrów wpływają tylko na testowanych agentów.

W czasie testów, każdy wybrany dla danego eksperymentu scenariusz został wykonany jednokrotnie dla każdej mapy. Został też wyłączony czynnik losowy, dzięki czemu nie było potrzeby uruchamiania którejkolwiek konfiguracji więcej niż raz.

#### 5.1.4.1 Wybór, kiedy warto polować, a kiedy należy uciekać, w sytuacji, gdy agent widzi ofiary oraz napastników (test automatów stanów).

Gdy agenci widzą ofiary i napastników, muszą zdecydować czy uciekać, czy polować. Wybór ten zależy od tego, jak szybcy są przeciwnicy oraz jak blisko się znajdują. Warunek, który musi być spełniony, aby rozpocząć polowanie, wyrażony jest wzorem:

$agresorMaxV \leq A * agentV \,\&\, ofiaraMinV \leq B * agentV$, gdzie:

- agresorMaxV – prędkość najszybszego napastnika (jak wyjaśniono w rozdziale 3 szybkość tę można tylko szacować – nie jest to wartość dokładna)
- agentV – prędkość agenta, który ocenia sytuację (znana dokładnie)
- ofiaraMinV – prędkość najwolniejszej ofiary (wartość oszacowana)
- & - iloczyn logiczny
- A, B – testowane współczynniki

Ponieważ konstrukcja agenta pozwala w każdej chwili polowania podjąć ucieczkę, nie są sprawdzane odległości od napastników i ofiar. Ocena ta ma na celu sprawdzenie, czy podjęcie polowania jest zasadne, czy też lepiej od razu uciekać. Jeśli zostanie podjęta decyzja o polowaniu, a napastnik podejdzie za blisko, agent automatycznie z niego zrezygnuje i ucieknie (zobacz pseudokody umieszczone w rozdziale 3.7.1). Zakres testowanych parametrów został przedstawiony w tabeli 4.

| | |
|---|---|
| A = 0.5 | B = 0.5 |
| A = 0.5 | B = 0.8 |
| A = 0.8 | B = 0.5 |
| A = 0.8 | B = 0.8 |
| A = 0.8 | B = 1 |
| A = 1 | B = 0.8 |
| A = 1 | B = 1 |
| A = 1 | B = 1.5 |
| A = 1.5 | B = 1 |
| A = 1.5 | B = 1.5 |
| A = 1.5 | B = 2 |
| A = 2 | B = 1.5 |
| A = 2 | B = 2 |

Tabela 4. Zakres testowanych współczynników (kiedy warto polować)

W testach użyto map 7 i 8 oraz scenariuszy 7-11. Rysunek 50 ukazuje sumaryczne wyniki. Wraz ze wzrostem wartości testowanych współczynników, rosła liczba zabitych agentów z testowanego typu. Ilość zabijanych ofiar wahała się tylko nieznacznie. Dlatego niższe wartości współczynników okazały się bardziej korzystne. Między pierwszymi czterema konfiguracjami nie było żadnych różnic. Spośród nich autor wybrał taktykę najbardziej agresywną. Parametry, które zostały zapisane w ostatecznej wersji systemu to:

- **A = 0.8,**
- **B = 0.8.**

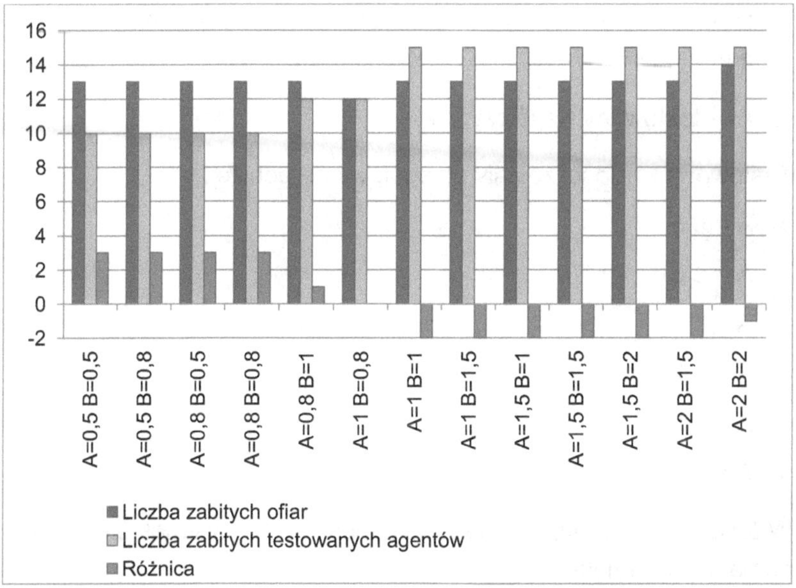


Rysunek 50. Wyniki testu kiedy należy polować, a kiedy uciekać

### 5.1.4.2 Test, kiedy opłaca się polować na wspólny cel, a kiedy na wiele celów (test automatów stanów).

Po podjęciu decyzji na temat współpracy przy polowaniu agent rozstrzyga, czy wszyscy uczestnicy powinni skupić się na jednym celu, czy też każda postać powinna skupić się na innej ofierze. Warunek, jaki musi być spełniony, aby polować na wiele celów jednocześnie, określony jest poniższym wzorem:

$$średniaVCelów \leq A * średniaVTypuAgenta \,\&\, ilośćOfiar > 1$$

gdzie:

- średniaVCelów – średnia prędkość widzianych celów (jak wyjaśniono w rozdziale 3, ich szybkości można tylko szacować – nie są to wartości dokładne)
- średniaVTypuAgenta – średnia szybkość agentów tego samego typu co postać podejmująca decyzję. Jest to średnia

arytmetyczna maksymalnej i minimalnej prędkości agentów danego typu (wartości dokładnie znane).

- A – testowany współczynnik

Testowane wartości zostały przedstawione poniżej:

- A = 0.5
- A = 0.8
- A = 1
- A = 1.2
- A = 1.5
- A = 2

W testach użyto mapy 4 oraz scenariuszy 1-3. Rysunek 51 ukazuje sumaryczne wyniki.

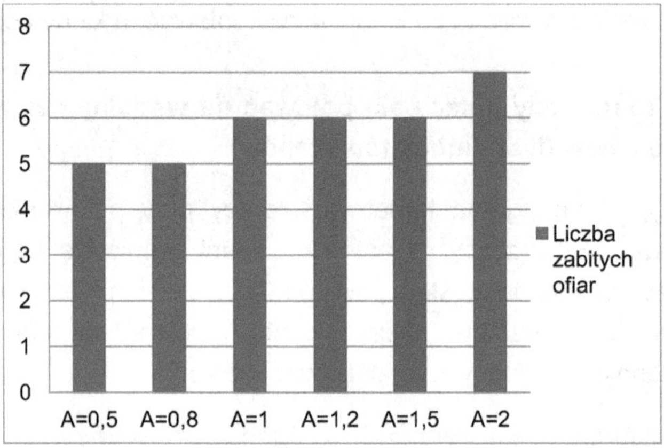


Rysunek 51. Wyniki testu, kiedy należy polować na wspólny cel

Eksperyment pokazał, że wyższe wartości współczynnika dają lepsze rezultaty. Jest to zgodne z intuicją, ponieważ polowanie na wiele celów jednocześnie daje szansę na zabicie większej ilości ofiar. Na jednej ofierze warto się skupić tylko w przypadku, gdy jest ona bardzo mocna i trudno jest ją upolować w pojedynkę. W systemie została zapisana wartość **A = 2.**

### 5.1.4.3 Test, kiedy należy uciekać razem, a kiedy się rozproszyć (test automatów stanów).

W przypadku ucieczki, gdy w pobliżu są sojusznicy, możliwe jest ustalenie, w jakim kierunku każdy powinien się udać. Alternatywy to rozproszenie lub wspólne przemieszczenie się w bezpieczne miejsce. Ucieczka wszystkich w jedno miejsce jest wybierana, gdy spełniony jest warunek:

$średniaVTypuAgenta >= A * maxVnapastnika$, gdzie:

- średniaVTypuAgenta – średnia szybkość agentów tego samego typu co postać podejmująca decyzję. Jest to średnia arytmetyczna maksymalnej i minimalnej prędkości agentów danego typu (wartości dokładnie znane).
- agresorMaxV – prędkość najszybszego napastnika (jak wyjaśniono w rozdziale 3 szybkość tę można tylko szacować – nie jest to wartość dokładna)
- A – testowany współczynnik

Testowane wartości zostały przedstawione poniżej:

- A = 0.5
- A = 0.8
- A = 1
- A = 1.2
- A = 1.5
- A = 2

W testach użyto mapy 4 oraz scenariuszy 4-6. Rysunek 52 ukazuje sumaryczne wyniki.

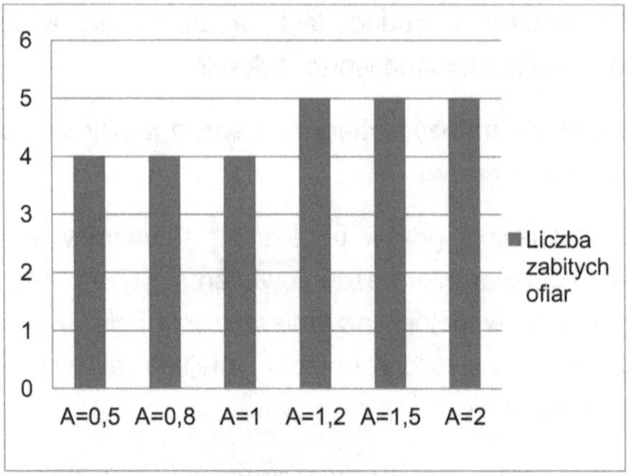


Rysunek 52. Wyniki testu kiedy należy uciekać w jedno miejsce, a kiedy się rozproszyć

Eksperyment pokazał, że lepsze wyniki dają niższe wartości współczynnika. Wartości, przy których liczba zgonów wyniosła 4 nie dały jednak identycznych wyników, pod względem tego, jak szybko ofiary były zabijane. Zostało to pokazane na rysunku 53.

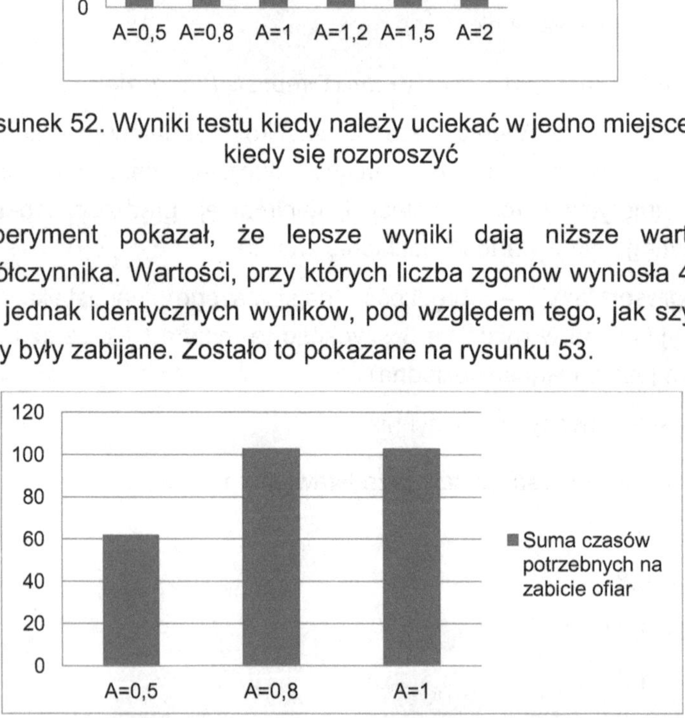


Rysunek 53. Wyniki testu kiedy należy uciekać w jedno miejsce, a kiedy się rozproszyć – porównanie szybkości zabijania ofiar

Gdy współczynnik A = 0.5 ofiary są zabijane szybciej, co jest zjawiskiem niekorzystnym. W systemie została zapisana wartość parametru **A = 0.8**. Wartość współczynnika równa 1.0 daje równie dobre rezultaty. Jednak zgodnie z tym, co napisano w rozdziale 3.6.7, rozproszenie grupy jest również stratą, dlatego spośród wartości dających identyczne wyniki wybrano tę, dla której agenci rozpraszają się rzadziej.

#### 5.1.4.4 Dobór wartości wnoszonych na mapę wpływów przez agentów.

Postacie wnoszą różne wartości na mapę w zależności od tego, jak są nastawione do agenta oraz jego wrogów (zobacz rozdział 3.4.4.2). Test ten ma na celu wyznaczenie takich wpływów, które zapewnią utworzenie najlepszej mapy wynikowej. Używane są następujące wzory:

$$Współczynnik\ nastawienia\ napastnika = -A$$

$$Współczynnik\ nastawienia\ ofiary = B$$

$$Współczynnik\ nastawienia\ sojusznika = C$$

$$Współczynnik\ nastawienia\ agenta\ polującego \\ na\ napastników\ rozważanej\ postaci = D$$

$$Współczynnik\ nastawienia\ agenta\ polującego \\ na\ ofiary\ rozważanego\ agenta = E$$

gdzie:

- A, B, C, D, E – testowane współczynniki

Najpierw wyznaczono wartość parametrów A oraz B. Gdy były one już znane, wyznaczono parametr C. Po zapisaniu jego wartości, dokonano testów w celu ustalenia współczynników D i E. Przeciwnikami testowanych agentów były postacie wykorzystujące automaty stanów (tak, aby zmiany współczynników nie wpływały na zachowanie wrogów). Poniżej został ukazany zakres testowanych parametrów.

| | |
|---|---|
| A = 5 | B = 5 |
| A = 5 | B = 10 |
| A = 5 | B = 15 |
| A = 5 | B = 20 |
| A = 5 | B = 30 |
| A = 10 | B = 5 |
| A = 10 | B = 10 |
| A = 15 | B = 5 |
| A = 15 | B = 15 |
| A = 20 | B = 5 |
| A = 20 | B = 20 |
| A = 30 | B = 5 |
| A = 30 | B = 30 |

Tabela 5. Testowane wartości współczynników A i B dla map wpływu

Testowane wartości współczynnika C:

- C = 0.4
- C = 0.7
- C = 1
- C = 2
- C = 3
- C = 5
- C = 10

Testowane wartości współczynnika D:

- D = 0.4
- D = 0.7

- D = 1
- D = 2
- D = 3
- D = 5
- D = 10

Testowane wartości współczynnika E:

- E = 0.4
- E = 0.7
- E = 1
- E = 2
- E = 3
- E = 5
- E = 10

W testach współczynników A i B użyto map 7 i 8 oraz scenariuszy 7-11. Rysunek 54 ukazuje sumaryczne wyniki.

Eksperymenty te pokazały, że korzystniej jest, gdy większy jest współczynnik przy agresorach. Daje to więcej szans na przetrwanie (agent trzyma się z daleka od napastników) i późniejsze zabicie ofiary. Najlepsze rezultaty uzyskano dla parametrów **A = 15 oraz B = 5.** Wartości te zostały zapisane w systemie.

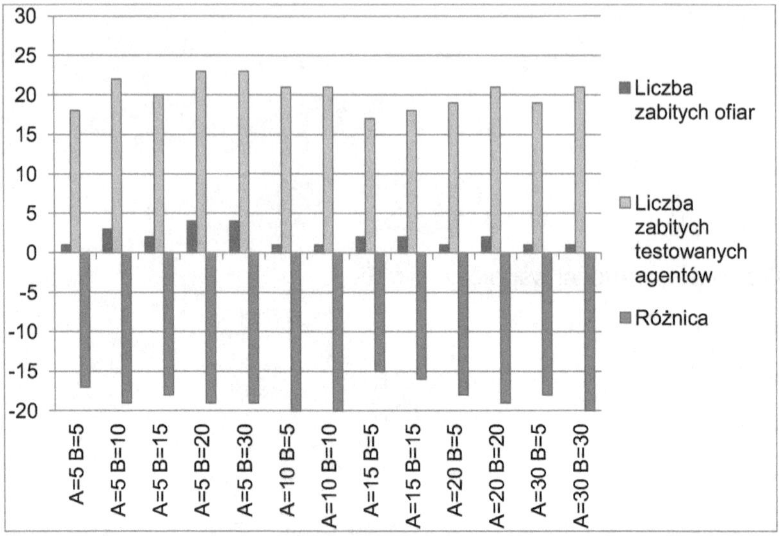


Rysunek 54. Wyniki testu parametrów A i B

Warto też zwrócić uwagę, że wyniki dla wszystkich wartości są słabe. Jest tak dlatego, że jest to pierwszy test mający na celu dobranie współczynników dla map wpływów i w momencie jego wykonywania pozostałe wartości nie były jeszcze wyznaczone. Z tego powodu nie można jeszcze oczekiwać dobrych wyników. Implementację agentów używających map wpływów będzie można porównać z postaciami używającymi automatów stanów (używanymi jaki ich przeciwnicy) dopiero po wyznaczeniu najlepszych wartości wszystkich parametrów.

W testach współczynnika C użyto mapy 11 oraz scenariuszy 1-3. Ponadto przed eksperymentem wprowadzono do systemu wyznaczone wartości współczynników A i B. Rysunek 55 ukazuje sumaryczne wyniki.

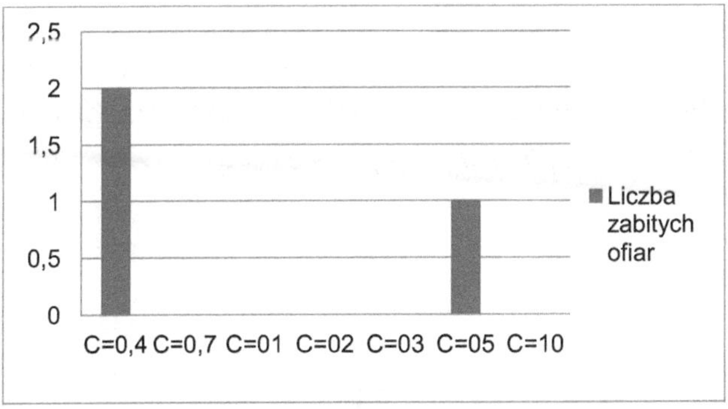


Rysunek 55. Wyniki testu parametru C

Eksperyment jednoznacznie wskazał, że najkorzystniejsza jest **wartość parametru C równa 0.4**. Wartość ta została zapisana w systemie. Jest to zgodne z oczekiwaniami, ponieważ agenci Ci nie posiadają zaawansowanych możliwości współpracy, przez co korzyści płynące z bycia blisko sojuszników są ograniczone.

W testach współczynnika D użyto mapy 9 oraz scenariuszy 1-3. Ponadto przed eksperymentem wprowadzono do systemu wyznaczone wartości współczynników A, B oraz C. Poniższy wykres ukazuje sumaryczne wyniki.

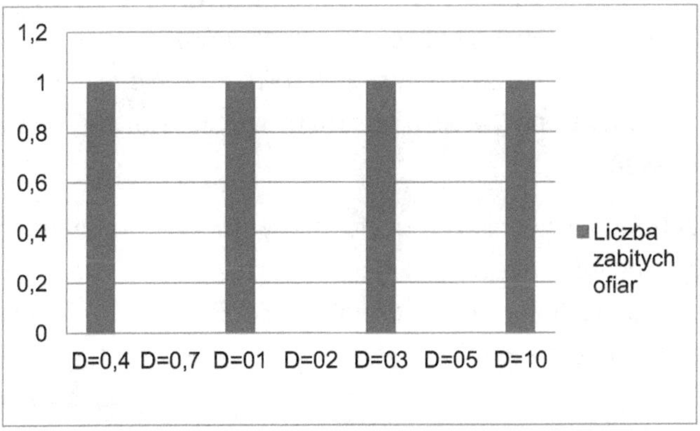


Rysunek 56. Wyniki testu parametru D

Porównanie ilości zabitych ofiar nie daje odpowiedzi, jaka wartość współczynnika D jest najkorzystniejsza. W celu jej wyznaczenia należy odnieść się do czasu, w jakim ofiara ta była zabijana. Jest on zaprezentowany na poniższym wykresie.

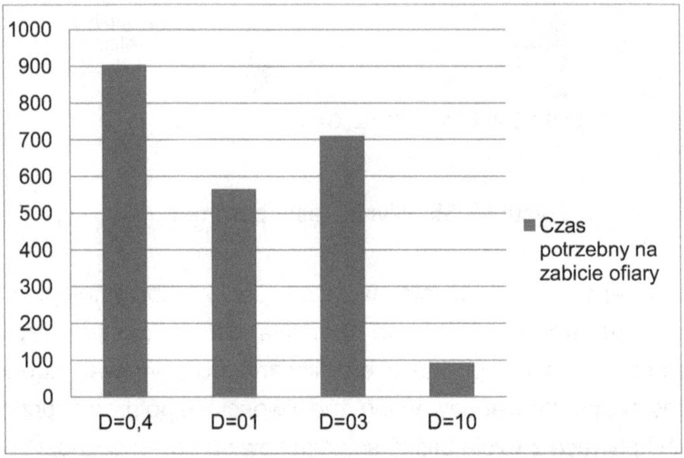


Rysunek 57. Czas zgonu ofiary w czasie testów parametru D

Eksperyment jednoznacznie wskazał, że wartość **D = 10** daje najlepsze rezultaty (została zapisana w systemie). Można to wytłumaczyć: jeśli agent ma czuć się naprawdę bezpieczny, gdy widzi napastnika, musi być blisko postaci, która na tego napastnika poluje (wtedy sam może również zapolować, bo nic nie powinno mu się stać). Może on wtedy od razu rzucić się na ofiarę i ją wyeliminować.

W testach współczynnika E użyto mapy 10 oraz scenariuszy 1-3. Ponadto przed eksperymentem wprowadzono do systemu wyznaczone wartości współczynników A, B oraz C. Rysunek 58 ukazuje sumaryczne wyniki.

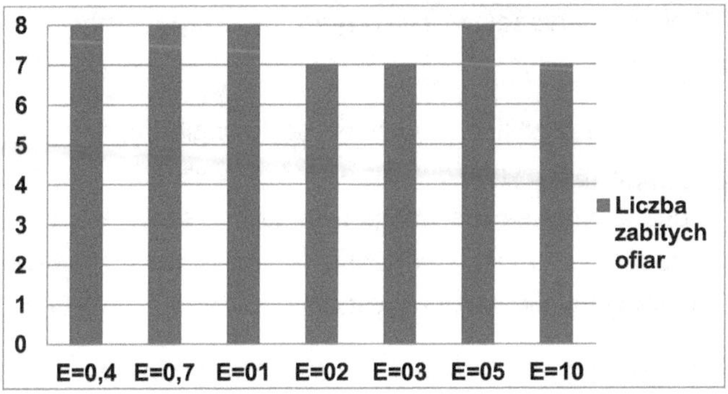


Rysunek 58. Wyniki testu parametru E

Tak jak w poprzednim wypadku, aby jednoznacznie wybrać najlepszą wartość współczynnika, należy porównać czasy zgonów ofiar. Są one widoczne na rysunku 59.

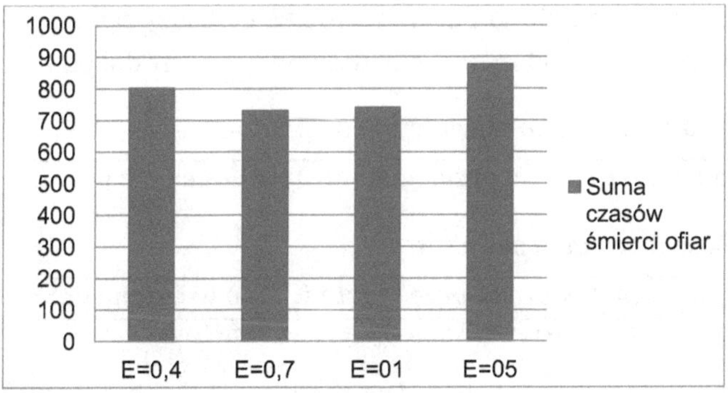


Rysunek 59. Suma czasów zgonów ofiar w czasie testów parametru E

Testy wykazały, że agent najlepiej spisuje się gdy **E = 0.7** (zostało to zapisane w systemie). W tym momencie warto odnieść się do wyznaczonego wcześniej parametru C. Agent polujący na tę samą ofiarę wnosi trochę większy wpływ niż sojusznik, ponieważ nie ma możliwości porozumienia się z nim, a więc jedyną możliwością współpracy jest naganianie mu ofiary, co wymaga bycia blisko niego.

### 5.1.4.5 Dobór wartości wnoszonych na mapę wpływów przez różne zmysły

Informacje ze wszystkich zmysłów są uwzględnianie na mapie wpływów. Od współczynników, przez które wartości te są mnożone zależy, które zmysły są dla postaci najważniejsze. Test ten ma na celu wyznaczenie takich wartości, które zapewnią utworzenie najlepszej mapy wynikowej. Używane są następujące wzory:

$$Wartość\ wnoszona\ przez\ zapach\ od\ agentów\ konkretnego\ typu = A * zmiana\ zapachu\ od\ ostatniego\ pomiaru * wartość\ zapachu\ w\ danym\ miejscu * wartość\ wnoszona\ przez\ pojedynczego\ agenta\ danego\ typu * \frac{180-|kąt|}{180}$$

, gdzie:

- Kąt jest różnicą kąta prostej łączącej pozycję agenta z obliczaną pozycją na mapie oraz kąta prostej łączącej pozycję postaci z położeniem, w którym został wykonany poprzedni pomiar.

$$Wartość\ dodawana\ do\ niewidzianego\ pola = B * \sqrt{pierwiastek\ czasu\ przez\ jaki\ nie\ było\ dane\ pole\ widziane}$$

$$Wartość\ wnoszona\ przez\ odgłos = \frac{C * \sqrt{pierwiastek\ czasu\ przez\ jaki\ nie\ było\ widziane\ dane\ pole}}{D^{odległość\ między\ położeniem\ agenta\ a\ obliczaną\ pozycją\ na\ mapie}}$$

Testowane współczynniki to A, B, C oraz D.

Przed eksperymentem do systemu zostały wprowadzone wszystkie wartości parametrów wyznaczone w poprzednim teście (patrz rozdział 5.1.4.4). Przeciwnikami testowanych agentów były postacie wykorzystujące automaty stanów (tak, aby zmiany współczynników nie wpływały na zachowanie wrogów).

Najpierw wyznaczono wartość parametru A. Gdy była ona już znana, wyznaczono parametr B. Po zapisaniu jego wartości, dokonano testów w celu ustalenia współczynników C i D. Zakres testowanych parametrów został ukazany poniżej oraz w tabeli 6.

Testowane wartości współczynnika A:

- A = 0.1
- A = 1
- A = 10
- A = 100
- A = 1000
- A = 10000
- A = 100000

Testowane wartości współczynnika B:

- B = 0.01
- B = 0.1
- B = 1
- B = 10
- B = 100
- B = 1000
- B = 10000

W testach wszystkich współczynników użyto map 2,3,5 i 6 oraz scenariuszy 1-6. Przedstawione wyniki prezentują liczbę zabitych ofiar dla scenariuszy 1-3 oraz liczbę zgonów testowanych agentów w momencie gdy byli oni ofiarami (scenariusze 4-6).

| | |
|---|---|
| C = 0.01 | D = 1.2 |
| C = 0.01 | D = 1.5 |
| C = 0.01 | D = 2 |
| C = 0.1 | D = 1.2 |
| C = 0.1 | D = 1.5 |
| C = 0.1 | D = 2 |
| C = 1 | D = 1.2 |
| C = 1 | D = 1.5 |
| C = 1 | D = 2 |
| C = 10 | D = 1.2 |
| C = 10 | D = 1.5 |
| C = 10 | D = 2 |

Tabela 6. Testowane wartości współczynników C i D dla map wpływu

Poniższy wykres ukazuje sumaryczne wyniki testów parametru A.

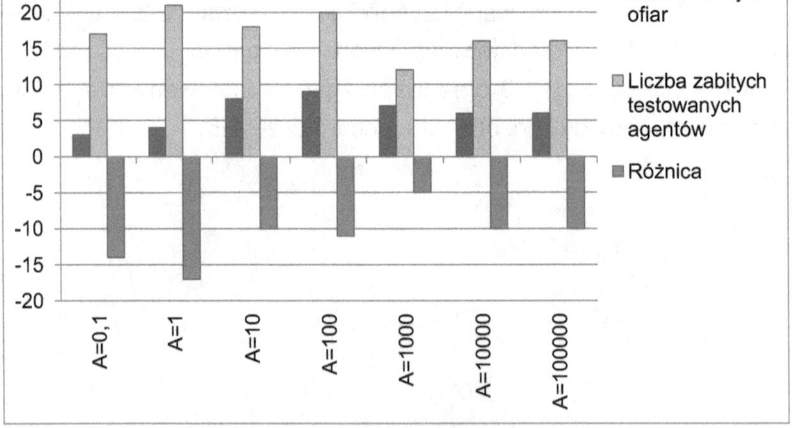


Rysunek 60. Wyniki testu parametru A

Spośród testowanych wartości, najlepsze wyniki otrzymano dla **A = 1000** (wartość taką zapisano w systemie). Przyczyną takiego wyniku jest fakt, że zwykle zmiany zapachu są bardzo niewielkie i żeby wnosiły istotny wpływ na tworzoną mapę, trzeba je przemnożyć przez dużą liczbę. Węch jest istotny dla agenta, gdy nie jest on w stanie zobaczyć swoich przeciwników, jednak w przypadku, gdy napastnicy lub ofiary są widoczne, postać powinna kierować się wzrokiem. Z tego powodu po przekroczeniu pewnej granicy, wzrost wartości współczynnika A powoduje pogorszenie się rezultatów (agent zaczyna kierować się węchem w sytuacjach, w których nie powinien).

Poniższy wykres ukazuje sumaryczne wyniki testów parametru B.

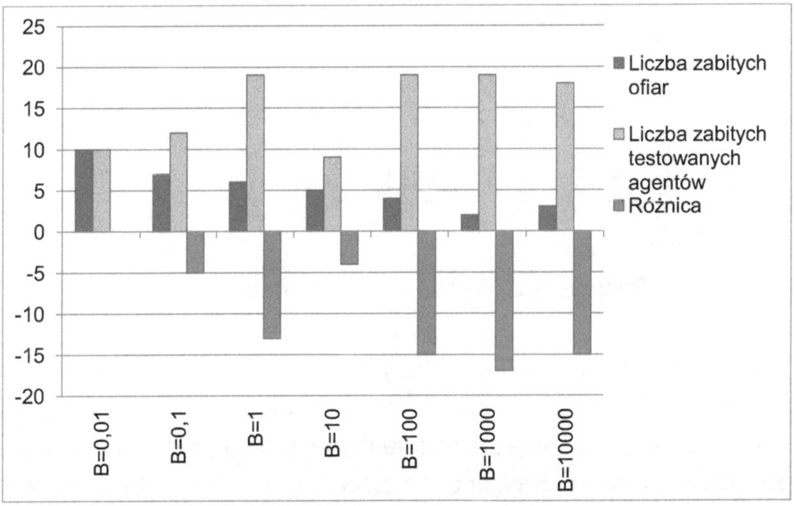


Rysunek 61. Wyniki testu parametru B

Eksperyment pokazał, że najlepsze wyniki uzyskiwane są przy niewielkiej wartości współczynnika B. W systemie zostało zapisane **B równe 0.01**. Pokazuje to, że wartość od niewidzianych obszarów mapy nie może być duża, ponieważ znacznie ważniejsze są bodźce dostarczane przez zmysły. Przy dużym wpływie niewidzianych obszarów, agent mógłby się skierować wprost na napastnika, tylko dlatego, że za nim jest sektor, którego dawno nie odwiedzał. B równe 0.01 gwarantuje, że tak się nie stanie. Agent skieruje się w stronę niewidzianych miejsc, gdy zmysły nie dostarczają żadnych przydatnych informacji (właśnie takie postępowanie jest wskazane).

Rysunek 62 ukazuje sumaryczne wyniki testów parametrów C i D.

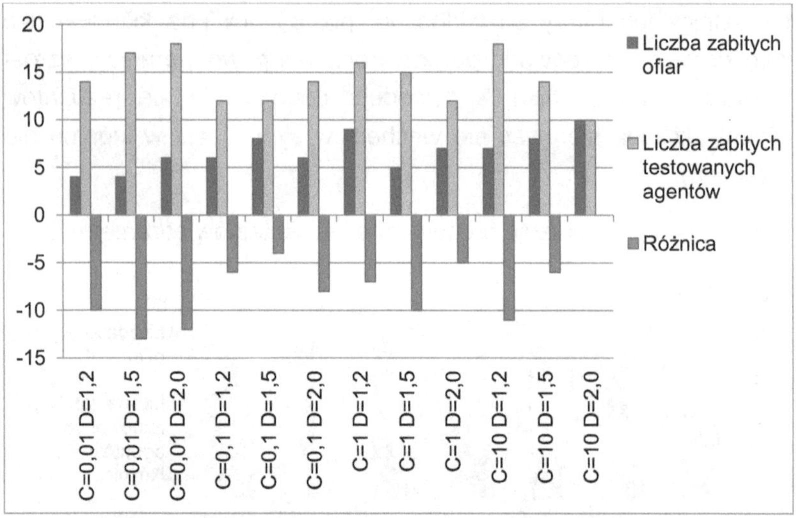


Rysunek 62. Wyniki testu parametrów C i D

Testy pokazały, że najkorzystniej jest, jeśli na mapie wyraźnie zaznaczane jest skąd pochodził odgłos (dźwięk wnosi dużą wartość, która szybko zanika wraz z oddalaniem się od jego źródła). Z tego powodu w systemie zapisano wartości parametrów **C=10 oraz D = 2.**

### 5.1.4.6 Wyznaczenie mnożników wejść sieci neuronowej

Aby sieć neuronowa zwróciła poprawny wynik, na wejścia podawane są informacje pochodzące ze zmysłów. W celu lepszego określenia, które z nich są najistotniejsze, przemnażane są one przez odpowiednie współczynniki. Używane wzory przy obliczaniu wejść sieci neuronowej znajdują się poniżej.

$$Wartość\ wejścia\ reprezentująca\ strefę\ widzenia\ (napastnicy) = \sum \frac{A * średnia\ prędkość\ dla\ typu\ napastnika}{dystans\ do\ napastnika}$$, gdzie:

- suma jest liczona po wszystkich napastnikach w strefie

$$Wartość\ wejścia\ reprezentująca\ strefę\ widzenia\ (ofiary) = \sum \frac{B * średnia\ prędkość\ dla\ typu\ ofiary}{dystans\ do\ ofiary}$$, gdzie:

- suma jest liczona po wszystkich ofiarach w strefie

$$Wartość\ wejścia\ reprezentująca\ strefę\ węchu\ (napastnicy) = \sum A * C * zmiana\ zapachu\ od\ ostatniego\ pomiaru * wartość\ zapachu\ w\ danym\ miejscu$$, gdzie:

- suma jest liczona po wszystkich zapachach typów polujących na rozważanego agenta

$$Wartość\ wejścia\ reprezentująca\ strefę\ węchu\ (ofiary) = \sum B * C * zmiana\ zapachu\ od\ ostatniego\ pomiaru * wartość\ zapachu\ w\ danym\ miejscu$$, gdzie:

- suma jest liczona po wszystkich zapachach typów, na które rozważany agent poluje

$$Wartość\ wejścia\ reprezentujących\ czas\ i\ odgłosy\ dla\ danej\ strefy = D * średnia\ czasów, przez\ jaki\ dane\ pola\ nie\ były\ widziane + E * ilość\ komunikatów\ dochodzących\ ze\ strefy$$

Szukane są najlepsze wartości dla parametrów A, B, C, D, E.

Najpierw wyznaczono wartość parametrów A oraz B. Gdy były one już znane, wyznaczono parametr C. Po zapisaniu jego wartości, dokonano testów w celu ustalenia współczynnika D. Następnie po jego zapamiętaniu dokonano eksperymentów wyznaczających parametr E. Przeciwnikami testowanych agentów były postacie wykorzystujące automaty stanów (tak, aby zmiany współczynników nie wpływały na zachowanie wrogów). Zakres testowanych parametrów został pokazany poniżej oraz w tabeli 7.

Testowane wartości współczynnika C:

- C = 0.1
- C = 1
- C = 10
- C = 100
- C = 1000
- C = 10000
- C = 100000

Testowane wartości współczynnika D:

- D = 0.01
- D = 0.1
- D = 1
- D = 10
- D = 100
- D = 1000
- D = 10000

Testowane wartości współczynnika E:

- E = 0.01
- E = 0.1
- E = 1
- E = 10
- E = 100
- E = 1000
- E = 10000

| | |
|---|---|
| A = 1 | B = 1 |
| A = 1 | B = 10 |
| A = 1 | B = 20 |
| A = 1 | B = 30 |
| A = 1 | B = 50 |
| A = 1 | B = 100 |
| A = 10 | B = 1 |
| A = 10 | B = 10 |
| A = 20 | B = 1 |
| A = 20 | B = 20 |
| A = 30 | B = 1 |
| A = 30 | B = 30 |
| A = 50 | B = 1 |
| A = 50 | B = 50 |
| A = 100 | B = 1 |
| A = 100 | B = 100 |

Tabela 7. Testowane wartości współczynników A i B dla sieci neuronowej

W testach współczynników A i B użyto map 7 i 8 oraz scenariuszy 7-11. Rysunek 63 ukazuje sumaryczne wyniki testów parametrów A i B.

Najlepsze wyniki uzyskano, gdy **wartości badanych parametrów były równe lub gdy wartość współczynnika B była większa**. Wybrano wartości **A = 20, B = 20,** ponieważ autor uznał, że wskazane jest, aby te wartości były równe, jeśli jest taka możliwość. To, że rezultaty otrzymane dla przypadków, kiedy wartości były równe, różniły się między sobą (np. dla A = 20, B = 20 różnica wynosi -5, natomiast dla A = 10, B = 10 różnica wynosi -7) jest skutkiem tego, że pozostałe parametry nie były zmieniane proporcjonalnie (zawsze były stałe). Nie należy jednak się tym przejmować, ponieważ najlepsze wartości pozostałych parametrów zostały wyznaczone w dalszych testach, a więc zostały dobrane do podanych tu proporcji (gdyby wzięto A = 10, B = 10 to w następnych testach wartości pozostały parametrów wyszłyby niższe).

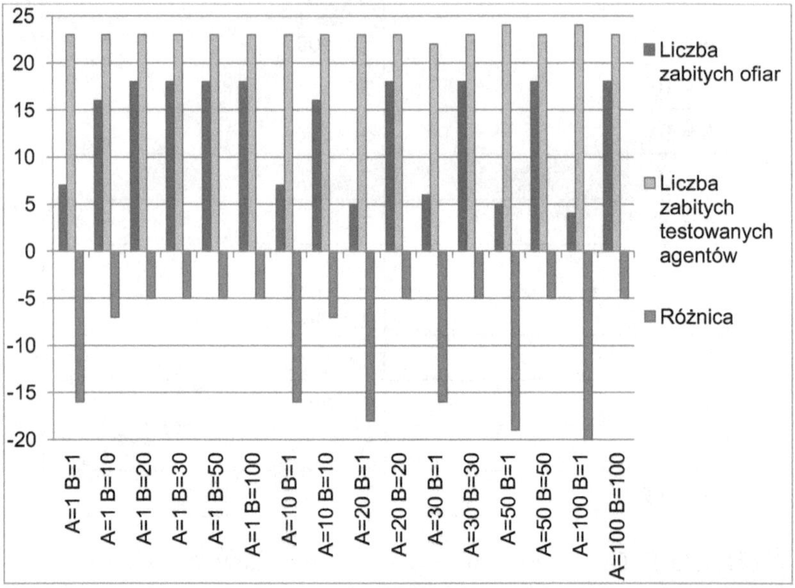


Rysunek 63. Wyniki testu parametrów A i B

W testach współczynników C, D oraz E użyto map 2,3,5 i 6 oraz scenariuszy 1-6. Przedstawione wyniki prezentują liczbę zabitych ofiar dla scenariuszy 1-3 oraz liczbę zgonów testowanych agentów w momencie, gdy byli oni ofiarami (scenariusze 4-6).

Rysunek 64 ukazuje sumaryczne wyniki testów parametru C.

Najlepsze wyniki otrzymano dla wartości parametru równych 0.1 i 1. Jednak dla **C = 1** ofiary są zabijane nieznacznie szybciej. Dodatkowo testowani agenci dłużej pozostają przy życiu, dlatego tę wartość zapisano w systemie. Na tle rezultatów dla map wpływów (zobacz rozdział 5.1.4.5) może to być zaskakujące, jednak należy wziąć pod uwagę to, jak działa sieć neuronowa. Jej wejścia są na początku normalizowane. Skutkuje to tym, że gdy nie będzie sygnałów z innych wejść, nawet niewielka zmiana zapachu stanie się dla sieci znacząca i pomoże podjąć właściwą akcję. Jednak. gdy pojawią się wartości na pozostałych wejściach, ta niewielka zmiana nie będzie miała dużego znaczenia (tego właśnie oczekujemy, bo wzrok jest bardziej precyzyjny).

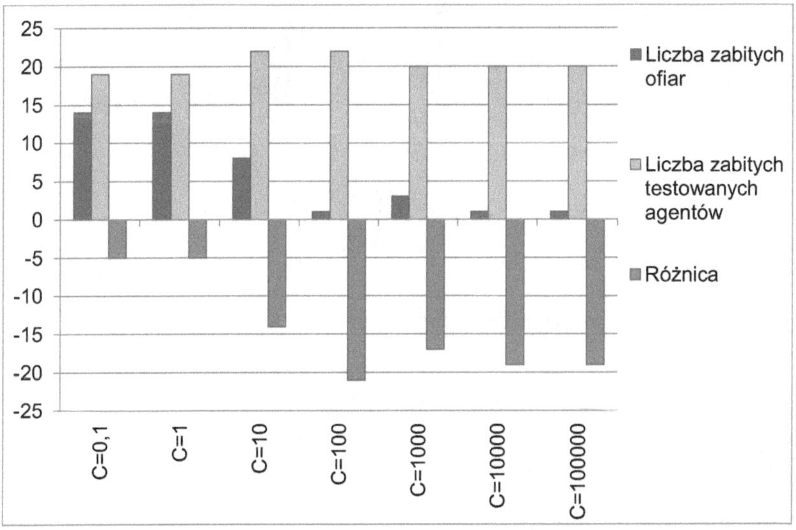


Rysunek 64. Wyniki testu parametru C

Rysunek 65 ukazuje sumaryczne wyniki testów parametru D.

Najlepsze wyniki otrzymano dla **D = 1**. Wartość ta została zapisana w systemie.

Rysunek 66 ukazuje sumaryczne wyniki testów parametru E.

Najlepsze rezultaty otrzymano dla **E = 0.1**. Wartość ta została zapisana w systemie.

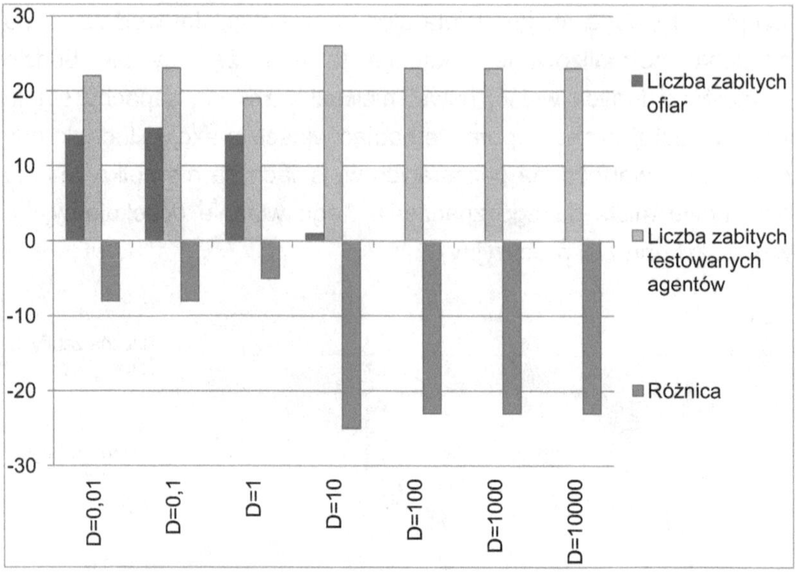


Rysunek 65. Wyniki testu parametru D

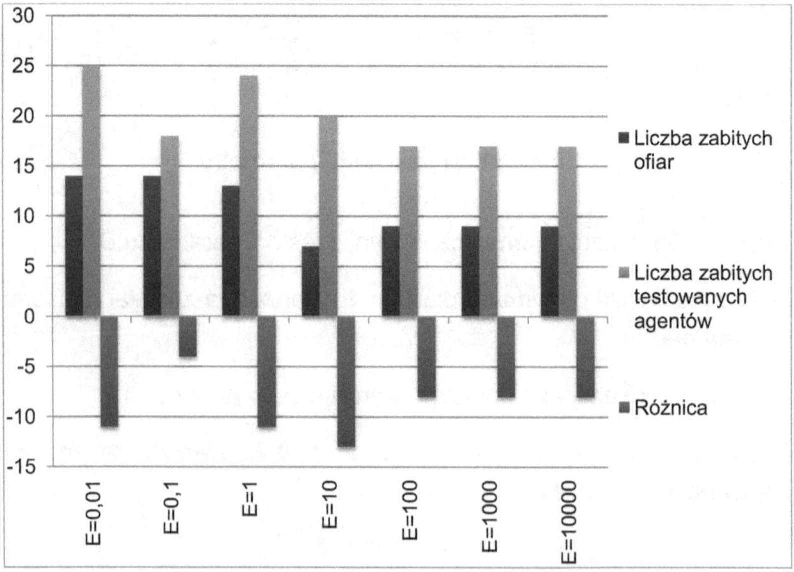


Rysunek 66. Wyniki testu parametru E

### 5.1.5 Porównanie różnych rodzajów agentów

Do porównania agentów użyto map 1-6. Mapa 1 wykorzystywana była ze scenariuszami 1-3, natomiast pozostałe mapy ze scenariuszami 1-6. Przedstawione wyniki prezentują liczbę zabitych ofiar dla scenariuszy 1-3 oraz liczbę zgonów testowanych agentów w momencie, gdy byli oni ofiarami (scenariusze 4-6). Aby rezultaty były wiarygodne, we wszystkich eksperymentach przeciwnikami testowanych postaci byli agenci tego samego rodzaju[1]. Otrzymane wyniki są widoczne na rysunku 67.

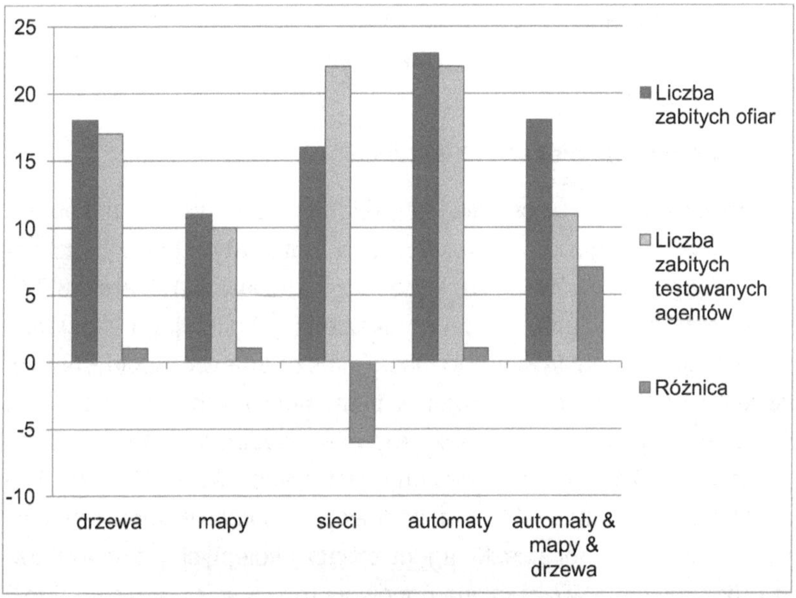


Rysunek 67. Wyniki testu porównującego agentów

Spośród czterech sposobów sterowania najskuteczniejsze okazały się drzewa gier, mapy wpływów i automaty stanów. Dlatego, tworząc agenta używającego wielu technik, zdecydowano się na ich

[1] Konkretnie byli to agenci wykorzystujący tylko automaty stanów. Zostali oni wybrani dlatego, że była to pierwsza stworzona implementacja.

wykorzystanie. Agent ten odniósł pełen sukces, uzyskując zdecydowanie najlepszy wyniki, co potwierdziło, że wybrane technik zostały właściwie zastosowane. Warto zauważyć, że nie zabił on największej ilości celów, ani też nie zanotował najmniejszej ilości zgonów. Jednak biorąc pod uwagę stosunek tych wartości był zdecydowanie najlepszy. Pokazuje to, że jest on uniwersalny i potrafi się odnaleźć się w większości sytuacji. Taktyka agenta nie powinna być ani zbyt agresywna, ani zbyt zachowawcza. Wyniki uzyskane przez tego agenta zostały również przedstawione na rysunku 67. Podpisy na osi x oznaczają używane przez agentów techniki sterowania. Drzewa oznaczają drzewa gier, mapy – mapy wpływów, sieci to sieci neuronowe natomiast automaty oznaczają automaty stanów.

### 5.1.6 Omówienie ciekawych sytuacji

W rozdziale tym zostanie omówione zachowanie najlepszej implementacji agenta (wykorzystująca automaty stanów, drzewa gier i mapy wpływów naraz – zobacz rozdziały 5.1.5 oraz 3.7.5) w różnych sytuacjach, w celu pokazania jakości jego działania. Rozważając przedstawione sytuacje należy zdawać sobie sprawę, że jest to opis planów agentów w przedstawionych sytuacjach. Ich wykonanie jest zależne od rozwoju wydarzeń. Przykładowo w rozdziale 5.1.6.3 przedstawiony jest wybór ścieżki optymalnej z taktycznego punktu widzenia. Jednak jeśli w czasie poruszania się wzdłuż wyznaczonej ścieżki, agent zobaczy kolejnych przeciwników, to droga zostanie wyznaczona ponownie (nowa ścieżka może różnić się od tej zaprezentowanej).

W rozdziale tym, w celu poprawy czytelności rysunków, numery typów agentów zostały usunięte (wprowadzanie ich obok strzałek pokazujących ruchy agentów zaciemniłoby obraz). Aby odróżnić typy agentów, zostali oni pokolorowani na różne kolory:

- typ 1 na czarno,
- typ 2 na jasny szary,

- typ 3 na ciemny szary.

### 5.1.6.1 Odcinanie dróg ucieczki wśród przeszkód

Ciekawa, a jednocześnie trudna dla sztucznej inteligencji w wielu grach, jest sytuacja przedstawiona na rysunku 68.

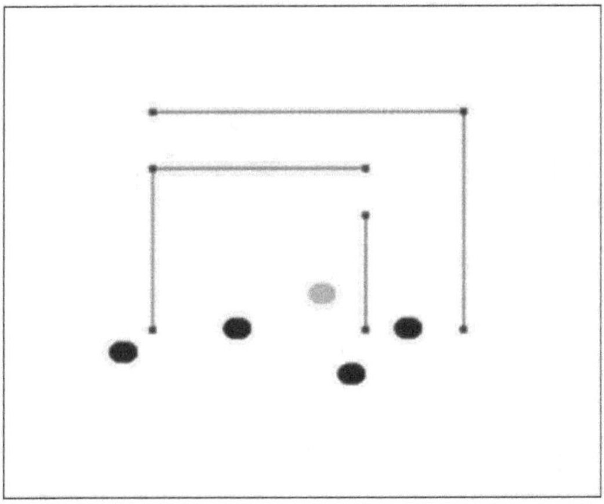

Rysunek 68. Schemat sytuacji, gdy ofiara ma niewiele dróg ucieczki

Przedstawiona ofiara ma niewiele dróg ucieczki. Dodatkowo napastnicy mają przewagę liczebną. Jeśli agresorzy są inteligentni, powinni umieć taką przewagę taktyczną wykorzystać. Niestety, w większości gier komputerowych tak się nie dzieje. Zawodzi przed wszystkim komunikacja. Postacie nie ustalają wspólnej strategii, przez co wszyscy napastnicy widzący ofiarę rzucają się bezpośrednio na nią. Jest to zaprezentowane na rysunku 69. Ponadto agent, który nie widzi ofiary (oznaczony pytajnikiem), nie będzie zdawał sobie sprawy z polowania, które odbywa się obok i bez tej wiedzy podejmie decyzje o tym, gdzie się udać. Najprawdopodobniej przemieści się gdzieś w kierunku otwartej przestrzeni, przez co ofiara będzie miała otwarte aż dwie drogi ucieczki. Nawet jeśli przez przypadek uda się na północ, ofiara dalej będzie dysponować jedną drogą ucieczki. Jeśli jest szybsza niż napastnicy, to po dotarciu na otwartą przestrzeń, swobodnie się oddali. Napastnicy stracą okazję do zabicia mocnego przeciwnika.

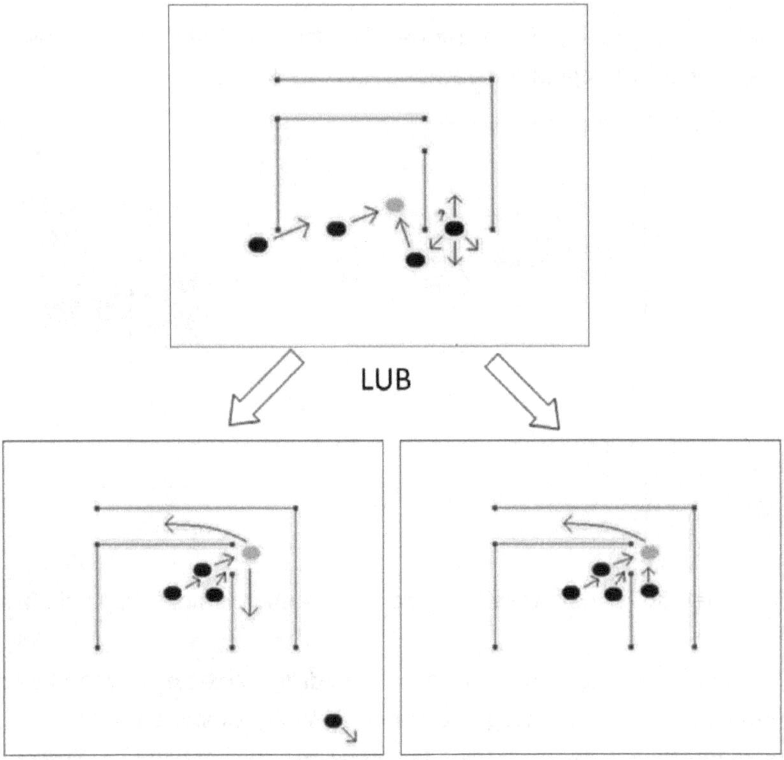


Rysunek 69. Zachowanie sztucznej inteligencji z większości gier

Stworzona sztuczna inteligencja zachowuje się inaczej. Przede wszystkim przed podjęciem akcji następuje komunikacja, dzięki czemu wszyscy agenci mogą wziąć udział w polowaniu. Ponadto ustalana jest wspólna taktyka. Część agentów odcina potencjalne drogi ucieczki, umożliwiając innym zabicie ofiary. Zostało to przedstawione na rysunku 70.

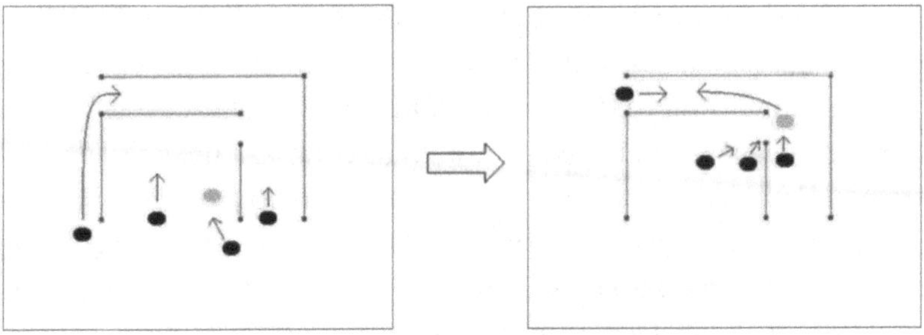

Rysunek 70. Zachowanie zaimplementowanej sztucznej inteligencji

### 5.1.6.2 Polowanie na szybką ofiarę na otwartym terenie (osaczanie z prawej i lewej)

Odmienną, lecz równie ważną sytuacją w czasie polowania jest spotkanie mocnej ofiary na otwartym terenie. Sytuację taką ilustruje poniższy rysunek.

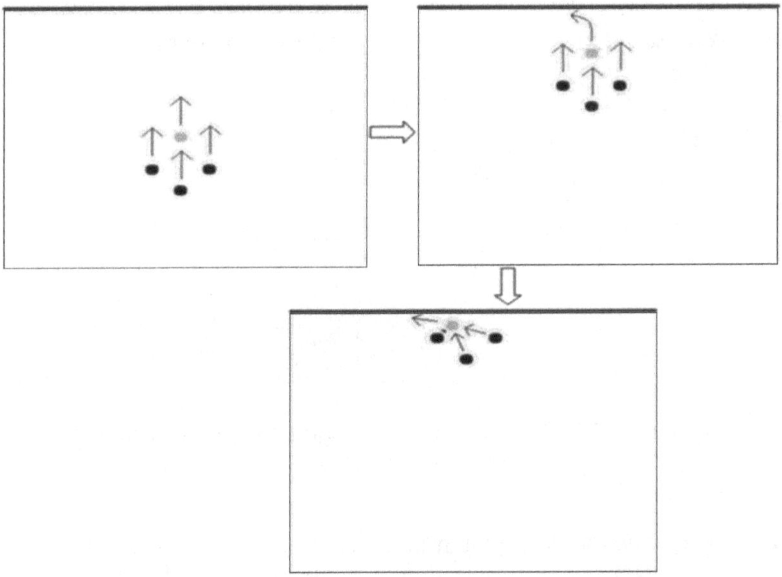

Rysunek 71. Zachowanie zaimplementowanej sztucznej inteligencji przy polowaniu na otwartym terenie

Jeśli ofiara nie jest wolniejsza od napastników, bardzo trudno ją złapać. W takim przypadku zaimplementowani agenci stosują taktykę naganiania przeciwnika. Starają się oni oskrzydlić go z prawej i lewej strony tak, żeby zmusić go do ucieczki po linii prostej. Przy takiej strategii w końcu dotrze on do przeszkody, którą będzie musiał ominąć lub muru otaczającego mapę. W takiej sytuacji, jeśli skieruje się w prawo lub w lewo, bardzo ułatwi atak agentom asekurującym te skrzydła. Natomiast jeśli się zatrzyma, dogoni go agent kierujący się na niego bezpośrednio.

### 5.1.6.3 Wybór optymalnej ścieżki z taktycznego punktu widzenia

Postacie w grach komputerowych często muszą radzić sobie z problemem znajdowania drogi. Zgodnie z tym, co napisano (zobacz rozdziały 2.5.2.1 oraz 3.4.3.2), najkrótsza ścieżka nie zawsze jest najlepsza. Na rysunku 72 możemy zaobserwować najlepszą drogę dla agenta do miejsca docelowego oznaczonego okręgiem, w sytuacji, gdy nie widzi on żadnych przeciwników.

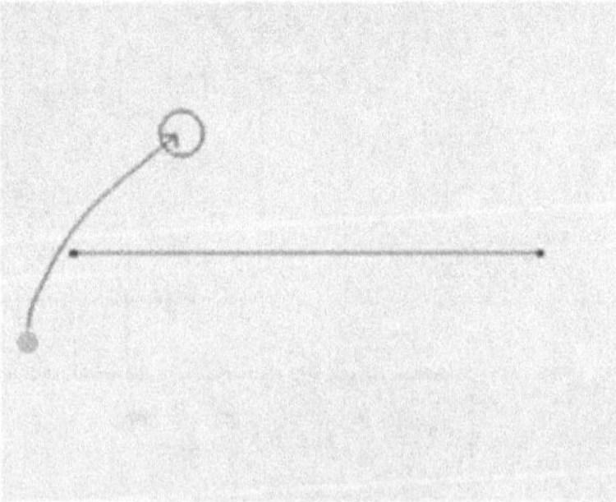

Rysunek 72. Optymalna ścieżka gdy nie widać żadnych przeciwników

Jednak gdy w pobliżu jest napastnik, zupełnie inna trasa będzie najlepsza. Jest ona dłuższa, ale też mniej niebezpieczna. Pokazano ją na rysunku 73. Należy też pamiętać, że trasa obarczona ryzykiem, nie zawsze musi być zła. Rysunek 74 pokazuje, że agent może wybrać w pewnych okolicznościach ścieżkę przechodzącą obok agresora. Jest to słuszny wybór, bo napastnik nie powinien w tych okolicznościach zagrażać postaci, ponieważ w pierwszej kolejności musi zadbać o to, aby nie zostać zabitym.

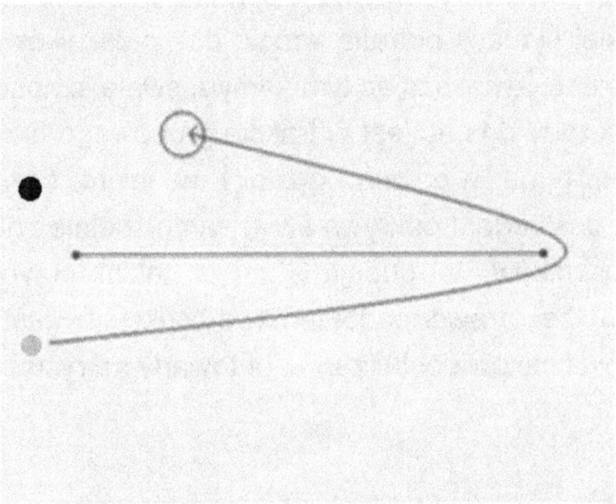

Rysunek 73. Ścieżka, optymalna z taktycznego punktu widzenia, gdy pojawia się silny napastnik

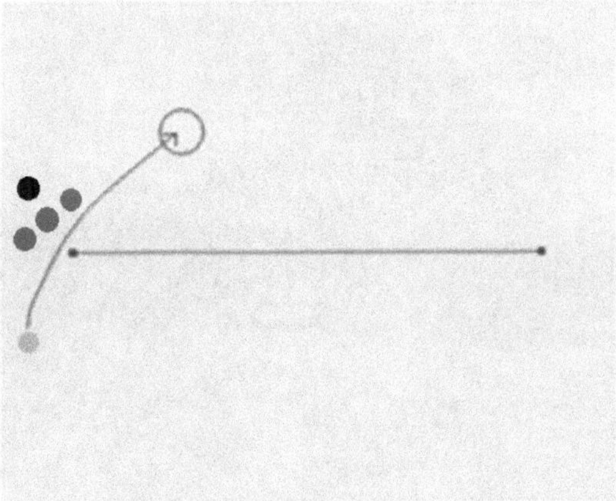

Rysunek 74. Ścieżka, optymalna z taktycznego punktu widzenia, gdy pojawia się napastnik oraz agenci polujący na napastnika

### 5.1.6.4 Powrót po sojuszników w celu uzyskania pomocy

Czasami zdarza się, że napotkana ofiara jest tak silna, że jakakolwiek próba ataku ma małe szanse powodzenia. Stworzeni agenci w takiej sytuacji potrafią wrócić po sojuszników, aby razem z nimi zapolować, zwiększając tym samym swoje szanse na sukces. Dzieje się tak, gdy postać jest w trakcie grupowego przeszukiwania mapy. Dzięki temu wie ona, gdzie i w jakim czasie znajdzie sojuszników. Jeśli agent odkrywa świat samodzielnie i nie wie, gdzie znaleźć sojuszników, to podejmie on w takim przypadku próbę ataku, mimo że prawdopodobieństwo sukcesu jest niewielkie. Powrót po sojuszników został zaprezentowany na rysunku 75.

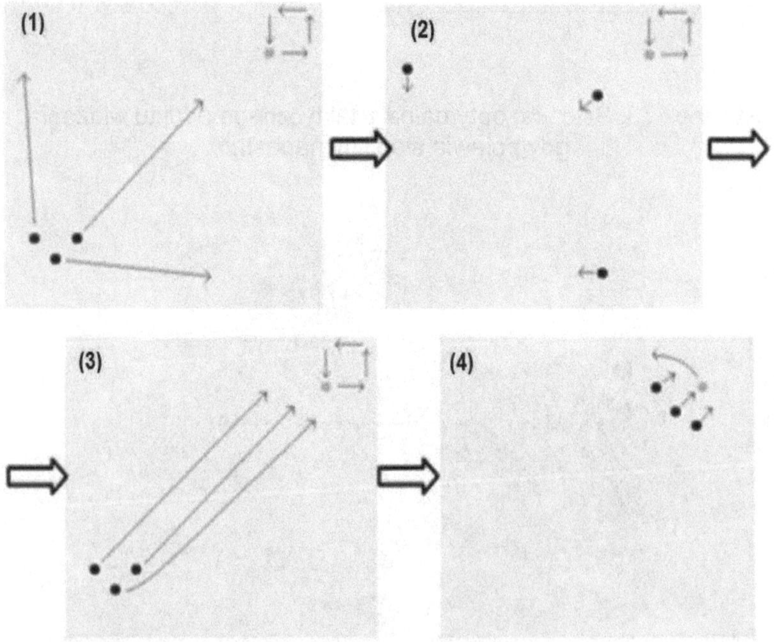


Rysunek 75. Powrót po sojuszników w przypadku zauważenia bardzo silnej ofiary

Na początku (1) ofiara w prawym górnym rogu patroluje teren (podejmie akcję dopiero po zauważeniu wroga – do tego czasu będzie krążyć po danym obszarze). Napastnicy wspólnie wyznaczają sektory mapy do zbadania. Następnie (2), gdy agent znajdujący się najbliżej ofiary, zauważa ją, nie podejmuje on akcji (ofiara jest zbyt szybka, by ją złapać) i rozpoczyna powrót do umówionego miejsca spotkania. Pozostali agenci po zbadaniu wyznaczonych obszarów również wracają. Na miejscu spotkania (3), agent informuje sojuszników o zauważonym celu. Napastnicy wracają wspólnie na miejsce, gdzie widziano ofiarę, żeby razem polować. Gdy ofiara zobaczy napastników (4) rozpoczyna ucieczkę. Jednak dzięki temu, że agresor wrócił po sojuszników, napastnicy mają przewagę liczebną pozwalającą na schwytanie celu.

#### 5.1.6.5 Omijanie poruszającego się agenta

Kiedy agenci, nie nastawieni do siebie wrogo, trafiają na siebie, ważne jest, żeby potrafili się w inteligentny sposób ominąć. Przy wyznaczaniu trasy, która umożliwi obejście innej postaci należy brać pod uwagę nie tylko jej położenie, ale również kierunek przemieszczania. W przeciwnym razie może okazać się, że przemieszczający się agent ciągle będzie zachodził nowo wyznaczoną trasę i nie uda się uniknąć kolizji. Agenci w systemie są świadomi takiego ryzyka i korygują trasę tak, aby ominąć przemieszczającą się postać od tyłu. Pokazuje to rysunek 76.

Początkowo mijany agent (z lewej) patrzy na północ. Dlatego postać z prawej decyduje się ominąć go z południowej strony (chce dostać się do miejsca zaznaczonego okręgiem). Po pewnym czasie mijany agent rusza w kierunku lewego dolnego rogu mapy, znów zachodząc drugiemu drogę. Agent z prawej koryguje trasę tak, żeby ominąć go od góry.

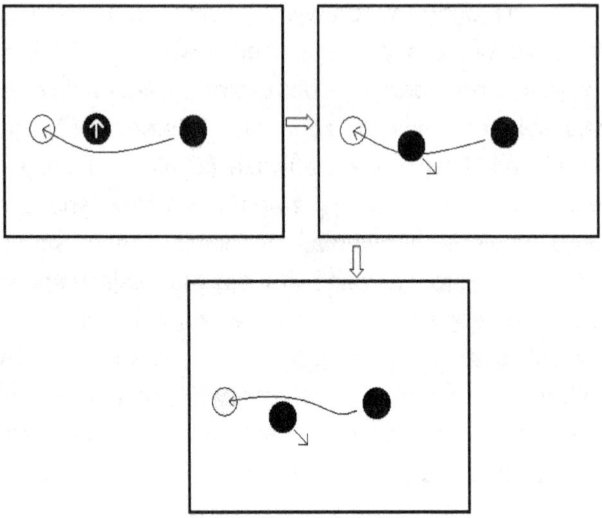

Rysunek 76. Wymijanie poruszającego się agenta.

## 5.2 Porównanie zachowania stworzonej sztucznej inteligencji z grami na rynku

W rozdziale tym zostały zaprezentowane sytuacje, które można napotkać w czasie gry.

### 5.2.1 Zdefiniowanie punktu odniesienia

Punktem odniesienia dla przeprowadzonych testów są gry „Wiedźmin", „World of Warcraft" oraz „Diablo 3", o których wspominano w rozdziale 2.1.3. Bohater, sterowany przez gracza, walczy w nich z przeciwnikami sterowanymi przez sztuczną inteligencję[1]. Wraz z upływem czasu jego siła wzrasta, dlatego bardzo trudno pokonać go w pojedynkę. Wiele walk jest toczonych w zwarciu, bez użycia broni dystansowej. Wszystkie te cechy sprawiają, że wymienione gry są idealnym punktem odniesienie dla powstałej sztucznej inteligencji.

[1]W „World of Warcraft" oraz w „Diablo 3" jest możliwość walki z innymi graczami. Nie jest to jednak istotne z punktu widzenia tej pracy.

W większości przypadków przeciwnicy bohatera są stosunkowo słabi, dlatego powinni oni współdziałać w celu pokonania go. Aby walka była ciekawa i wymagająca dla gracza, postacie powinny wykorzystywać przewagę liczebną i skutecznie współpracować. Wskazane jest, aby dążyły one do otoczenia gracza, po to, by zadawać jak największą ilość ciosów naraz.

Mimo że w stworzonym systemie nie wprowadzono systemu walki (napastnik zawsze zabija ofiarę), wymagania wobec agentów w nim zaimplementowanych są podobne, jak wobec postaci w grach będących punktem odniesienia. Współpraca i umiejętne otaczanie zwiększa ich szanse na zrealizowanie własnych celów. Odtwarzając konkretne sytuacje przyjęto, że gracz jest celem dla agentów komputerowych. Takie założenie dobrze odwzorowuje sprawdzane gry, ponieważ postacie sterowane przez sztuczną inteligencję starają się atakować gracza, gdy tylko jest to możliwe. Natomiast samo starcie (wymiana ciosów) nie jest już interesująca z punktu widzenia prezentowanej pracy.

Źródła opisywanych sytuacji są różne. W przypadku „Wiedźmina" przedstawiono zachowanie postaci, z którym spotkał się autor pracy w czasie gry. Autor ukończył rozgrywkę na maksymalnym poziomie trudności, co gwarantuje, że jego ocena sztucznej inteligencji w tej grze jest pełna. Opis zachowania jednostek w „World of Warcraft" bazuje na doświadczeniach autora oraz innego gracza, który osiągnął maksymalny poziom rozwoju postaci. Wsparcie tak doświadczonej osoby zapewnia wiarygodność prezentowanych opinii. Natomiast zbiór ciekawych sytuacji w przypadku „Diablo 3" oparto na filmach ukazujących przebieg rozgrywki udostępnionych przez firmę Blizzard – twórcę tej gry.

### 5.2.2 Zbliżanie się do grupy przeciwników

W grach fabularnych bohater podróżując przez świat bardzo często spotyka grupy przeciwników. W rozdziale tym zostanie przedstawione zachowanie sztucznej inteligencji w przypadku, gdy gracz stara się zastosować najkorzystniejszą dla siebie strategię.

#### 5.2.2.1 Omówienie zaistniałej sytuacji

Najkorzystniejszą strategią dla gracza jest powolne podchodzenie do grupy i wyciąganie z niej kolejno pojedynczych agentów. Dzięki takiemu postępowaniu bohater ma szansę pokonać wielu przeciwników, z którymi nie miałby szans, gdyby walczył ze wszystkimi naraz. Warto też zwrócić uwagę, że w wielu grach dostępne są eliksiry, dzięki którym postać może uleczyć swoje rany, co powoduje, że prezentowana strategia daje graczowi jeszcze większe możliwości. Jeśli przeciwnicy będą potykać się z bohaterem pojedynczo, może on przed każdym starciem leczyć swoje rany.

#### 5.2.2.2 Zachowanie postaci w grach

Pierwszą z rozważanych gier jest „Wiedźmin". Niestety, zachowanie sztucznej inteligencji, podczas zbliżania się do grupy, pozostawia wiele do życzenia. Bez problemów można zastosować strategię zaprezentowaną w rozdziale 5.2.2.1. Przykładem są misje, w czasie których gracz musi zabić wyznaczoną, silną postać. Takiej postaci często towarzyszy grupa słabszych sojuszników. Silna postać niekiedy odchodzi od takiej grupy na niewielką odległość. Jeśli gracz zaatakuje tą postać w takim momencie, pozostali agenci nie zostaną poinformowani o zaistniałej sytuacji i nie przystąpią do walki. Następnie po zwycięstwie i uleczeniu ran, gracz może spokojnie wyciągać kolejnych przeciwników z grupy słabszych jednostek, aby pojedynczo się z nimi rozprawić.

Podobnie zachowuje się sztuczna inteligencja w „Diablo 3". Analizując filmy udostępnione prze twórców można było zaobserwować sytuacje, gdy gracz walczy z kilkoma przeciwnikami, a ich sojusznicy stoją niedaleko i nie udzielają im żadnego wsparcia.

Z trzech badanych tytułów najlepiej w tej sytuacji wypada „World of Warcraft". W momencie, gdy bohater zostanie zauważony przez postać, atakują ją wszyscy jej sojusznicy, znajdujący się w jej polu widzenia. Zachowanie takie jest poprawne z taktycznego punktu widzenia, jednak nie zostało ono zaimplementowane naturalnie. Pole widzenia postaci jest okręgiem (przeszkody ograniczają ten okrąg), przez co przeciwnicy sprawiają wrażenie, jakby mieli oczy „dookoła głowy". Z tego powodu nie da się podkraść do nich od tyłu.

#### 5.2.2.3 Porównanie z zachowaniem postaci w stworzonym systemie

Stworzony system dobrze wypada w porównaniu ze wszystkimi trzema rozważanymi grami. Gdy przeciwnik zostanie zauważony, natychmiast informowani są o tym wszyscy pobliscy sojusznicy, aby mogli wziąć udział w akcji. Daje to podobne wyniki jak sztuczna inteligencja w „World of Warcraft". Jednak prezentowany system zapewnia takie zachowanie w sposób znacznie bliższy rzeczywistości. W tym celu wykorzystywane są komunikaty głosowe, dzięki czemu stworzeni agenci mogą mieć ograniczone pole widzenia. Daje to możliwość podejścia do nich od tyłu[1]. Gracz nie ma wrażenia, jakby przeciwnicy mieli wiele par oczu patrzących we wszystkich kierunkach.

### 5.2.3 Atak grupy przeciwników

Drugą często spotykaną sytuacją w grach fabularnych jest atak grupy przeciwników. Niekiedy nie jest możliwe zastosowanie strategii przestawionej w rozdziale 5.2.2 i wiele postaci atakuje bohatera naraz. Rozdział ten przedstawia analizę zachowania sztucznej inteligencji w takim przypadku.

#### 5.2.3.1 Omówienie zaistniałej sytuacji

Gdy grupa przeciwników widzi gracza, przystępuje do ataku. Ważne jest wtedy, aby wykorzystali oni swoją przewagę liczebną atakując go ze wszystkich stron. Jeśli wrogowie podchodzą tylko z jednej strony, nie zostaje wykorzystany pełny potencjał grupy.

[1] Pod warunkiem, że postać skrada się dostatecznie cicho.

Poszczególne postacie po zbliżeniu się do gracza muszą szukać miejsca na wykonanie ataku, przez co gracz nie otrzymuje tak dużej ilości obrażeń, jak w sytuacji, gdy zostanie otoczony. Dodatkowo, w takim przypadku, bohater ma możliwość ucieczki, gdy uzna, że nie jest w stanie pokonać wszystkich przeciwników.

#### 5.2.3.2 Zachowanie postaci w grach

W celu oceny zachowania sztucznej inteligencji w „Wiedźminie" można wykorzystać sytuację opisywaną w rozdziale 5.2.2.2. Wystarczy, że bohater zamiast wyciągać z grupy pojedyncze jednostki, zaatakuje, tak aby zauważyła go większość z nich. W takim przypadku wszystkie potwory kierują się bezpośrednio na gracza, nie starając się go w żaden sposób otoczyć. Dopiero gdy przeciwnik dochodzi do bohatera i orientuje się, że od przodu nie ma miejsca na atak, stara się przemieścić i uderzać z boku.

Dokładnie tak samo zachowuje się sztuczna inteligencja w „World of Warcraft". Ponadto, analiza filmu z rozgrywką w „Diablo 3" wskazuje, że zachowanie przeciwników w tej grze jest zbliżone do pozostałych analizowanych tytułów. Na filmie widać atak grupy jednostek na gracza w wąskim korytarzu. Pierwsza postać z grupy od razu atakuje gracza od przodu, nie biorąc przy tym pod uwagę, że utrudni to dotarcie do bohatera jej sojusznikom.

#### 5.2.3.3 Porównanie z zachowaniem postaci w stworzonym systemie

Przykłady przedstawione w rozdziałach 5.1.6.1 oraz 5.1.6.2 pokazały, że stworzona sztuczna inteligencja dobrze radzi sobie z przedstawionym problemem. Nie wszystkie postacie kierują się bezpośrednio na wroga, lecz starają się go oskrzydlić lub otoczyć. Dzięki temu nie zachodzą sobie wzajemnie drogi w czasie ataku i nie muszą szukać wolnego miejsca, by zadać cios. Dodanie do stworzonej platformy systemu walki[1], pozwoliłoby na zadawanie ofierze obrażeń przez wiele postaci na raz.

### 5.2.4 Wybór przeciwnika przez postać w przypadku ataku przez wielu wrogów

Rzadziej spotykaną w grach fabularnych sytuacją, jednak równie ważną co poprzednie, jest walka postaci sterowanej przez sztuczną inteligencją z wieloma przeciwnikami. Zwykle taki przeciwnik jest bardzo silny i nazywany jest „Boss".

#### 5.2.4.1 Omówienie zaistniałej sytuacji

Kiedy silna postać musi walczyć z wieloma przeciwnikami, bardzo ważny jest odpowiedni dobór strategii. Uderzanie na oślep najbliższego napastnika, zwykle nie jest najlepszym wyborem, ponieważ często atakująca grupa jest różnorodna. Część agentów z takiej grupy może być bardziej wrażliwa na obrażenia, jednocześnie będąc kluczowymi członkami zespołu. Przykładem może być medyk trzymający się na uboczu konfliktu. Jest on bardzo mało wytrzymały, ale zapewnia duże wsparcie silnym jednostkom poprzez leczenie ich ran. Znacznie lepszą strategią jest szybka likwidacja medyka, niż walka z dobrze opancerzonym rycerzem, który dodatkowo cały czas jest uzdrawiany.

#### 5.2.4.2 Zachowanie postaci w grach

W „Wiedźminie" rzadko dochodzi do sytuacji, gdy sztuczna inteligencja musi dokonać wyboru, którego wroga zaatakować. Autor spotkał się jednak z bardzo ciekawym przypadkiem. Na bagnach bohater został zaatakowany przez 2 rodzaje stworzeń – silne Wywerny oraz znacznie słabsze Utopce. Wywerny, zamiast zaatakować Wiedźmina, który był dla nich sporym zagrożeniem, wybrały walkę z Utopcami. Był to oczywisty błąd, ponieważ Utopce

---

[1] Postać nie ginęła by od razu w konfrontacji z napastnikiem, lecz dopiero po otrzymaniu pewnej liczby obrażeń.

nie tylko nie były dla nich dużym zagrożeniem, ale również mogły im pomóc w rozprawieniu się z graczem.

Materiały udostępnione przez producenta „Diablo 3" ukazują walkę czterech bohaterów z bardzo silną postacią sterowaną przez sztuczną inteligencję. Atakuje ona graczy, którzy znajdują się najbliżej niej. Nie jest to słuszne z punktu widzenia taktyki, ponieważ przeciwnicy znacznie się od siebie różnią. Barbarzyńcy są bardzo silni i odporni – doskonale nadają się do walki wręcz. Wspomagające ich postacie klasy WitchDoktor są znacznie mnie wytrzymałe i starają się nie wdawać w bezpośrednie pojedynki preferując inne metody walki. Wydaje się, że to ich powinno się w pierwszej kolejności wyeliminować, ponieważ są łatwiejsi do zabicia w bezpośrednim starciu.

W „World of Warcraft" jest bardzo podobnie. W większości sytuacji[1] atakowani są gracze znajdujący się w pobliżu. Jeśli uda się ich wyeliminować, to kolejnymi celami stają się ci, którzy najbardziej zaszkodzili rozważanej postaci. Zwykle są to jednostki dobrze walczące wręcz, które trudno jest zabić. Taka taktyka czasem jest uzasadniona, ale zwykle się nie sprawdza. Przykładem może być choćby wspomniany w rozdziale 5.2.4.1 medyk (postać posiadająca umiejętność leczenia), który nie jest odbierany jako groźny, jednak jego wsparcie bardzo utrudnia zabicie silnych jednostek walczących wręcz. Biorąc pod uwagę, że zwykle nie jest on bardzo wytrzymały, lepszym wyborem wydaje się wyeliminowanie go na samym początku.

#### 5.2.4.3 Porównanie z zachowaniem postaci w stworzonym systemie

Postacie w stworzonym systemie nie atakują najbliższej ofiary, lecz analizują przeciwników, aby wybrać najlepszy cel (zobacz rozdziały 3.7.1.2 oraz 3.7.1.3). Odległość od wroga jest brana pod uwagę (im

[1] Niektórzy bossowie mają z góry ustalone specjalnie taktyki walki.

jest mniejsza, tym lepiej), jednak dodatkowo uwzględniana jest jego siła[1].

W celu udowodnienia słuszności zaimplementowanego postępowania odtworzono sytuację z medykiem, z którą spotkał się autor w „World of Warcraft". Testowany agent miał koło siebie 2 ofiary - silną blisko siebie (odpowiadającą atakującemu wojownikowi) i słabą w dalszej odległości (odpowiadającą wspomagającemu wojownika medykowi). W przypadku uwzględnienia informacji o sile ofiary (tak jak to robią zaimplementowani agenci), udawało się zabić słabszą ofiarę, natomiast gdy atakowano bliższą silną ofiarę (algorytm doboru ofiary uwzględniający siłę był wyłączony), nie udawało się uśmiercić nikogo.

### 5.3 Podsumowanie otrzymanych wyników

W przypadku wszystkich testowanych sytuacji stworzony system wypadał lepiej niż testowane gry. Ukazuje to, jak wiele w tej dziedzinie jest jeszcze do zrobienia, ponieważ punktem odniesienia były znane produkty. Zwycięstwo prezentowanej sztucznej inteligencji nie oznacza jednak, że „Wiedźmin", „World of Warcraft" oraz „Diablo 3" są złe. Zachowanie przeciwników jest tylko jednym z wielu aspektów rozgrywki. Mimo że działania komputerowych postaci nie były perfekcyjne, „Wiedźmin" i „World of Warcraft" zostały bardzo dobrze przyjęte przez graczy, w wielu kręgach zyskując status kultowych produkcji. W przypadku „Diablo 3" opinie graczy były podzielone, jednak gra uzyskała bardzo wiele pozytywnych recenzji.

Oceniając sztuczną inteligencję należy też pamiętać, że niektóre stworzenia w świecie gry powinny cechować się niskim poziomem rozwoju z powodów fabularnych [2]. Niestety, w przypadku

[1] W wypadku, gdy ofiara jest już wytropiona, dobrą miarą siły jest szybkość postaci.

[2] Przykładem mogą być golemy, zwykle przedstawiane jako stworzenia nie myślące, ślepo wykonywujące polecenia swojego pana.

analizowanych tytułów prezentowane zachowania dotyczą również postaci, które powinny potrafić analizować sytuację i wyciągać z niej wnioski.

## 6 Dalszy rozwój platformy

W tym rozdziale zostaną opisane możliwości dalszego rozwoju stworzonej platformy. Zostały one podzielone na trzy grupy. Pierwsza, to rozwój implementacji, druga, ewolucja koncepcji, trzecia to doskonalenie systemu poprzez kolejne testy.

### 6.1 Rozwój koncepcji

Obecnie największym ograniczeniem zaprezentowanej platformy jest brak możliwości wykorzystania jej na mocnych komputerach z dużą liczbą procesorów. Nawet jeśli logika każdego z agentów będzie liczona w osobnym procesie, to centralny punktem, blokującym możliwość dodawania kolejnych postaci, stanie się środowisko. Sytuacja, w której dodawanie nowych agentów spowoduje problemy z wydajnością, nie powinna nastąpić szybko, jednak jeśli platforma ma być naprawdę użyteczna, należy zaproponować rozwiązanie tego kłopotu.

Aby w systemie nie było punktu centralnego, należy podzielić świat na sektory. Agent komunikować będzie się nie z obiektem reprezentującym cały świat, lecz z obiektem reprezentującym sektor. Każdy sektor będzie niezależny i będzie mógł „rezydować" na osobnym procesorze. W przypadku, gdy agent będzie zbliżał się do granicy sektora, zostanie mu wskazany nowy obszar, z którym powinien się komunikować. Po nawiązaniu kontaktu z nowym obszarem, komunikacja ze starym jest kończona. Sąsiednie sektory komunikują się między sobą, przesyłając sobie informacje niezbędne do zapewnienia spójnego środowiska (np. powiadamiają się o komunikatach wysyłanych na skraju jednego obszaru, które mogą być usłyszane w drugim). Systemy dzielące świat na obszary, między którymi poruszają się niezależni agenci, zostały wielokrotnie zaimplementowane i sprawdzone w praktyce. Przykładem są sieci

GSM[1]. Prezentowana koncepcja została zobrazowana na rysunku 77. Sektor 1 kończy się na prawej linii, sektor 2 zaczyna lewą linią. Szary obszar należy do obydwu sektorów i służy do migracji. Agent przechodzi z sektora pierwszego (z którym obecnie się komunikuje) do drugiego. W zaznaczonym położeniu jest w zasięgu obydwu. Poruszając się na prawo, po pewnym czasie, zakończy on kontakt z sektorem 1, jednocześnie rozpoczynając komunikację z sektorem 2 (połączenie z sektorem 1 nie zostanie zerwane dopóki nie ustabilizuje on połączenia z sektorem 2).

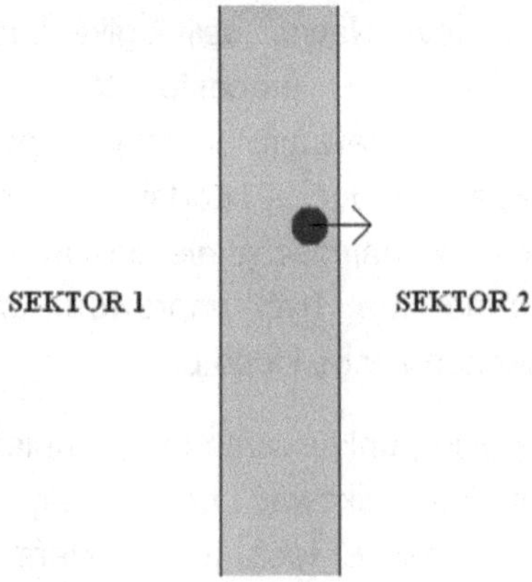


Rysunek 77. Podział świata na sektory

## 6.2 Rozwój implementacji

Jedną z możliwości rozwoju stworzonej platformy jest implementacja kolejnych technik z zakresu sztucznej inteligencji wraz z agentami, którzy je wykorzystują. Przykładowym rozszerzeniem mogą być algorytmy z zakresu uczenia maszynowego, o których wspomniano w rozdziale 2.5.3.6. Inna możliwość to dalsze rozwijanie środowiska tak, aby tworzony świat był jeszcze bardziej podobny do rzeczywistości. Takim potencjalnym rozszerzeniem jest modyfikacja

[1] GSM czyli Global System for Mobile Communications to jeden najpopularniejszych standardów telefonii komórkowej.

systemu rozchodzenia się dźwięków tak, aby pojawienie się głośnego odgłosu skutkowało kłopotami ze zrozumieniem cichych komunikatów wydanych w tym samym czasie.

Potencjalny rozwój implementacji może też skupić się na rozwoju zaimplementowanych już algorytmów. W takim przypadku szczególną uwagę należy poświęcić wymijaniu się agentów nastawionych do siebie przyjaźnie lub neutralnie. W prezentowanym systemie za unikanie kolizji odpowiedzialny jest algorytm stada (zobacz rozdział 2.5.2.3 oraz rozdział 5.1.6.5, który prezentuje uzyskiwane wyniki). Sprawdza się on dobrze w przypadku, gdy należy wyminąć pojedynczą postać lub niewielką grupę. Może on mieć natomiast problemy, gdy należy przejść przez środek dużej grupy agentów. Aby poprawić zachowanie w takim przypadku, można użyć siatki nawigacyjnej, na którą dynamicznie nanoszeni będą agenci do ominięcia. Obecnie żadne dynamiczne informacje na siatkę nie są nanoszone. Po wdrożeniu proponowanego rozwiązania, siatki nawigacyjne odpowiadałyby za realizację jednej z pięciu zasad sterowania wymaganych przez algorytm stada – unikania (zasady te są opisane w rozdziale 2.5.2.3).

Rozważając rozwój siatek nawigacyjnych warto też zastanowić się nad zastosowaniem informacji na temat odległości między jej elementami przy wyznaczaniu drogi. Uwzględnienie dystansu między środkami sąsiadujących sektorów nie jest jednak dobrym pomysłem, ponieważ agent zwykle nie porusza się po nich. Zostało to ukazane na rysunku 78 (rzeczywista trasa jest narysowana na czarno, natomiast trasa wiodąca przez środki sektorów na szaro). Ciekawym rozwiązaniem wydaje się użycie dystansu między dwoma najbliższymi punktami sektorów nie mających ze sobą wspólnych krawędzi jako miary odległości. Przykładowo, jeśli ścieżka składa się z obszarów 1,2,3,4,5 to uwzględniane są odległości między elementami: 1 a 3, 2 a 4, 3 a 5.

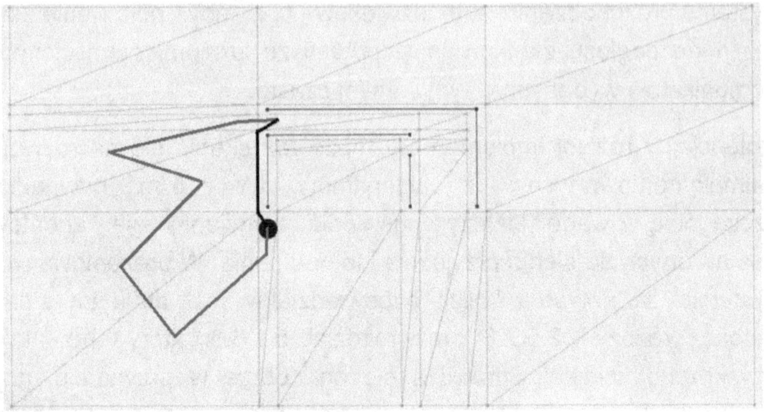

Rysunek 78. Rzeczywista trasa i trasa wiodąca przez środki sektorów

## 6.3 Dalsze testy

Ostatnią omawianą możliwością rozwoju platformy będą dalsze testy. W rozdziale 5 wykonano wiele eksperymentów w celu doboru najlepszych wartości współczynników wykorzystywanych przez różne techniki. Jednak ze względu na to, że testowano ograniczoną liczbę współczynników możliwe jest, że wśród testowanych parametrów nie było wartości optymalnej. Sytuację taką prezentuje rysunek 79, który zawiera przykładowe wartości otrzymane w czasie testów współczynników z zakresu 1-5, jeśli testujemy wartości co 1 (z lewej) lub co 0.5 (z prawej). Na bazie pierwszego testu wybierzemy wartość parametru 3, natomiast jeśli przetestujemy więcej możliwości, okazuje się, że 3.5 jest lepszym wyborem.

W celu poprawy jakości działania systemu można przeprowadzić dalsze testy, uwzględniając wartości w pobliżu najlepszej. Przykładowo, jeśli spośród wartości 1, 2, 3, 4, 5 najlepsze wyniki uzyskiwano dla 3, w kolejnym teście badanymi wartościami powinny być 2.2, 2.6, 3, 3.4, 3.8.

Drugą drogą rozwoju platformy poprzez testy jest powtórne wykonanie eksperymentów, wykorzystując do tego agentów opisanych w rozdziale 3.7.5. W obecnej wersji systemu wykorzystują oni parametry dobrane przy testach innych implementacji korzystających z tych samych technik co oni. Postacie te spisują się bardzo dobrze (zobacz rozdział 5.1.5) jednak możliwie, że parametry te nie są optymalne. Przykładowo, optymalna wartość wnoszona przez sojuszników na mapę wpływu może być inna niż dla agentów używających tylko tych map, ponieważ agenci ci współpracują inaczej.

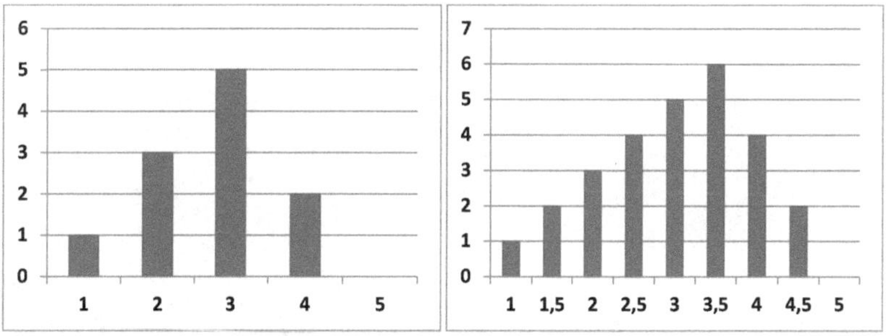


Rysunek 79. Przykładowe wartości otrzymane w czasie testów w zależności od ilości testowanych wartości

## 7 Podsumowanie i wnioski

W rozdziale 1.2 postawiono następujące podstawowe cele prowadzonych prac:

1. Stworzenie platformy pozwalającej testować różne techniki sztucznej inteligencji w środowisku agentowym opracowanym dla potrzeb gier komputerowych.
2. Platforma powinna oferować otoczenie zbliżone do naturalnego[1], w którym mogłyby mierzyć się ze sobą postacie sterowane komputerowo.
3. Dodawanie kolejnych typów agentów powinno być nieskomplikowane tak, aby możliwe było przetestowanie i porównanie wielu technik sztucznej inteligencji.
4. Przetestowanie najpopularniejszych technik sztucznej inteligencji w celu określenia ich przydatności w fabularnych grach komputerowych.
5. Stworzenie agenta, którego inteligencja wyróżniałaby się wśród gier dostępnych na rynku.
6. Zaproponowana architektura agenta powinna być uniwersalna i pozwalać na łatwe przystosowanie agenta do kolejnych wyzwań.

Cele zostały zrealizowane. Stworzona platforma zapewnia środowisko zbliżone do naturalnego, w którym możliwe jest testowanie niezależnych agentów. W celu uzyskania tego efektu, zaimplementowano system rozchodzenia się zapachów oraz dźwięków (zobacz rozdziały 3.5.3 i 3.5.4). Ponadto wyposażono postacie w sensory imitujące ludzkie narządy wzroku, słuchu, węchu i dotyku. Dodano im również efektory pozwalające na wydawanie

---

[1] W rozdziale 1.2 zostało wyjaśnione, co to oznacza środowisko zbliżone do naturalnego.

dźwięku, zapachów oraz wpływanie na środowisko poprzez dotyk (zobacz rozdział 3.6).

Cel numer trzy został spełniony poprzez implementację klasy bazowej dla stworzonych i przyszłych agentów, która udostępnia wysokopoziomowe funkcje zarządzania nimi. W systemie istnieje również fabryka obiektów pozwalająca w prosty sposób tworzyć postacie. Fabrykę tę bardzo łatwo rozszerzyć o kolejne rodzaje agentów. Informacje na temat tego, jak dodać nowy rodzaj agenta do systemu znajdują się w rozdziale 4.2.3.3.

Z wykorzystaniem platformy został przeprowadzony szereg testów, dzięki którym dobrano najlepsze wartości współczynników używanych przez różne techniki z zakresu sztucznej inteligencji (zobacz rozdział 5.1.4). Tak skalibrowane techniki stały się bazą dla różnych rodzajów agentów (zobacz rozdział 3.7), których działania zostały porównane w szeregu eksperymentów (zobacz rozdział 5.1.5). Dzięki temu spełniono punkt 4.

Stworzony został również agent, który łącząc zalety wielu różnych technik miał wyróżniać się spośród postaci wchodzących w skład gier obecnych na rynku. Testy polegające na sprawdzeniu zachowania agenta w ciekawych sytuacjach (zobacz rozdział 5.1.6) oraz porównaniu do zachowania postaci z gier komputerowych (zobacz rozdział 5.2) wypadły pomyślnie, ukazując, że dobór używanych technik był trafny.

Przeprowadzone testy pokazały też, że połączenie wielu dobrze znanych technik sztucznej inteligencji może dać bardzo dobre rezultaty. Zwycięstwo stworzonego agenta w porównaniu z postaciami ze znanych gier komputerowych pokazało, że cel piąty również został osiągnięty.

Kluczem do sukcesu wydaje się być odpowiednie zaprojektowanie algorytmu sterowania tak, aby w każdym momencie gry wykorzystywać te techniki, które dają największe korzyści. Przykładem tego może być wykorzystywanie drzew gier w sytuacji, gdy liczba ścieżek jest ograniczona. Natomiast w otwartym terenie zastępowanie ich innymi technikami, ponieważ w takim przypadku wskazują one zbyt dużo potencjalnych dróg ucieczki. Zaproponowana architektura pozwala na łatwą rozbudowę agenta o kolejne techniki sztucznej inteligencji, które rozwijają umiejętności niezbędne do realizacji kolejnych wyzwań, a więc cel szósty został osiągnięty.

## 8 Bibliografia

[1] Przemysław Łukasz Gluz, *Historia elektronicznej rozrywki, czyli złom na kółkach* – artykuł opublikowany pod adresem http://retro-strefa.info/readarticle.php?article_id=22

[2] Ian Blake, *History of Video Games - The First Video Game Ever Made?* – opublikowany 1.07.2008 pod adresem http://www.retro-videogames.com/history-of-video-games-the-first-video-game

[3] http://www.pong-story.com/intro.htm - strona internetowa poświęcona pierwszym grą komputerowym

[4] Jakub Kapiszewski, *Więcej niż gra* – artykuł opublikowany przez tygodnik „Przegląd" dostępny w Internecie pod adresem: http://www.przeglad-tygodnik.pl/index.php?site=kraj&name=3207

[5] Piotr Szymański, *ZX Spectrum – historia* – artykuł opublikowany pod adresem http://www.ppa.pl/artykul-ZX.Spectrum.historia-10_51_1126.html

[6] *Commodore 64 – jedyny i niepowtarzalny…* – artykuł opublikowany na portalu MAXplay pod adresem http://www.max-play.pl/commodore-64-jedyny-i-niepowtarzalny/

[7] *Retrogram - Historia gier FPS* – artykuł opublikowany na portalu gram.pl pod adresem http://www.gram.pl/art_9wzlJO1_Retrogram_Historia_gier_FPS_czesc_IV_strona_1.html

[8] Lista gatunków gier komputerowych według http://holdem-world.com/ - http://holdem-world.com/teoria/gatunki-gier-komputerowych/

[9] Piotr Cyrek, *Gaming to sport - mamy mocne argumenty* – artykuł opublikowany pod adresem http://www.benchmark.pl/testy_i_recenzje/Klasyfikacja_gier_komputerowych-2137/strona/6041.html

[10] *Mroczne początki FPS'ów, czyli jak narodził się gatunek* – artykuł opublikowany pod adresem http://www.gaminator.pl/blog/notka/65,Mroczne-pocz%C4%85tki-FPS-%C3%B3w-czyli-jak-narodzi%C5%82-si%C4%99-gatunek.html

[11] Anne Derryberry, *Serious games: online games for learning* – artykuł opublikowany pod adresem http://www.adobe.com/resources/elearning/pdfs/serious_games_wp.pdf

[12] Najlepiej sprzedające się gry w okresie 21-27.03.2010 – dane opublikowane przez portal benchmark.pl - http://www.benchmark.pl/aktualnosci/Najlepiej_sprzedajace_sie_gry-27751.html

[13] Najlepiej sprzedające się gry 2009 roku – dane opublikowane przez grrr.pl - http://grrr.pl/2010/01/16/najlepiej-sprzedajace-sie-gry-2009-roku/

[14] Sprawozdanie finansowe Electronic Arts za rok fiskalny 2010 – podsumowanie opublikowane przez portal gry.interia.pl - http://gry.interia.pl/ps3/news/ea-najwiekszym-wydawca,1477398

[15] Andrew Rollings, Dave Morris *Game Architecture and Design: A New Edition*, New Riders Publishing, 2004

[16] Ernest Adams, *Designer's Notebook – The Perils of Bottom-up Game Design* – artykuł opublikowany pod adresem http://www.gamasutra.com/features/20041018/adams_01.shtml

[17] Ian Sommerville, *Software Engineering*, Harlow: Addison-Wesley, 2001

[18] Stuart Russell, Peter Norvig, *Artificial Intelligence A Modern Approach*, Prentice-Hall, Inc., 1995

[19] Richard Bellman, *An Introduction to Artificial Intelligence: Can Computers Think?*, Boyd & Fraser Publishing Company, San Francisco, 1978

[20] Elain Rich, Kevin Knight, *Artificial Intelligence*, McGraw-Hill, New York, second edition, 1991

[21] Patrick Winston, *Artificial Intelligence*, Addison-Wesley, Reading, Massachusetts, third edition, 1992

[22] George Luger, William Stubblefield, *Artificial Intelligence: Structures and Strategies for Complex Problem Solving*, Benjamin/Cummings, Redwood City, California, second edition, 1993

[23] Alan Mathison Turing, *Maszyny liczące a inteligencja* – artykuł opublikowany pod adresem http://www.kognitywistyka.net/artykuly/at-mlai.pdf

[24] Marek Kasperski, *O rozszerzalności testu Turinga. Z filozofii SI* – artykuł opublikowany pod adresem http://www.kognitywistyka.net/artykuly/mk-ortt.pdf

[25] Dział *Sztuczna Inteligencja i robotyka / historia AI* portalu http://kognitywistyka.net/si/historia.html

[26] Stan Franklin, Art Graesser, *It is an Agent, or just a Program?: A Taxonomy of Autonomous Agents*, Proceedings of the Third International Workshop on Agent Theories, Architectures, and Languages, Springer-Verlag, 1996

[27] Jacques Ferber, *Multi-Agent Systems. An Introduction to Distributed Artificial Intelligence*, Addison-Wesley, 1999

[28] Yves Demazeau, Jean-Pierre Muller (red), *Decentralized AI*, Elsevier, 1990.

[29] Michel Wooldridge, *An Introduction to Multiagent Systems*, John Wiley & Sons, LTD, 2002

[30] Olivier Boissier, Sylvain Gitton, Pierre Glize, *Caracteristiques des systems et des applications*, w: *Systemes Multi-Agents,*

*Observatoire Francais des Techniques*, Avancees, OFTA, Paris, 2004.

[31] Marcin Malawski, Honorata Sosnowska, Andrzej Wieczorek, *Konkurencja i kooperacja. Teoria gier w ekonomii i naukach społecznych*, Wydawnictwo Naukowe PWN, Warszawa 1997.

[32] Tuomas Sandholm, *Distributed rational decision making*, w: Gerhard Weiss (red), *Multiagent systems: a modern approach to distributed artificial intelligence*, str. 201 - 258, The MIT Press, 1999.

[33] Wamberto Vasconcelos (Uniwersytet Aberdeen), *Concepts of Game theory + Reverse auctions and voting mechanisms*, wykład na AGH, 8.06.2010

[34] Dante Treglia *Perełki programowania gier Vademecum profesjonalisty*, tomy 1,2,3, Hellion, Gliwice, 2003

[35] Ian Millington *Artificial Inteligence for Games*, Elsevier Inc., 2006

[36] Reid Smith, *The Contract Net Protocol: High-Level Communication and Control in a Distributed Problem Solver*, IEEE Transactions on Computers, C-29(12):1104-1113, December 1980.

[37] Ryszard Tadeusiewicz, *Sieci neuronowe*, Warszawa, 1993

## Spis rysunków

**Spis tabel**

Kolibri 360 GmbH
Ferdinand-Jühlke-Straße 7
99095 Erfurt, Deutschland
produktsicherheit@kolibri360.de

Druck:
CPI Druckdienstleistungen GmbH
im Auftrag der
Kolibri 360 GmbH
Ferdinand-Jühlke-Str. 7
99095 Erfurt